FUHAOXUE SHIJIAOXIA DE
LÜYOUDI XINRENGAN YANJIU

SYMBOLOGY

符号学视角下的旅游地信任感研究

李响◎著

中国旅游出版社

FOREWORD

前言

信任是影响游客行为的重要因素。旅游地欺客宰客、强迫消费、虚假广告等失信事件频发，严重损害旅游地形象，影响游客出游意愿和旅游行为。因此，研究旅游地信任感的影响因素、探索旅游地信任感的行为影响机制就显得十分必要和迫切。现有研究较多从主体视角探析旅游地信任感。从符号学视角来看，旅游过程是一种符号解读过程，旅游体验的本质是符号解读，当游客对旅游地符号的解释趋向于某种范例时，游客会对旅游地符号产生确定性感知，即信任感。这种影响信任感的符号解读会根据不同环境和人际交流而做出改变。换言之，游客对旅游地的信任感涉及旅游地符号和人际互动。因此，从符号学视角出发来分析和解构旅游地信任感，有利于更好地把握旅游地信任感的形成机制、内涵属性和行为影响，并能为旅游地信任感的建构与优化调控提供理论指导与经验证据。

本书基于符号三元关系理论、符号互动理论和S–O–R理论框架等理论，挖掘分析了旅游地信任感的内涵、维度、引致因素及效用。主要围绕旅游地符号系统、旅游地信任感的结构维度与形成过程、旅游地信任感对游客契合行为的影响与组态效应等内容进行探索。综合应用定性与量化实证分析的方法，通过对访谈资料、网络游记文本质性研究与问卷数据量化研究，解析了旅游地符号系统和旅游地信任感的维度结构，揭示了旅游地信任感的形成过程，探索了旅游地信任感对游客契合行为的影响机制。主要研究过程包括：第一，通过访谈和扎根理论界定旅游地符号形体和旅游地信任感等核心概念的结构维度；第二，通过问卷收集数据，构建并验证旅游地符号感知、信任感、人际互动对游客契合行为的影响机制；第三，通过模糊集比较分析方法，探索旅游地信任感影响游客契合行为的组态路径；第四，根据实证研究结果，提出旅游地信任感的建构与调控策略。

本书主要结论有：（1）旅游地信任感是游客对旅游地符号意指的确定性感知。

游客感知旅游地符号形体所传递的符号对象讯息后，对旅游地符号形体和符号解释构成的意指进行意义阐释，形成旅游地符号意指的明确性感知，即信任感，具体包括景观信任、品牌信任、制度信任、商业信任和情感信任。（2）旅游地符号感知是促进旅游地信任感的重要推力。景观符号感知是提高景观信任的关键因素；品牌符号感知对品牌信任具有重要影响；制度符号感知是提升制度信任的关键；商业符号感知是增强商业信任的重要因素；情感符号感知对促进情感信任具有重要意义。（3）人际互动对品牌符号感知和品牌信任、商业符号感知和商业信任、情感符号感知和情感信任等关系具有重要作用。（4）旅游地信任感是促使消费行为、反馈行为、施助行为、支持行为和忠诚行为发生的关键因素。（5）消费行为、反馈行为、施助行为和支持行为是忠诚行为的重要驱动力。（6）旅游地信任感、消费行为、反馈行为、施助行为和支持行为在旅游地符号感知和忠诚行为的关系间具有中介作用。（7）景观信任、商业信任、品牌信任、制度信任和情感信任等条件变量的协同组合对游客契合行为发挥差异化的影响作用。

本书提出旅游地信任感的构建策略与管理建议：第一，规范旅游地符号系统的建设，树立细节意识。第二，重视旅游地互动氛围的营造。第三，旅游地应帮助游客提高旅游地符号解读能力。第四，旅游地应细分游客对旅游地的信任感并根据其类型特点进行信任感建构。第五，旅游地应竭力强化游客忠诚行为。第六，旅游地可根据客观实际选择要素组合，最大化地促进游客契合行为，促进游客与旅游地的价值共创。

本书可能的理论贡献体现在：第一，从符号学视角探索并解析了旅游地信任感的内涵和结构要素，为相关研究提供了新的思路；第二，从符号互动视角厘清了旅游地信任感的形成过程，为动态认知旅游地信任感的形成机制提供了理论基础；第三，考察了旅游地信任感的行为影响机制，从线性相关和条件组合等视角系统地认识旅游地信任感的契合行为影响，为契合行为的相关研究提供更为充分的理论支撑和实证依据。未来研究可从符号意义与符号对象间的间接反应关系探讨旅游地信任感。

关键词：旅游地符号；信任感；游客；行为

CONTENTS

目录

第一章 绪论

本章内容主要包括研究问题、理论意义和实践意义，并且对研究内容和研究方法进行逻辑分析，梳理本书的基本思路，最后介绍研究的内容架构与章节安排。

第一节 选题背景和研究问题的提出

一、选题背景

（一）体验经济与消费社会下，信任因素制约旅游活动的开展

体验经济是消费社会中典型的经济模式，它通过有形商品和无形服务创造令消费者难忘的体验[1]。我国产业结构、经济发展模式皆已发生变化，服务经济时代已到来。2019 年，我国服务业增加值达到 534233 亿元，比上年增加 6.9%①，这增强了服务业在我国国民经济中的“稳定器”作用。中国社会的进步、经济的发展提高了人民的物质生活条件，使民众的文化、娱乐生活需求得到极大的满足。旅游是一种具有高关联性的经济活动，旅游产业已成为富国、强民的重要产业之一。同时，旅游活动也是一种高度社会化的精神文化活动，已成为普通大众平日生活中的重要消费、休闲方式。根据鲍德里亚的观点，消费社会中人们不仅关注商品的使用价值，更重视商品背后所蕴含的身份、象征、品位、幸福等符号价值。旅游情境下，旅游消费也是“符号消费”[2]，是一种具有象征意义的消费行为[3]。Culler（1981）认为旅游者是“符号大军”，旅游者追逐的是异文化符号[4]。也就是说，游客不仅满

① 中华人民共和国 2019 年国民经济和社会发展统计公报。

足于旅游地产品或服务等旅游地符号能指，更追求彰显个性、愉悦精神、舒适身心等旅游地符号所指。

体验经济的营利和非营利组织皆需信任[5]。在旅游领域内，信任可降低风险，还可解决旅游产品供需方之间信息不对称等问题[6]。然而，旅游业中的失信现象层见叠出。旅游失信不仅降低游客对目的地的产品提供者的信任感，还会降低游客满意度。同时，旅游失信也可能导致旅游利益主体产生形象损失和各种不利影响。近年来，旅游信任问题逐渐引起业界、学界的关注，研究内容主要包括信任的影响因素及影响作用[7-9]。同时，在消费社会中，不同游客对旅游地失信事件这一特殊符号的认知不尽相同，这使旅游地信任感的发生机制及行为响应存在较大差异。因此，认清旅游地符号与旅游地信任感的关系，揭示旅游地信任感影响因素和行为作用，对于全面认识旅游地信任感并提出游客信任调控策略具有深刻的理论和实践意义。

（二）信任感研究备受重视，需要从符号学视角夯实信任研究的理论基础

信任被视为一种重要的社会资本。作为一个重要的话题，信任近年来成为学界的研究热点之一。从现有研究成果来看，研究者从不同学科视角对信任概念、结构和作用等基本问题进行了广泛探讨。心理学认为信任是社会个体相对稳定的个性特征。学者们通过实验方法得出结论，认为信任是一种可以习得的、相对稳定的人格特质[10, 11]。从社会学角度来看，研究者们讨论的重点是信任的社会功能[12]。从经济学角度来看，信任对成本控制具有重要意义，该观点突出了人的理性选择，即人们经过成本—收益计算之后而做出的选择[13, 14]。

旅游研究领域，学者们对旅游信任含义、维度及效用等方面进行了探析。研究者认为，信任指旅游者认为旅游目的地能够按照其预期的方式行事，并愿意在发生风险时为此承担后果，具体表现为旅游者对旅游目的地的一种信念、信心与期望[6, 15]。现有文献表明，影响游客信任的原因是多元的、复杂的。具体来说，游客人格特征、旅游经历[16]、满意度[17-19]、旅游目的地声誉、旅游地形象[16]等因素皆对旅游者信任造成影响。学界对游客信任效用的研究主要集中在其行为表现，包括购买行为[20]、重游行为[21, 22]、推荐行为[23]等内容。已有研究表明，旅游领域中的信任一般是以旅游者为主体；信任表现于游客心理和游客行为。

消费社会中的人们相信资本和媒体创造出的符号系统[24]。在旅游情境中，游客找到媒体或旅游服务提供者所创造和流通的符号后，在旅游体验过程中寻找符号与旅游吸引物的关系并参与旅游地符号制造，以明确媒体和旅游产品或服务提供者制造的符号及其意义是否相符合。也就是说，游客购买旅游商品或服务更关注其符号价值、象征意义，其原因也是游客明确了旅游地符号系统的意义后，再表现为游客对旅游地符号的信任感。然而，少有学者从符号学视角诠释旅游地信任感的内涵与维度结构；基于符号互动视角动态、系统地探析旅游地信任感的影响原因、过程及其对游客行为影响作用的相关研究也较为鲜见。因此，学界需要基于符号学理论，从符号互动视角审视旅游地信任感的内涵与维度、形成过程及其对游客行为的影响机制。

（三）**旅游地的信任供给尚缺，游客信任的构建与调控成为重要议题**

游客对旅游地的信任感（简称旅游地信任感①）是游客对旅游地所形成的确定性看法和态度，一般指安全、可靠、值得信赖等正面情感的总合。旅游地信任感难以在短时间内形成，它渗透在游客的不同旅游阶段，需要游客与旅游地、旅游产业、旅游企业和旅游从业人员在交往过程中进行持续的信息交换、情感沟通等行为，它是随着时间和经验的累积而逐渐形成的态度与看法，它本质上是一种认知过程。信任是维系旅游者与旅游地[6]、旅游产业、旅游企业和旅游从业人员持久关系的重要情感纽带，也是影响游客不同旅游阶段旅游行为的重要因素。但是，一旦旅游利益主体存在“失信于民”的现象，就会导致客源信任危机的加深[25]，造成旅游社会信任度普遍削弱甚至丧失，甚至影响旅游者的正常旅游活动和目的地的旅游发展。

信息化社会的快速发展使信息的传播速度、内容信息量和影响范围大幅度地提升，游客更易知晓发生于旅游地的各类失信信息。近年来，旅游地失信现象频发，如“三亚宰客事件”“携程假机票事件”“零负团费”“导游辱骂游客”“海胆蒸蛋”等事件通过各种传播渠道让众人知晓，这些事件降低了游客对旅游地、旅游产业、旅游企业和旅游从业人员的信任度，使旅游地社会信任底线一再遭到破坏[26]；这些事件作为一种符号，已引发不同程度的旅游地信任危机。旅游失信很可能会降低游客对旅游地相关利益主体的信任程度，降低游客满意度和忠诚度，使游客产生失落感和被欺骗感，颠覆游客对旅游利益主体的既有认知，降低游客对旅游目的地的好感度。诚信危机会引发游客的负面口碑，对游客需求、旅游动机造成负面作用，并进一步影响旅游者的行为活动。

① 如无特别指出，本文所指的旅游地信任感均指游客对旅游地的信任感。

游客在追求旅游产品数量的同时，也重视旅游过程中的旅游产品或服务质量，追逐旅游地符号的隐含意义。当旅游者提供的产品和服务质量超过旅游者的期望时，如目的地的旅游企业、旅游从业人员的服务质量和标准，当游客的旅游体验满意度得到提高时，旅游需求则得以满足。这将为旅游利益主体带来丰厚的经济效益和口碑效益。相反地，旅游失信则会降低游客对旅游地的好感度和忠诚度，游客进而做出寻找替代旅游地、调整旅游计划、不支持等行为，使旅游业经营业绩下滑、发展受阻。因此，有必要深入探索游客对旅游地信任的感知结构、影响因素及行为效用，建设、传播令游客信任的旅游地符号；同时，因时、因地制定并执行游客信任建构和优化调控策略，以推动旅游地健康有序地发展。

二、研究问题

（一）研究的前提

信任，是支配人类生存和社会关系建立的基础，也是重要的社会综合力量和社会契约。虽然信任问题古已有之，但直到20世纪50年代，它才得到了西方学界的广泛研究。从20世纪70年代到现在，西方学者从不同学科视角对信任进行了系统研究。学界对信任问题展开了多学科研究，形成了丰富的成果。心理学、社会学等领域的研究者们对信任的基础内涵进行了分析。在旅游领域内，有学者认为信任是旅游活动中的旅游者为实现旅游目标所具有的对他者的期望[27]。旅游地信任感的相关研究也取得一定成果。有学者认为，旅游地信任感是指游客对某一旅游地的信任情况[18]，是游客对旅游地的整体感知，包括旅游地的服务质量、满足利益相关者的需求与期望、实现承诺等方面[28]。已有研究中，关于旅游地信任感的测量内容主要包括：游客对旅游地的正直、能力和友善等方面的感知[8]；游客对旅游地景点、管理、旅游机构、旅游服务人员、当地居民和其他游客六方面的信任[29]；游客对旅游地的声誉、诚信、交易安全等维度的信任[30]；此外，信任的影响因素和效用后果也受到学者们的关注。

（二）研究的视角

消费社会具有差异化、符号化的特点，人们较为注重商品的符号价值。在旅游情境下，旅游产品或服务是目的地的一种旅游地符号，游客对旅游地符号使用价值的关注转向了代表身份、地位和品位的符号价值。也就是说，游客更加追崇旅游地符号价值与象征意义。在符号逻辑的支配下，游客借助旅游地景观、产品或者服务等符号之间的联系获得全新的意义。游客对各种旅游地符号的感知、对旅游地符号的解释都是在向某种范例趋近，游客通过抽象的旅游地符号完成旅游地价值认同。游客对旅游地的信任，本质上是游客对旅游地符号的信任，即游客对旅游地符号意指的明确性感知；游客在互动过程中动态地诠释旅游地符号的意义，并进一步影响游客的行为响应。

由上可见，符号逻辑为揭示旅游地信任感提供了一个全新视角，本书拟将从符号学角度对旅游地信任感进行诠释。进一步说，游客对旅游地的信任感主要体现在游客对旅游地符号所携带意义的感知，并明确旅游地符号形体与旅游地符号意义的意指关系。通过文献梳理可知，学者们已经探讨了旅游地信任感的概念、结构、形成机制和效用等内容。然而，从符号学视角诠释旅游地信任感的内涵、维度、形成过程及其对契合行为的研究是值得尝试的解释方向。

（三）研究的具体问题

本书的问题具体包括：

第一，从符号学视角阐述旅游地信任感的基础内涵，明确旅游地信任感的构成维度。以符号形体与符号解释的意指关系为基础，根据符号内涵系统分析旅游地信任感的内涵和维度。

第二，基于符号三元关系理论和符号互动理论，解构旅游地信任感的形成过程。符号形体与符号解释之间存在意指关系，游客对符号的解释会根据不同情境和人际交流而发生改变，可从动态视角认知旅游地信任感的形成过程。

第三，实证检验旅游地信任感对游客契合行为的影响机制，明确旅游地信任感的组态效应。构建并验证旅游地符号感知、信任感对游客契合行为的影响机制，从组态视角探索游客契合行为的影响路径。

第二节 研究意义与目的

一、研究意义

本书致力于从符号学视角探讨旅游地信任感的内涵与维度，并分析旅游地信任感的形成过程，验证旅游地信任感对游客契合行为的影响关系。本书对于拓展符号学在旅游领域的应用，丰富旅游地信任感等相关领域的研究和认知具有重要的理论与实践意义。

（一）理论意义

第一，本书将从符号学视角阐释旅游地信任感的内涵，提供从符号学视角认知旅游地信任感的理论基础，丰富旅游领域中的信任研究。近年来，信任已成为旅游领域中的热点研究议题之一。首先，在游客网络预定和游客行为[31-34]等方面，形成了一些重要的研究成果。其次，旅游地研究主要集中于旅游地信任的内涵及测量[8，29，30]、信任与旅游地形象的关系[35-37]。此外，旅游企业信任的研究内容包括两部分：一是酒店、旅行社、航空公司等旅游机构的信任途径构建；二是公众对旅游机构[38-42]、导游人员[20，43，44]的信任问题研究。由此可见，旅游领域中的信任研究已呈现出多角度、多方向的态势。从实践来看，旅游地在展示其信任元素时需要多样化的符号表现方式，但理论界对旅游地信任符号及其内涵的认知并不完整，这是一个重要的理论缺陷。因此，本书将从符号学视角出发，对旅游地信任感的内涵及其构成维度进行质性挖掘，以形成符号学视角下的旅游地信任感的内涵体系。

第二，本书将为旅游地信任感形成过程提供符号学视角下的理论解释与实证依据。充斥在目的地的各种旅游地符号对游客的影响不在于游客现场感知的符号形体，而在于不在场的旅游地符号象征意义，该意义来源于游客在旅游地的互动过程。此过程中，游客会根据自己的处境去解释、修改旅游地符号意义，最终会趋向于某种范例，也就是说，游客会对旅游地符号的意指产生明确性感知，即信任感。可以说，旅游地信任感是游客对旅游地符号意指明确性感知的隐喻。因此，有必要从符号学视角深入理解旅游地信任感的形成过程。本书将基于符号三元关系理论和符号互动理论，探讨旅游地符号形体与符号解释的意指关系，即旅游地符号感知与旅游地信任感的关系，为旅游地信任感的推演逻辑提供理论依据。在理论构建的基础上，研究将实证检验旅游地符号感知与旅游地信任感之间的影响关系。

第三，本书将为系统理解旅游地信任感的契合行为提供理论支撑，拓展游客契合行为相关领域的研究文献。本书尝试从符号学视角，以符号三元关系理论和符号互动理论为基础，分析和验证旅游地信任感与游客契合行为的影响关系，为系统认知旅游地信任感的影响作用提供新的思路。具体而言，本书将通过实证检验相关模型，揭示游客的旅游地符号感知、旅游地信任感对游客契合行为的影响机制；通过模糊集定性比较分析，充分挖掘旅游地信任感不同维度条件下的协同组态对契合行为的复杂性影响机制。研究结果有利于丰富游客契合行为主观评价的相关研究，为解释旅游地信任感与游客契合行为的关系提供理论基础。

（二）实践意义

在消费社会中，游客更关注目的地旅游产品或服务的象征意义。然而，旅游利益主体为了趋奉游客需求，在追求经济效益过程中注重旅游地符号形体的建设，而对旅游地符号意义赋予不足，以至于使游客在旅游过程中对旅游地符号意指内涵不明确、不明显。面对不同类型的游客，旅游地如何塑造能够满足游客个性需求的旅游地符号，提升游客对旅游地符号的认同，增强游客对旅游地的信任感，是旅游地发展过程中必须解决的问题。在此背景下，研究旅游地信任感具有迫切的实践意义：

第一，推动和提高旅游地符号建设和管理水平，促进并完善旅游地信任感的管理。游客并非在短时间内对旅游地符号意义进行阐释，而是需要在旅游地的符号互动过程中根据自身处境去不断解释并修改旅游地符号意义。符号互动维系着游客对旅游地符号意义阐释，在该过程中旅游地符号解释一直处于不稳定的状态，但最终会趋同于某种范例。也就是说，游客会对旅游地符号意指产生明确性感知，即信任感。归纳游客对旅游地符号形体的感知，总结游客对旅游地符号解释的认同，明确游客对旅游地符号背后所蕴藏的意义，可以为旅游地符号建设提供重要依据。

第二，从人际互动视角分析旅游地符号意义，有利于促进游客的自我区分和对旅游地的认同感。在消费社会中，商品由其符号价值和象征意义所支配，游客更关注目的地旅游产品符号、旅游服务符号背后的意义。旅游地发展过程中，应注重旅游地符号的建设，赋予旅游地符号形体以合理、健康和积极的意义，并将人际互动要素与旅游地符号充分融合。不仅如此，游客通过在符号互动过程中解释旅游地符号意义，完成游客自我区分和对旅游地的认同，从而对旅游地符号意指产生明确性感知，并逐渐明晰自身的旅游需求及旅游行为，进而获得精神享受和自我发展。因此，从符号学视角研究旅游地信任感能够引导游客正确解读旅游地符号意义，明确把握旅游地的游客人际互动需求及其行为响应体系，为理解和满足消费社会下的游客需求提供借鉴。

第三，从符号学视角揭示旅游地信任感对契合行为影响结果，为促进游客与旅游地的价值共创、实现旅游地可持续发展提供策略指导。游客契合行为是游客与旅游地关系中的行为表现，它最终表现在游客的忠诚行为，是促进旅游地高质量发展的重要行为保障。具体来说，旅游目的地可以发展出基于符号感知—信任感—契合响应的游客忠诚行为管理实践和发展策略，并立足于从景观、商业、制度、品牌和情感等符号要素的塑造和建构中引导游客契合行为响应，继而实现旅游地的可持续发展。

二、研究目的

本书试图推进符号学理论在旅游研究领域中的运用范围，从旅游地符号形体和符号解释的意指关系探讨旅游地信任感的形成过程，明确符号学视角下的旅游地信任感内涵、结构、形成过程与行为影响。具体来说，本书将探索旅游地符号形体与符号解释的意指关系，揭示旅游地信任感的形成过程，并进一步探索游客的旅游地符号感知、旅游地信任感、人际互动对游客契合行为的影响作用。同时，研究将提出旅游地信任感的调控策略。具体而言，本书拟达到以下目标：

（1）基于符号学视角诠释旅游地信任感的内涵与结构维度。在消费社会中，游客对目的地旅游产品符号、服务符号的关注已转向于符号背后所蕴含的意义。游客在旅游地互动过程中对符号的认同将趋向于某种范例，并体现为游客对旅游地符号意指的明确性，即信任感。本书将从旅游地符号形体、符号解释的基础上分析旅游地信任感的内涵与结构维度。研究对于拓展符号学在旅游学中的运用，丰富旅游信任研究体系具有重要理论价值。

（2）从符号学视角揭示旅游地信任感的形成过程。本书将基于符号三元关系理论和符号互动理论等理论，通过梳理文献以及对访谈文本和网络游记的扎根研究，归纳旅游地信任感相关的符号形体和符号解释，并推演和分析旅游地符号形体与符号解释的意指关系，为解释旅游地信任感的形成过程提供理论依据。

（3）从符号学视角检验游客契合行为响应，揭示旅游地信任感与游客契合行为的关系。本书将结合质性研究结果和已有文献成果，提出旅游地符号感知、旅游地信任感与游客契合行为的假设关系，并通过结构方程模型实证检验旅游地符号感知、旅游地信任感、人际互动对游客契合行为的影响作用。厘清旅游地符号感知、旅游地信任感与游客契合行为的关系，对于拓展契合行为的研究范畴、解释旅游地信任感与游客契合行为的关系具有重要的理论价值。

（4）优化旅游地信任感的管理调控，为旅游地符号建设与营销提供科学的实践参考。基于前文的文献梳理、质性分析和实证研究等结论，归纳总结游客对旅游地符号的认识，分析旅游地信任感的内涵、结构维度、形成过程及其与游客契合行为的关系。以此为基础，研究将具体提出面向旅游地符号建设和旅游地信任感塑造的策略方案，为旅游地信任领域的符号营销提供策略依据。

第三节　研究内容与研究方法

一、研究内容

本书从符号学视角，围绕旅游地信任感的内涵与结构维度、形成过程及其对游客契合行为的影响等内容展开研究。本书分为八章，各章安排如下：

第一章：绪论。本部分将对本文的研究背景进行详细的阐述，明确研究主要问题，拟定研究目的，从理论、实践等方面阐述研究的意义。详细阐述研究的主要内容及相应的研究方法。分析研究难点和重点，并从理论、概念和研究结果等方面说明研究的创新之处。最后厘清研究思路，并利用逻辑图综合阐释整个研究脉络。

第二章：理论基础与国内外研究述评。该部分分为四个方面的内容：理论基础、相关文献综述、研究述评与探索方向和研究的总体理论框架。文献检索主要以“符号”“旅游地符号”“信任”“游客信任”“契合行为”“游客契合”等为主题，梳理了符号、信任与旅游研究相关的文献；研究还厘清了符号、旅游地符号、旅游地信任感、游客契合行为等关键概念的内涵、类型结构、影响因素及作用结果等内容。

第三章：旅游地信任感的构成要素及其符号前因。该部分的主要研究内容为：以文献梳理结果为基础，拟定访谈提纲，访谈游客；搜集网络游记。将访谈资料和网络游记整理成文本资料，并对其进行扎根研究，建构旅游地信任感的形成过程分析框架，构建旅游地符号感知对旅游地信任感的影响模型。

第四章：问卷设计、数据收集与基础检验。该部分主要是在理论构建的基础上进行测量变量的选取和调查问卷设计。通过预调研检验问卷的信效度，结合统计分析结果、专家小组意见和已有研究成果对初始量表进行修正与补充。之后，实施正式调研和数据收集、清洗、降噪和分析。

第五章：旅游地符号对旅游地信任感的影响机制。该部分主要在第三、四章的研究内容架构基础上，通过网络问卷调查获取数据，并验证旅游地符号感知对旅游地信任感的影响关系、人际互动对旅游地符号感知与信任感之间关系的调节作用。本章的主要内容包括路径假设、模型验证、结果检验等内容，主要采用 SPSS25.0、SPSS 宏插件 PROCESS 等软件对变量间的直接效应和调节效应进行检验。

第六章：旅游地符号、信任感对游客契合行为的影响机制。该部分主要在第三、第四、第五章的研究内容架构基础上，通过网络问卷调查获取数据，并验证旅游地信任感与契合行为的关系，即旅游地符号感知、信任感对契合行为的影响关系。本章的主要内容包括路径假设、模型验证与验证结果等内容。其中，模型验证部分主要采用 SPSS25.0、SPSS 宏插件 PROCESS 等软件对研究模型中变量间的直接效应和中介效应等进行检验。

第七章：旅游地信任感影响游客契合行为的治理路径。该部分主要在四章问卷数据检验的基础上，运用多变量交互作用的模糊集定性比较方法分析旅游地信任感组态对游客契合行为的影响作用，以游客对旅游地的景观信任、制度信任、商业信任、品牌信任和情感信任为前因变量，游客契合行为为结果变量，探索影响游客契合行为的单项因素与多条件组合路径，进一步提出关键治理路径。

第八章：结论与展望。该部分主要对研究内容进行总结归纳，包括研究结论与发现、可能的理论贡献、管理启示、研究局限和研究展望等内容。

二、研究方法

本书将遵循社会科学的研究方法，综合运用管理学、社会心理学、符号学等学科的理论和方法，按照现象观察、文献梳理、理论借鉴、概念定义、指标拟选、理论模型建立、收集资料到模型验证的逻辑思路进行问题分析，采用规范研究与实证研究相结合的方法进行研究。

具体而言，本书主要运用了文献研究法、访谈法、扎根理论和数理统计等方法，借助 SmartPLS3.0、SPSS25.0 软件、NVivo11.0、fsQCA 等研究软件，探索研究旅游地信任感形成过程及其对契合行为的影响作用。主要使用的具体方法有：

（一）文献研究法

通过文献综述，梳理现有旅游地信任感研究的相关脉络，寻求本书研究的关键点，明确本书将要解决的问题。通过梳理现有文献，明确旅游地信任感的内涵与维度结构，厘清旅游地信任感的前导因素及其对游客契合行为的影响作用；从符号学视角，运用 S–O–R 理论模型、符号三元关系理论、符号互动理论、自我决定理论和社会认知理论等理论构建理论模型，为理解旅游地信任感的形成提供新的视角，拓展契合行为研究体系，同时为旅游地的游客信任调控研究提供理论依据。

（二）访谈法

通过访谈，不仅可以明晰某种社会客观现象存在与否，还可溯源其发生机制。访谈法是根据访谈提纲，对旅游者进行询问，获取游客旅游经历中有关研究问题的经验数据，为本书深入研究旅游地信任感的类型、形成机制与效用等方面提供数据支撑。这种方法不仅能够明晰研究路径，还可厘清变量间的关系。同时，根据旅游业客观发展现状，推进本书的研究问题，深化旅游地信任感研究的学科理论意义。

（三）扎根理论

扎根理论以不带有任何假设为前提，基于前人研究和现有资料，找出能够反映社会现象的核心概念，厘清核心概念间的逻辑关系，以形成新的理论[45, 46]。该理论强调从实际出发，对相关社会现象的形成、发展过程进行分析，具有灵活性特点，适于分析复杂的社会现象[47]。采用扎根理论研究方法时，理论、方法和资料之间是一个三角互动的关系，前期通过资料分析获得的理论可以指导后续研究中采用更加合适的方法[48]。研究使用扎根理论对前期访谈资料、网络游记文本进行分析，诠释游客的旅游地符号感知、游客对旅游地符号意指的明确性，分析旅游地符号形体、旅游地信任感等核心变量的内涵并划分其维度结构，建构旅游地符号感知对旅游地信任感的影响模型。

（四）问卷调查法

根据梳理文献和访谈结果，选择并优化相关变量的题项，实施预调研和正式调研，获取量化数据。本书采用严格的步骤进行问卷设计。同时，本书以方便抽样的方式形成样本，对所选量表进行规范的本地化修订。通过预调研对问卷的信度、效度进行检验。在此基础上修改、完善问卷，形成最终的正式问卷，采用网络发放方式进行数据收集。

（五）数理统计分析法

本书采用 SmartPLS3.0、SPSS25.0 等统计软件对调查问卷进行数理统计分析，验证所建立的理论假设和模型。分析内容包括问卷样本信息统计、问卷信效度检验、相关性、归回分析，理论模型中变量间的直接效应、间接效应和调节效应等。

（六）模糊集定性比较方法

本书使用定性比较分析方法（fuzzy set–Qualitative Comparative Analysis,

fsQCA）分析旅游地信任感的契合行为组态效应。使用 fsQCA 软件对条件变量进行校准，计算条件变量的一致性和覆盖率，以此检测条件变量的充分必要性、模糊集定性比较、路径组合分析等。

第四节　研究思路与逻辑框架

一、研究思路

首先，本书将通过阅读文献进行理论总结，明晰研究主题，确定研究范围。在此基础上形成最终研究思路，建构本书的逻辑框架，包括研究问题、研究内容和研究方法等。

其次，借鉴符号学、社会学等学科领域的研究文献与相关理论，提出本书变量间的关系及研究假设，建构旅游地信任感的形成过程与及其对契合行为的影响模型，即旅游地符号感知、旅游地信任感、人际互动对游客契合行为的影响模型。

再次，根据相关研究文献和相关理论，归纳和提炼本书的核心变量概念，并以访谈资料、网络游记文本和理论方法设计测量量表和调查问卷。对游客进行预调研，检验问卷信效度，对初始测量量表进行修正和补充。然后，进行正式调查，收集、整理和分析数据。

最后，整理并分析正式调查的样本数据，进一步检验理论模型中的研究假设。根据实际情况对汇总后的实证结果进行阐释。针对我国旅游实际，提出旅游地符号建设、游客信任构建的优化策略，分析本书可能的创新点、研究不足和未来研究方向。

二、逻辑框架

本书以游客为研究对象，从符号学视角诠释旅游地信任感的含义与维度结构，分析旅游地符号形体和符号解释的意指关系，并进一步分析旅游地符号感知对旅游地信任感的影响关系。通过分析、验证旅游地符号感知、旅游地信任感对游客契合行为的影响模型，为旅游地游客信任的优化调控提供实践和理论依据。

本书按照三阶段计划逐步进行。第一阶段，理论分析。在收集、整理和分析相关文献的基础上，界定旅游地符号和旅游地信任感等核心概念，为后续的研究奠定理论基础。第二阶段，质性分析。对访谈数据、网络游记等文本材料进行扎根分析，对旅游地符号形体、符号解释等内容进行编码，分析旅游地符号意指，解析旅游地信任感的形成过程，构建旅游地符号感知对旅游地信任感的影响模型。同时，为相关变量的测量提供有效测量工具。第三阶段，实证分析。实证检验旅游地符号感知对旅游地信任感的影响模型，旅游地符号感知、旅游地信任感人际互动对游客契合行为的影响模型，并根据研究结果提出旅游地符号建设、游客信任建构与优化调控策略。研究遵循“提出问题—分析问题—解决问题”的逻辑思路，通过理论研究和实证检验，全面探讨了旅游地信任感的形成过程及其行为影响。逻辑框架如图 1.1 所示。

第五节　研究重点、难点与可能的创新点

一、研究重点与难点

第一，本书旨在从理论上分析旅游地信任感的概念、维度、形成过程及其对游客契合行为的影响等内容。现有研究表明，信任问题受到学界的广泛关注，成为旅游领域中的重要议题。旅游互动是一种社会互动，也是一种符号互动。信任是社会关系中的重要维度[12]。可见，符号互动与信任联系密切。本书拟从符号学视角探讨旅游领域中的信任问题，从理论上分析和探索旅游地信任感的概念内涵、维度结构。根据理论基础探索旅游地信任感的形成过程，分析旅游地符号感知、旅游地信任感对游客契合行为的影响作用并构建相关的理论框架，为展开下一步的研究提供理论层面和实践层面的认知基础。

第二，本书旨在通过质性研究分析旅游地信任感的维度结构及形成过程，在此基础上设计量表，为实证研究中旅游地符号感知、旅游地信任感、契合行为和人际互动等相关变量提供测量工具。具体来说，本书通过采集网络游记文本，对游客进行半结构化访谈，扎根分析通过以上两种渠道获取的文本材料，初步确定旅游地符号形体、旅游地信任感和人际互动等变量结构维度，同时结合文献梳理中得到的相

关成熟量表制定测量题项，经讨论后形成最终测量量表。

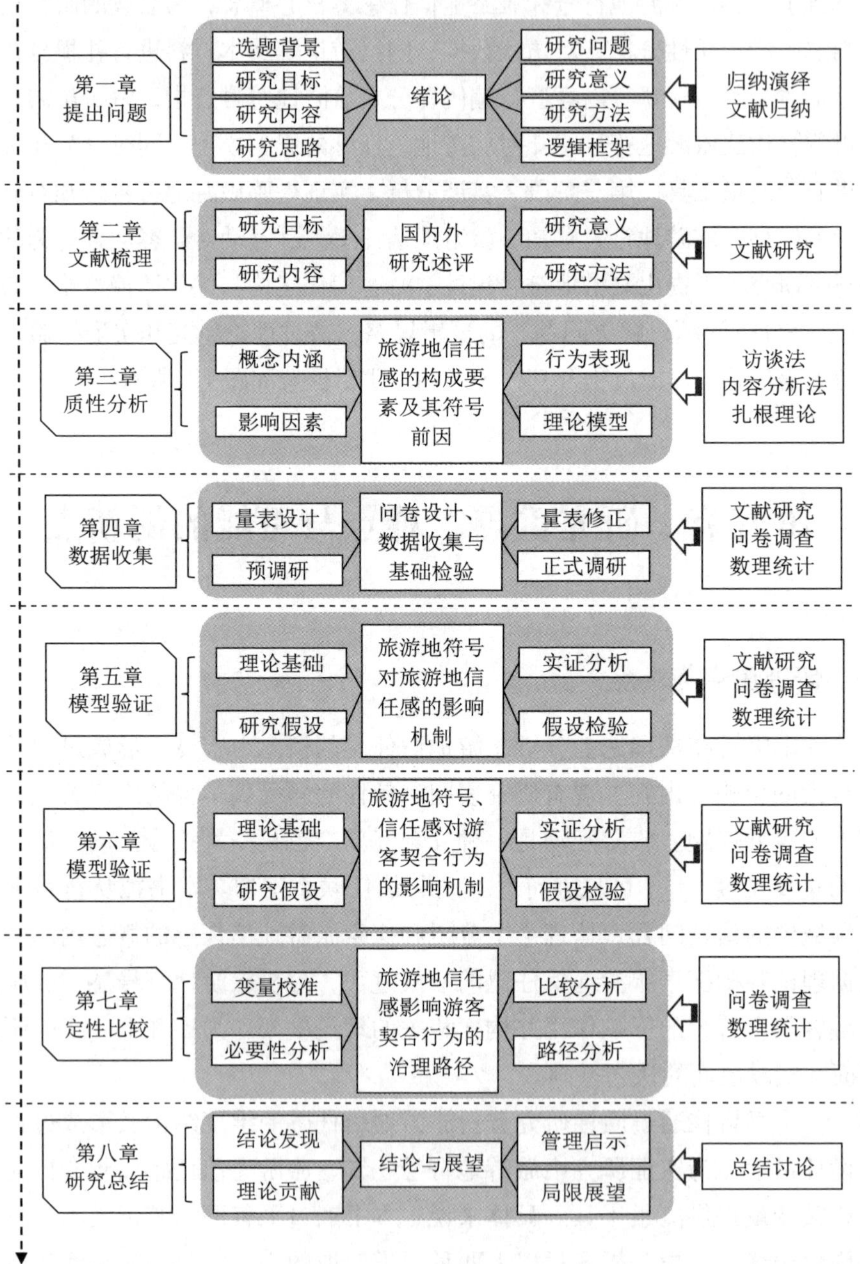

图 1.1　本书逻辑框架

第三，本书旨在通过量化研究厘清旅游地信任感的形成过程及其与游客契合行为的内在逻辑关系，验证本书中建构的理论模型。具体而言，本书围绕旅游地符号感知、旅游地信任感、人际互动和游客契合行为等相关变量展开。根据文献梳理和质性分析结果，构建“旅游地符号感知—旅游地信任感—契合行为”的理论模型，运用 SmartPLS3.0、SPSS25.0 等软件进行数理统计分析并验证模型。运用模糊集比较分析方法，探索旅游地信任感不同维度条件的协同组态对契合行为的效应。本书重点厘清旅游地符号感知、旅游地信任感、人际互动和游客契合行为之间的关系。

二、可能的创新点

本书的可能创新点：（1）从符号学视角研究旅游领域中的信任问题，推进符号学与旅游学的融合，扩展符号学理论和方法在旅游领域中的使用范围，拓展旅游符号学研究疆域；（2）使用符号学理论和方法研究旅游地信任感，丰富此概念的内涵，为理解旅游地信任感内涵及其形成过程提供新视角；（3）通过质性分析和量化研究确定旅游地符号感知和旅游地信任感等核心概念的维度结构，为相关变量提供测量工具；探明旅游地符号感知、旅游地信任感、人际互动和游客契合行为之间的关系，从组态视角更为系统地分析游客契合行为的影响路径。

第二章　理论基础与国内外研究述评

本章主要对本书涉及的S-O-R理论模型、符号三元关系理论、符号互动理论、自我决定理论和社会认知理论等基础理论进行阐述与应用分析。同时，围绕研究选题对符号、旅游地符号、信任、旅游信任、旅游地信任感、契合行为和游客契合行为等方面的相关文献进行梳理，厘清旅游地信任感、游客契合行为的研究脉络与研究空白处，以此为基础，进一步明确本书的探索方向。

第一节　相关理论基础

（一）S-O-R理论模型

S-O-R（Stimulus-Organism-Response）理论模型的奠基人是Mehrabian和Russell，该理论提出了由外部环境刺激到机体内在状态再到个体行为或反应的过程，主要解释了外部环境特征对个体行为的预测或影响；S（Stimulus）指外部刺激因素，O（Organism）代表内部机制，R（Response）代表个体行为或动作；机体在外部环境刺激和个体反应之间起到媒介作用[49]。具体来说，外部环境刺激既可以是客观的物理环境刺激，也可以是无形的社交环境刺激[50]；机体是指个体在心理层面上有关认知、情感等方面的状态[51]；反应是指个人在行为方面的响应。

目前，S-O-R理论模型主要被用于消费行为和共享行为等方面的研究中。例如，Belk等（1975）使用该理论分析电子商务情境下的消费购买行为[52]；李悦等（2021）以情景类别作为刺激因素，个体需要作为有机体，规范行为作为个体反应，探索共享单车用户规范行为的形成机制[53]。旅游研究领域，S-O-R理论模型也应用于游客行为的研究。如Su和Swanson（2017）等通过S-O-R框架分析旅游地社会责任对游客环境负责行为的内在机制[51]；粟路军等（2017）以服务质量为刺激因素，游客的消费情感与满意作为内部状态，抵制负面信息行为作为行为反应，对三者间的关系进行了探索[54]；陈素平等（2016）以信息、政策和游伴等为刺激因素，个人特质等为有机体，购买行为为行为响应，探讨单身女性的消费行为影响机制[55]；刘雷等（2021）基于S–O–R理论模型，借鉴TAM模型和MOA模型分析新冠感染疫情背景下体育旅游消费者的旅游行为影响机制[56]；Cheng等（2020）以营销策略和动机为刺激因素，积极情绪和满意为有机体，重游意向为反应，探讨了旅游行业中新兴节庆背景下游客的重游意愿[57]。

旅游地符号感知是目的地有形实体、无形体验或感受等旅游符号形体给游客带来的外部刺激，旅游地信任感是游客主体内在解译和心理编码后的态度，契合行为是游客根据信任感主动性地做出的行为响应，这与S–O–R理论模型中刺激到机体再到反应的过程原理具有同一性。因此本书认为，S–O–R理论模型可以支持和解释旅游地符号感知推动旅游地信任感形成，并影响游客契合行为的整体过程。

（二）符号理论

Pierce认为符号由符号形体、符号对象和符号解释三部分组成，提出了符号三元关系理论（Triadic Relation）[58]。其中，符号形体表征符号对象，符号形体和符号解释间存在意指关系，符号对象通过符号形体的媒介作用间接反应符号解释。Mead是符号互动理论的奠基者。Blumer将Mead的符号互动思想继续发扬，于1937年在《人与社会》一书中正式提出“符号互动”这一概念。符号互动理论，又称为象征互动论，该理论的基础是某个人类群体拥有一组共同的象征符号以及对这些象征符号的理解[59]。符号互动理论的前提涉及行动意义、来源与作用，具体内容如下：第一，事物对行为人的意义是影响其行动的原因；第二，该意义深受人际互动的影响；第三，人们在具体情境中会不断对意义进行修正[60]。上述内容表明，符号互动理论强调行为人的主观性和选择性。根据Blumer的观点，个体与他人的互动并非简单的“刺激—反应”过程，在“刺激”“反应”之间存在意义的“解释”，即“刺激—解释—反应”，而意义的解释或者理解需要借助符号[61]。这就是说，符号是互动的媒介，人们在互动中使用符号，从而形成自我意识。

旅游领域内，李莎等（2021）根据符号三元关系理论，分析了社交媒体中旅游演艺的品牌符号构建模式[62]；张骁鸣等（2018）借鉴符号三元关系框架，分析不同社会群体对统一传统民俗节庆的阐释差异[63]。此外，研究者们运用符号互动理论分析旅游地品牌[64]、民宿主客互动[65]、目的地形象、旅游文化、民族认同与消费行为[66]等内容。

符号三元关系理论阐释了符号形体和符号解释的意指关系，符号互动理论强调互动在个人对符号解释过程中的影响，在一定程度上能够阐明游客对旅游地符号形体的解释过程以及旅游地符号感知对旅游地信任感的影响过程，因此本书认为，符号的三元关系理论和符号互动理论可以作为本书的理论基础，以支持和解释旅游地信任感内涵以及旅游地符号感知对旅游地信任感的影响机制。

（三）自我决定理论

自我决定理论（Self-Determination Theory）由 Deci 和 Ryan 提出，该理论认为个体在充分认知环境信息和自身需求的基础上，对自己行动做出自由的选择[67]。Deci 和 Ryan 指出，自我决定理论是一种动机观，对人类动机的理解应将自主性、胜任性和归属性等心理需求考虑在内；自主性是指个体自发思考某种行为的价值从而进行自由选择；胜任性是指个体具有参与某个活动或实施某项行为的能力；归属性指个体与他人的联系，个体感觉对某个团体的归属感，认可该团体的价值观或行为；这些心理需求是个体内部动机的主要构成内容[68, 69]。可以看出，自我决定的程度决定了个人动机，这是一个从无动机到有动机、不断内化的过程。

目前有学者使用自我决定理论来分析共享单车用户规范使用行为的形成机制[53]；LaCaille 等（2020）运用自我决定理论探析新兴成人的饮食行为形成过程[70]。旅游领域中，段正梁等（2021）根据自我决定理论，探讨游客生态价值观对环境责任行为的作用机制[71]；Cole 等（2019）以自我决定理论为研究框架，以残疾人士作为研究对象，考察了其对旅游行业的感知可达性和休闲旅游动机对旅游参与的影响机制[72]。

游客对旅游地产生信任感会使其在满足自身需求的基础上，主动地实施个人能够胜任并且认为具有价值的行为，这些行为体现在游客与旅游地的关系之中。由于自我决定理论强调自我在动机过程中的能动作用，有助于解释信任感对契合行为的影响过程。因此本书认为，自我决定理论可以作为本书的理论基础来支撑和解释旅游地信任感对游客契合行为的影响机制。

（四）社会认知理论

社会认知理论（Social Cognition Theory）是 1986 年 Bandura 在社会学习理论的基础上提出的，该理论以人及其活动作为研究对象，主要关注人的记忆、动机等认知因素。社会认知理论认为个体在认识事物时会受到所处环境、氛围等因素的影响，进而主动而不是被动地接受事物刺激；该理论强调个人认知、环境和行为三者之间相互独立又相互影响，任何二者之间存在双向互动和决定的关系，其关系强度和影响模式在不同的外在环境、认知和行为的影响下随时改变[73]。可以说，个体的态度或意识会影响其行为方式。

社会认知理论集中应用在组织个体或者群体的行为研究中，其目的是识别何种方式、方法能够影响行为，例如，杨振宏等（2021）使用社会认知理论作为研究解释框架来探索事故体验对矿工不安全行为的影响作用[74]，Hashem（2021）运用社会认知理论预测沙特阿拉伯女性的创业意向[75]。旅游领域中，张成琳等（2020）基于社会认知理论，探讨了网站特征、心流体验对游客旅游行为意向的影响机制[76]；Wang 等（2004）基于社会认知理论，探析了旅游虚拟社区成员间信息、知识分享行为的形成机制[77]。

旅游中的游客对目的地旅游符号的认知来自旅游地外部环境，这种符号感知会驱动游客主动地做出一定的行为响应，这与社会认知理论中个体认知会影响其行为的原理具有同一性。因此，本书认为，社会认知理论可用于解释旅游符号感知对游客契合行为的影响过程。

第二节　旅游地符号研究

一、符号研究

（一）符号的概念与分类

《辞海》中对符号的定义为：显示出特别意义，以供辨识的记号。《汉语大词典》中的符号定义：（1）记号，标记；（2）佩戴在身上并表明职别、身份等内容的标志。符号的英文为“symbol”，《韦氏辞典》将其解释为：（1）因关系、联想、惯例或偶然相似而代表或暗示其他事物的事物；（2）符号书写或印刷中使用的与某一特定领域有关的任意或常规符号，表示操作、数量、元素、关系或性质；（3）潜意识中被压抑的物体或行为；（4）有文化意义和激发或客观化反应的行为、声音或物体。《牛津辞典》中，符号的释义为：(1)代表更普遍的性质或情况的人、物体、事件等；(2)尤指在科学、数学和音乐中有固定意义的信号、数字、字母等。西语世界中，与“symbol”含义较为相近的是“sign”，两者的中文释义皆有符号之意。《韦氏辞典》中，“sign”的解释为：(1)表达思想或发出命令或愿望的动作或姿势；(2)一种具有传统意义的标记，用来代替单词或表示复杂的概念；(3)代表或象征某种精神的物质或外在的东西；(4)表示其他事物的存在或存在的事物。通过梳理字典、辞典中有关符号的定义，我们发现：(1)符号是可以被感知的事物；(2)符号能够表征他物，即意义。

通过文献梳理发现，学者们对符号的界定主要体现在事物与其代表的意义之关系。Augustine认为，符号是使我们想到这个东西加上感觉、印象之外的某种东西[78]。瑞士语言学家Saussure将语言符号界定为“能指”(signifier)和“所指”(signified)的统一体[79]，即符号的二元关系理论。能指是指符号的形体，由物体、行为等载体作为符号意义的表征，而所指是指符号内容，即符号表达的感情或者思想，或曰“意义”。能指和所指结合形成意指(signification)，即符号能指和所指的过程，也指该过程的结果[80]。Barthes(1987)认为，符号是一种表示成分和一种被表示成分的混合物，表示成分即“能指”，被表示成分即“所指”[81]。Cassirer在《符号形式的哲学》一书中提到，一切在某种形式上、其他方面能够被知觉所阐释出意义的现象皆为符号[82]。也就是说，人们将符号视作一种指代某种对象的标志物，该标志物象征着某种意义，可以通过感知来获得意义的一切现象。美国哲学家Peirce将符号界定为任何一个事物，该事物一方面由对象所决定，另一方面又在人们的心灵中决定一个观念，而对象又间接决定观念的选择方式，这种决定观念可理解为解释项。Pierce的符号定义涉及再现体(representamen)、对象(object)和解释项(interpretant)，即符号三元关系理论。根据Pierce对符号的理解，再现体可指任何事物，即符号形体。符号形体所代表或者表征的事或物就是对象，即符号对象，符号对象比较固定。解释项是符号形体对符号对象的阐释，也就是通过符号形体表达符号对象的讯息，或曰符号意义。符号意义需要依靠讯息接受者的能力而得以产生。Pierce提出的“再现体”(或符号形体)可理解为Saussure所提出的“能指”，而Pierce提出的“对象”和“解释项”的组合相当于Saussure提出的“所指”，其间关系如图2.1所示。然而，Pierce认为符号对象较为稳定，解释项需要依靠讯息接受者的能力，如此，Pierce将符号的重点移至接受者一方。

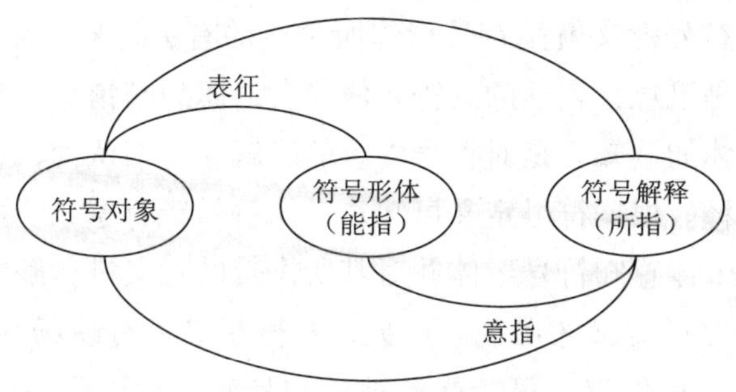

图 2.1　符号系统构成

通过对相关文献梳理回顾发现，任何事物都可被视为符号，这说明符号具有普遍性；其自身携带的意义需要被讯息接受者感知并解释，表明符号具有多变性和抽象性。可以说符号即意义，意义即符号，意义的阐释需要借助符号形体，符号形体的作用之一就是表达意义。因此，本书认为，符号是个人对事或物的感知及其所携带意义之间的关系，符号包括符号形体、符号对象和符号解释三个元素。

上文提到，符号形体与符号对象之间具有表征关系，这种关系由表征方式所体现，Pierce 根据符号形体与符号对象之间的关系，将符号分为像似符号（icon）、指索符号（index）和象征符号（symbol）[83]。Pierce 认为，一个符号能够代替另一个事物是因为两者之间相似[84]。然而，相似并不仅存在于符号形体与符号对象之间的物理属性关系，还应该是两者之间的相同知觉结构与关系系统[85]。也就是说，像似符号可以是图像、图表等具体形式，也可以是比喻、感觉等抽象形式，联想是像似符号的认知方式[80]。Pierce 认为，指索符号与符号对象在物理关系上构成有机的一对。指索符号的符号形体与符号对象由于因果、邻接、部分与整体等关系而能相互提示，使解释者关注符号对象。指索符号能够给符号对象一定的组合秩序或顺序位置，在此关系中确定符号意义，推理是指索符号的认知方式[80]。像似符号和指索符号具有理据性，即“非武断的”。而象征符号的符号形体与符号对象之间不存在理据性关系，而是由人为约定的。也就是说，象征符号的表意是由接受者所属社会或者群体规约所决定[80]。

（二）符号的意义

根据《辞海》中的解释，意义的含义如下：（1）意旨、含义；（2）行为、事物的价值或者重要性。而在符号学中，Ogden 和 Richards 认为，符号的意义是指一种关系。具体地说，符号意义就是符号形体所传达的有关符号对象的讯息[80]。也就是说，符号意义就是讯息，表达的是符号使用者的思想与情感。有学者认为，讯息是主体对于符号形体的认知，是对符号内容的了解。本书认为，符号的意义是指符号系统中的符号解释。根据符号定义可知，一切符号皆有意义。可见，符号意义具有必然性。此外，个体感知符号形体并对其所携带的意义进行解释。也就是说，符号需要解释，解释之后意义才出现。可见，符号意义具有缺场性。赵毅衡（2016）认为，符号载体是一种仅仅与可接受的被感知品质的片面化集合[86]。也就是说，符号被感知的并不是其本身，而是其某些品质。由此可知，符号意义具有片面性。

Barthes 在《符号学原理》中提到由能指和所指所构成的意指系统包含一个表达平面（E），即能指，一个内容平面（C），即所指，两者间的关系则是意指作用（R），由此得到表达式 ERC。Barthes 假定 ERC 表达式可变为另一个系统中的某一成分，于是得到（ERC）RC 模式[87]，如图 2.2 所示。由此可知，符号意义具有层级性。

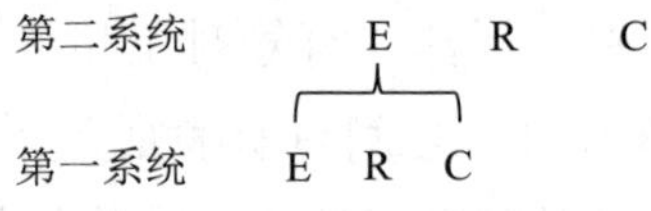

图 2.2 （ERC）RC 模式

根据 Barthes 的观点，当第一系统的意指系统构成第二系统中的表达平面时，此时的第二系统称为涵指系统，该系统是 Barthes 所说的“内涵”，如图 2.3 所示。

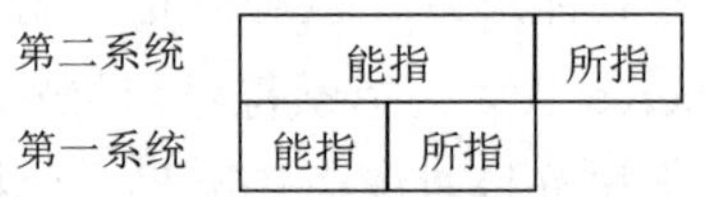

图 2.3 涵指系统

根据 Saussure 与 Pierce 的符号观点，“再现体”（符号形体或符形）可理解为能指，“对象”和“解释项（符号解释或符释）”的组合可理解为所指，本书认为，符号的内涵系统可以表示为如图 2.4 所示。

<table>
<tr><td>第二系统</td><td colspan="2">再现体（符形）</td><td>对象+解释项（符释）</td></tr>
<tr><td>第一系统</td><td>再现体（符形）</td><td>对象+解释项（符释）</td><td></td></tr>
</table>

图 2.4 内涵系统

（三）符号的应用

符号学的目标是揭示深层意义结构[3]，可用于研究“所有文化”。同时，它也是一个有用的分析工具[88]。符号学之风已涌入诸多研究领域，迄今为止，其基础理论与研究方法已渗入到语言学、社会学、旅游学、生态学、哲学、传播学、艺术学和文学等学科，由此产生的理论成为相应学科的研究基础。例如，社会学方面，Mead 在符号学的基础上开创了符号互动论，其学生 Blumer 则正式提出“符号互动论”。随后，Golfman（1959）提出了“拟剧理论”（《日常生活中的自我呈现》）。生态学方面，有学者建议以符号学为基础来研究生态问题。旅游学领域，McCannell（1976）在《旅游者：休闲阶层新论》中首次将符号学思想引入旅游研究，主张研究旅游符号的意义。Graburn（1983）最早运用符号学方法研究旅游问题，他认为研究旅游就是分析其符号意义和文化内涵[89]。

（四）符号感知

《辞海》中对于感知的解释是客观事物通过感觉器官在人脑中的直接反应。本书认为，符号感知是符号通过感觉器官在人脑中的直接反应。目前，部分学者从影响因素及效用等方面对符号感知进行了研究，例如，Vinci–Booher 等（2021）探索了符号生产过程中视觉——运动偶然性对符号感知过程中功能连接和符号识别的影响作用[90]。Teichner 等（1961）分析密度对视觉符号感知中识别和辨别的影响[91]。黄雨水（2017）探讨了新媒介下电视广告的传播优势，他认为观众对电视广告中符号的感知，其本质是各种体验与互动。因此，广告生产应该重视感知符号创造，将用户对电视广告符号的各种互动感觉、体验作为重点[92]。

二、旅游地符号

（一）旅游地符号的概念与分类

McCannell（1976）以 Saussure 和 Pierce 的研究成果为基础，在《旅游者：休闲阶层新论》中首次将符号学引入旅游研究。此后，旅游学界开启了旅游符号概念的探讨。Culler（1981）认为，游客追求的是异质文化符号[4]。由此来看，旅游地异于惯常环境下的文化符号可被视为旅游符号。Urry（1990）认为，游客所见之物均由符号构成，其表征某一事物[93]。国内学者武媚（2010）认为，旅游活动中，本土特色景观起到引导作用，该景观即为旅游符号[94]。明庆忠等（2010）认为，土著知识是地域文化的重要组成部分，也是游客的旅游对象，将其视为旅游地独特的旅游符号[95]。曾智林等（2013）认为旅游纪念品是一种代表目的地自然、历史和风俗且承载着旅游地地域人文情怀的记忆符号[96]。王峰等（2013）从过程视角对旅游符号进行理解。他们认为旅游符号是能指与所指的统一，两者结合过程称为意指。研究认为，旅游符号由载体、所指和解读者构成[97]。孟芷卉等（2018）认为，旅游符号是具有特殊内涵、意义的标志，代表着目的地旅游资源聚合的特色。研究将旅游符号能指界定为游客对旅游景区的感知，将旅游符号所指界定为以游客对景区感知为基础而产生的心理感知[98]。可见，该定义是从 Saussure 提出的符号二元论角度诠释旅游符号含义。通过文献综述可知，现有研究对旅游符号的概念界定涉及符号的文化内涵、本土特色、功能作用等方面，重点突出旅游符号意义。根据前文对符号的定义，我们知道符号是以一定形式表达特殊含义的形式，这种行为既有被感知的客观形式，如物体、行为、语言等，也具有联想的、象征的、推断的精神形式。综上所述，本书认为，旅游地符号是游客对旅游地事或物的感知及其携带意义之间的关系，是由旅游地符号形体、旅游地符号对象和旅游地符号解释所结合的统一体，旅游地符号形体与旅游地符号解释的关系即旅游地符号意指。

符号是旅游领域研究者们聚焦的热点问题，旅游符号分类作为重要议题之一，从现有文献来看，旅游符号分类标准尚未统一。有学者以旅游地居民、旅游从业者和旅游者等为研究对象，从互动视角分析其符号属性。彭丹（2008）以“旅游人”符号为研究对象，按照地位符号、身份符号、角色符号和行为符号等属性对其进行分类[99]。人体五感也是划分旅游符号的标准之一。其中，视觉符号受到众多学者关注。严澍（2007）认为语言符号、视觉符号、行为符号、听觉符号、嗅觉符号等信息要素共同构成了旅游地形象[100]。钟玉锋等（2010）在研究中提到了旅游地视觉符号识别，他们认为视觉符号包括目的地标识符号、吉祥物、标志色、标准字体、标志性设施、宣传画册等元素[101]。李巧玲等（2010）认为旅游地形象设计中应考虑视觉传达体系的建设，包括旅游地标识符号和应用符号。前者包括标徽、字体、颜色，主要体现地方性和艺术性。后者包括旅游纪念品、广告和交通等，主要体现现代性和特殊性[102]。刘德豪（2010）认为，旅游地视觉符号包括旅游地网站、景区建筑、标识牌、从业人员服饰和旅游纪念品等内容[103]。学者们对旅游地媒体符号进行了分类。马秋芳（2011）认为旅游地符号体系由文字文本符号、视觉文本符号、官方媒体符号和非官方媒体符号等内容组成。巫宁（2007）认为旅游信息符号是多样的，包括口头语言、书面文字、非语言视听等内容[104]。单文盛等（2016）

从符号学视角分析旅游地形象宣传片，研究表示宣传片中的符号包括图像符号、文字符号、色彩符号和其他符号[105]。曾楠（2019）研究认为旅游地宣传片中的符号体系包括图像符号、色彩符号、文字符号和音乐符号[106]。有学者根据信息传递的方式来划分旅游符号。例如，陈胜容（2014）认为旅游资源符号系统包含隐形符号系统和显形符号系统[107]。旅游地文化符号是研究热点，其分类受到学者关注。王艳平等（2016）认为旅游地文化元素性符号包括自然景观符号、人文景观符号和地方特色景观符号[108]。李贵清等（2019）将旅游地文化符号划分为物质符号、制度符号和精神符号[109]。此外，学者们还从旅游地形象、旅游吸引物等方面进行旅游符号划分。王罡（2009）认为，旅游者感知形象符号包括旅游地形象符号和旅游地品牌形象符号[110]。陈岗（2013）认为旅游吸引物符号包括标志符号、文化符号和群体符号，分别体现了符号的认知属性、客观属性和情感属性[111]。唐文跃（2013）认为旅游地符号包括建筑、文化、文化景观和地方性元素符号等内容[112]。隋春花（2018）认为，旅游符号体系包括景观符号、节事符号、商业符号和其他符号[113]。王峰等（2013）建构了旅游符号学研究框架，研究认为，旅游吸引物符号系统包括图像符号、象征符号、语言符号和文化符号。旅游媒介符号系统包括图像符号、文字符号和语言符号[97]。孙小龙等（2017）将商业化符号划分为商业环境符号、空间环境符号、旅游经营管理符号、旅游产品与商品符号、商业化建构符号和群体认知符号[114]。李成龙等（2021）分析了乡村吸引物符号体系。研究认为，从内容上看，该体系包括像似符号、指索符号、象征符号和情感符号。从旅客与旅游符号之间的关系来看，该体系可分为初级、中级和高级符号。初级符号对应像似符号和指索符号，中级符号对应象征符号，高级符号对应情感符号[115]。

综上所述，现有研究主要从互动视角、人体感官、旅游地媒体、旅游地文化、旅游地形象、旅游吸引物和信息传递方式等方面对旅游地符号进行分类。通过文献梳理发现，旅游地符号划分标准莫衷一是。但是，从分类结果来看，旅游地符号依然可以分为旅游地像似符号、旅游地指索符号和旅游地象征符号。具体来说，旅游地像似符号包括旅游地的建筑物、自然风景、旅游纪念品等。旅游地指索符号包括旅游旅游地指示标识、户外广告、招牌以及标志物等。旅游地象征符号包括人文景观、人造景观、民俗及生活习惯等。

（二）旅游地符号的意义

前文已述，符号意义可从两个系统进行理解。第一系统包括能指和所指，所指即符号意义或符号解释。第一系统的能指和所指构成第二系统的能指，产生意指功能，形成新的所指，即符号意指的意义。根据前文对符号意义的阐述，本书认为旅游地符号意义是指旅游地符号系统中的旅游地符号解释，包含旅游地符号意义和旅游地符号意指的意义。也就是说，旅游地符号意义是指旅游地符号形体所传达的关于旅游地符号对象的讯息。通过文献梳理可知，现有关旅游地符号意义研究主要集中于旅游地的吸引物符号[116]、传播媒介符号[117，118]、品牌符号[62]、感知形象符号[110]等方面。Palmer（1999）认为遗产景观的象征意义是其代表了国家和民族[119]。Ateljevic（2002）分析了新西兰旅游宣传片中的表征问题[120]。Hunter（2008）对旅游地照片进行分类并分析其表征意义[121]。Bratt（2018）以中国黔东南地区出版的宣传册和网站为研究对象，运用符号学和话语等理论知识框架分析旅游地的促销策略[122]。

国内学者王宁（2001）提到了旅游纪念品的符号功能与象征意义[123]。彭兆荣（2005）认为旅游符号“标识物”具有指示功能与意义，具体表现为标志功能、代言功能和宣导功能[124]。彭丹（2008）对旅游者、旅游地居民和旅游从业者等“旅游人”进行了象征符号意义分析[99]。董培海等（2010）认为旅游产品符号的价值表现在社会象征和游客个体意义等方面[125]。由此看出，旅游符号价值即为意义。李贵清等（2019a，2019b）分析了旅游地文化符号的类型、具体符号、符号能指和符号所指，对旅游地文化符号意义进行了审视[109，126]。李莎等（2021）从第一符号过程、第二符号过程来分析旅游品牌符号中的历史文化符号、环境服务符号、知识信息符号、感知价值符号和互动仪式符号[62]。

综上所述，我们知道，符号意义解读是旅游地符号研究的热点议题。然而，大部分研究仅从第一系统视角阐释旅游地符号。也就是说，现有研究主要对旅游地符号意义解读，较少针对旅游地符号意指的意义进行解读。符号的意指意义比符号意义更隐晦、含蓄和多义，却更接近事物的本质。因此，对旅游地符号的解读需要进行更深层，更全面的探索。

（三）旅游地符号的应用

表 2.1 列出了今年来国内外有关旅游地符号的相关研究文献，研究主题包括旅游符号意义、旅游符号营销、旅游地符号吸引物、旅游地文化符号解读、旅游符号传播等内容。Graburn（1983）指出，应该将符号学引入旅游研究。他认为研究旅游就应该探析其符号含义及文化意义[89]。语言是人类使用的符号中所占比例较大

的类型，而旅游中有关“语言”的研究也受到众多学者关注。具体来说，旅游宣传手册中的图形、文字符号等“文本”受到了Cohen、Selwyn、Cooper和Dann等学者的关注[3]，上述研究表明，旅游地宣传手册呈现的图文表达出旅游地的特色属性，向游客传递了深层含义。Picazo等（2019）对酒店营销材料中使用的照片投影图像进行了系统的比较评估，通过内容分析方法对图片进行了分类。研究结果表明，住宿业中的图像存在重大差异，以此结果制定更有效、差异化的定位战略[117]。Balo等（2019）研究认为摄影具有证明和移动的特性，以此用来弥合旅游研究中一直倾向于文本数据而非视觉数据的缺陷，在研究设计时需要审查旅游目的地图像的“表征圈”[127]。Gorp（2007）分析了官方媒体和非官方媒体中旅游地的符号形象。研究表明，官方媒体中的旅游地符号“人为性”较强，向游客传递固定的模板形象[118]。Brown（1992）从营销视角探讨了旅游地体验的符号性、消费的符号性，并且认为旅游营销的目的就是运用符号系统来表示社会氛围与地位[128]。Soulard（2021）等以游客手绘符号为研究对象，研究认为游客手绘符号所表述的内容可被用于旅游营销[129]。

就国内研究来看，研究者从符号学视角探讨了旅游体验的本质。谢彦君（2006）认为旅游过程中充满了符号，旅游体验本质可视为一种符号互动现象，而旅游体验过程也就是符号解读过程[130]。陈兴（2010）对旅游体验塑造方法进行了研究，从突出文化真实性等方面进行阐述[131]。杨骏等（2015）从符号学角度探讨了旅游体验，研究认为游客出游的根本动机是追求符号感知，“真实性”是旅游体验质量的标准[132]。旅游符号的功能价值也受到学者关注。彭兆荣（2004）系统阐述了旅游符号问题和应用，详细探析了旅游景观符号价值、旅游标识物符号系统、酒店的符号价值、艺术品符号等内容[133]。彭兆荣（2005）对旅游符号“标志物”的功能进行了总结，研究认为旅游符号的功能包括标志、代言和宣导[124]。研究者们对旅游商品化符号、旅游地文化符号进行了解读，并讨论了旅游地符号构建。马晓京（2005）对旅游商品化的符号意义进行了探讨[134]。丁雨莲（2014）分析楹联作为旅游地文化旅游符号的隐含意义，并提出了楹联在旅游文化景观中的符号重构策略[135]。高飞等（2019）从符号学视角解读边境旅游吸引物[116]。李成龙等（2021）从符号学视角划分了乡村旅游吸引物类型，并且提出不同层次符号体系建构意见[115]。李贵清等（2019）基于符号学视角，解读旅游地符号，构建符号库，进一步提出旅游营销建议[126]。符号学视角下的旅游地形象研究得到学者们的关注。钟玉锋等（2010）以重庆磁器口古镇为例，探讨了包括视觉符号在内的旅游地形象塑造[101]。李巧玲等（2010）在旅游形象研究中探讨了视觉符号识别系统的设计。研究认为，该系统包括两部分：一是表示符号系统；二是应用符号系统[102]。张骁鸣等（2017，2018）根据符号三元关系理论对旅游地名人[136]和旅游地节庆形象[63]等进行了阐释。研究者们对旅游地品牌符号内容、类型进行了分析。马秋芳等（2009）研究认为，旅游地品牌符号体系应包括品牌广告、旅游地、游客及居民对旅游地的消费行为及解释等内容[137]。李莎等（2021）对旅游演艺品牌符号进行探究，研究认为该符号体系包括历史文化、知识信息、价值感知、环境服务和互动仪式等内容[62]。旅游符号的传播需要借助媒体中介，学者们对不同符号传播媒介下的旅游符号进行了研究。例如，马秋芳（2011）使用内容分析法，探讨了不同旅游传播媒体中的旅游地符号[138]。学者研究了游客对旅游地宣传物的感知与旅游意愿的关系。例如，吴佩谕等（2009）实证结果表明游客对旅游照片符号属性的感知对旅游意向具有重要作用[139]。此外，学者还根据符号学理论对游客进行属性研究。例如，彭丹（2008）分析并划分了“旅游人”的符号属性[99]。

通过梳理旅游地符号相关文献，我们可知，符号学相关理论与研究方法已受到国内外旅游学界的广泛关注。国内外旅游领域中的符号讨论主要集中于旅游本质、旅游符号解读、符号学视角下的旅游形象和品牌构建、旅游符号化运作等微观研究。可以看出，学者们不仅从整体上对旅游符号功能、传播和构建等方面进行探讨，而且从符号内部关系进行旅游地符号、旅游产品符号、旅游地文化符号的意义阐释。根据Blumer的观点，人们不但生活在自然环境中，而且生活在充满符号的环境中，符号的媒介作用对人们的社会互动具有重要意义，社会互动就是一种符号互动。社会离不开信任[140]，社会互动也离不开信任。可以说，信任和符号互动联系密切。游客在互动过程中如何解释旅游地符号形体？游客对旅游地符号形体的解释如何影响下一步的行为？旅游地符号感知、旅游地符号解释、人际互动与游客在与旅游地关系中所表现出的行为之间存在何种关系？等问题均有必要进行探析。

表 2.1　近年来国内外旅游地符号研究概况

研究主题	作者
旅游符号意义	Graburn（1983）[89]、Palmer（1999）[119]、Ateljevic（2002）[120]、Hunter（2008）[121]
旅游中的符号“语言”	Cohen、Selwyn、Cooper 和 Dann 等[3]、Picazo 等（2019）[117]、Balo 等（2019）[127]

续表

研究主题	作者
旅游符号营销	Picazo 等（2019）[117]、Soulard（2021）[129]、李贵清等（2019）[126]、Bratt（2018）[122]
旅游地符号吸引物	高飞等（2019）[116]
旅游产品符号意义	王宁（2001）[123]、董培海等（2010）[125]
符号与旅游体验	Brown（1992）[128]、谢彦君（2006）[130]、陈兴（2010）[131]、杨骏等（2015）[132]、陈晨等（2021）[141]
旅游地符号的功能与运用	彭兆荣（2004）[133]、彭兆荣（2005）[124]
旅游商品化符号解读	马晓京（2005）[134]、陈晨等（2021）[141]
旅游地文化符号解读	丁雨莲（2014）[135]、高飞等（2019）[116]、李贵清等（2019a，2019b）[109, 126]
旅游符号感知	杨骏等（2015）[132]、陈晨等（2021）[141]、唐叶摇等（2015）[142]、张冠群（2020）[143]
旅游地符号构建	丁雨莲（2014）[135]、李成龙等（2021）[115]、李贵清等（2019）[126]
旅游地形象	Gorp（2007）[118]、钟玉锋等（2010）[101]、李巧玲等（2010）[102]、张骁鸣等（2017）[136]、张骁鸣（2018）[63]、王罡（2009）[110]
旅游地品牌符号内容、类型	马秋芳等（2009）[137]、李莎等（2021）[62]
旅游符号传播	马秋芳（2011）[138]、吴佩谕等（2009）[139]、Picazo 等（2019）[117]、Gorp 等（2007）[11 8]
“旅游人”的符号属性	彭丹（2008）[99]

资料来源：根据文献整理

（四）旅游地符号感知

旅游感知是指人们通过感官获取旅游对象和旅游环境信息的心理过程，是游客对旅游地事物相关的认识与评价[144, 145]。本书认为，旅游地符号感知是指游客通过感觉器官获得旅游地符号形体信息的心理过程。旅游领域内，研究者对游客的旅游符号感知内容及其与旅游体验质量的关系等内容进行研究分析，例如，杨俊等（2015）从符号学视角分析游客的旅游活动，并提出符号感知下旅游体验真实性的实现路径[132]。陈晨等（2021）从游客视角对西安回民街的商业符号进行解析，并且对游客的商业符号感知与体验真实性的关系进行了量化研究[141]。唐叶摇等（2015）从符号感知视角出发，分析白鹿书院现存的形象符号以及游客对这些形象符号的感知过程[142]。张冠群（2020）对游客的旅游地符号感知与体验质量的关系进行了探索[143]。

第三节　旅游信任研究

信任是一个永恒话题，在任何形式的社会中，信任都是不可或缺的[140]。Simmel认为，人们离开了信任，社会自身将变成一盘散沙，因为绝大多数关系是以对他人的确定认知为基础的[146]。在他之后，信任研究并没有得到过多的关注，逐渐被人们忽视。随着社会科学研究内部从阶级、社会与经济地位、组织形式等“硬变量”向“软变量”的转变[147]以及现代社会的兴起（社会分工细化、社会风险和不可预测性的增加、交往的陌生化和人们对系统依赖性的增加[148]），信任研究又重新受到学者们重视。

20世纪50年代，信任问题首先获得心理学研究者的关注，研究焦点集中于个体特征和心理反应，相关的研究成果为此后各学科的研究奠定了基础。1958年，美国心理学家Deutsch采用非零和博弈（non-zero-sum game）的实验方法得出结论：人际双方的信任程度会随着情境的改变而变化[149]。Hamilton（2004）认为，信任起源于个人婴儿时期对照顾者（如母亲）的依恋[150]。Mayer等（1995）构建了综合信任模型，他们认为信任者能够感知到被信任者的能力（ability）、善意（benevolence）和正直（integrity）等特征[15]。Erikson（1973）认为，人要经历不同的人生阶段，而信任处于最初阶段[151]。70年代，信任研究成为西方学界的一个热门话题。研究者从社会心理学角度探讨了信任问题，对信任研究的发展历程进行了梳理[152]，并且认为信任是人际交往的产物[153，154]。经济学领域的学者认为，信任是人们经过理性计算后的抉择。Williamson（1975）认为信任存在于市场，起到降低交易成本的作用[155]。社会学领域的学者普遍认为信任与社会结构、社会文化和社会规范联系密切。Luhmann（1979）认为，信任是内置于社会结构、社会制度中的，能够简化复杂性的社会机制[156]。Giddens（2000）认为信任与社会的现代性密切相关[157]。Fukuyama指出，信任可被视为一种社会资本，由文化、伦理、宗教和习俗等因素决定[158]。此外，研究者们从伦理学、管理学、教育学、政治学等学科探讨信任问题。

通过文献回顾可知，信任问题作为学术研究领域的重要课题之一，近 70 年来，学界对信任范畴的商榷和实证检验付出了巨大努力。总体而言，信任研究在发展过程中经历了如下变化：第一，信任研究呈现出从单一学科转向多学科交叉互动态势，形成了多学科的研究路径。第二，信任研究从单一个体分析向群体分析发展，使信任研究体系不断深入并完善。

一、信任的概念内涵

信任概念一直是学者们讨论的热点话题，相关研究成果颇丰。综合已有文献来看，学者们对于信任概念存在不同见解，言人人殊。基于不同的研究视角，可以从以下四个方面对信任进行理解：首先，信任体现了个体的某种特质。信任可以理解为主体忽视他人缺场和不完整存在，并且表现出对缺场事物、未知情况的放心状态[159]。Rotter 等（1967）[10，160]、Hosmer（1995）等[11]认为，信任是一种通过学习而逐渐形成的、较稳定的人格特征，表现了个体的主观感受和内心状态。其次，信任是行为人对他人的一种期望。有学者认为信任不仅是行为人信赖他人的个性倾向，还是对他人品质、行动的积极期望，甘愿承受冒险损失的意愿[161，162]。张辉华等（2015）[163]、McKnight 等（1998）[164]认为信任是个体对他人的能力、真诚、正直和可靠性等品质的正面期待。何立华（2017）认为信任是一方对另一方的未来合作和履约行为的肯定与乐观期待[165]。Rousseau 等（1998）认为，信任是基于对他人行为和意图的正向期望，是在自愿、相互依赖的情况下，个人对他人履行其承诺的主观判断[166]。Susan 和 Holmes（1991）认为，信任是在面对风险时，一方对另一方的正面期望[162]。Mayer 等（1995）认为，信任是个体相信对方能按照自己的想法行事，并且甘愿承担相应风险的意愿[15]。再次，信任是一种社会关系。信任的本质是一种关系，即个体面对社会中不确定、复杂的局面时，对自身依赖性客体所保持的时空性特征[167]。最后，信任是一种行为表现。Deutsch（1958）认为信任是个人在预期到事件可能出现负面结果的情况下，依然做出选择相信的行为[149]。Hosmer（1995）认为，信任是个人、团体或公司在进行伦理分析之后所做的道德上合理的行为[11]。本书参考了彭泗清（2000）[168]的观点，从心理学视角和社会学视角总结了学者们对信任概念的阐释。具体来说，心理学视角下的信任具有两层含义：第一，信任是指个人对情境的反应。第二，信任是个体通过学习形成并且相对稳定的人格特质。社会学视角下的信任具有两层含义：一是信任产生于人际关系。二是信任作为一种社会现象，社会制度和文化规范是其形成的条件。

二、信任的分类

信任具有抽象的概念和复杂的结构，由于研究背景、研究对象、研究目的存在差异，学者们对信任维度赋予了不同的诠释。根据信任强度的不同，信任可以分为深层信任（thick trust）、浅层信任（thin trust）和抽象信任（abstract trust）[169]；弱信任和强信任[170]。根据信任在人际关系不同阶段的表现方式，信任可以区分为计算型信任（calculus–based trust）、了解型信任（knowledge–based trust）和认同型信任（identification–based trust）[152，171]。根据信任的客观对象，信任可以区分为个人信任、组织信任和政府信任[172]；能力信任和人品信任[173]；员工信任和公司信任[174]；能力信任、友善信任和正直信任[15]；普遍信任、特殊信任[175–178]。根据利益视角，信任可以区分为算计型信任、利他型信任[179]。根据态度的不同，信任可以区分为认知信任、情感信任和行为信任[153]。

学者们围绕信任维度展开了持续性探索（见表 2.2），对信任进行了系统、全面的认识。

表 2.2　国内外学者关于信任维度的研究

学者（年份）	信任维度
Grayson 等（2008）[180]	低层级信任、高层级信任
Luhmann（1979）[181]	人际信任、制度信任
Kramer 和 Tyler（1996）[182]	认知型信任、身份型信任等
Oh（2002）[183]	慈善信任和技能信任
Sako（1992）[184]	契约型信任、能力型信任、善意型信任
Clark 和 Mills（1979）[185]	认知型信任、情感型信任、认同型信任
Shapiro 等（1992）[186]	威慑型信任、了解型信任、认同型信任

资料来源：根据文献整理

通过梳理现有文献，我们知道，各学科领域立足于自身的研究视角，对信任的结构维度进行划分，目前尚未统一划分标准。从归纳结果来看，相关研究主要以信任程度、信任表现方式、信任对象和信任态度等角度为依据来划分信任类型。

三、游客信任研究

（一）游客信任的概念与基础

前文已述，信任不但是个人的心理特征，而且是人际交往、互动的产物。也就是说，信任既是一种心理现象，也是一种社会心理事实。石群（2016）认为游客信任是指在游客在旅游过程中为实现旅游目标而对他者产生的期望、信心[27]。McAllister（1995）认为，信任可分为认知信任和情感信任[187]。因此，本书也认为游客信任的基础包括认知、情感等内容。

人们根据对他人或其他组织的认识来判定对方是否值得信任，这种理性判断就形成了信任的认知基础。信任方对被信任方的熟悉程度是一个重要原因。Simmel（1964）认为，对信任的认识是介于完全理解与完全无知之间的[188]。也就是说，如果一方对他人完全了解，知晓并清楚别人的行为，那么信任将不起作用；如果一方对他人完全不了解，那就无法对其产生信任。旅游情境下，游客对网络信息环境的熟悉度有利于降低网络信息搜寻的复杂性，并且使游客对这些信息产生信任感[189]。同时，熟悉度会影响游客对网站的忠诚和黏性[190]。游客对旅游地的熟悉度是旅游形象感知的前提[191]。游客对旅游地越熟悉，游客对旅游地形象感知也就越积极[192]，并进一步影响游客信任[193]。

Ruzicka（2010）认为，若非有效抓住信任的情感基础，那么信任研究仍是空中楼阁[194]。情感基础不仅存在于亲密关系中，而且普遍存在于社会人际关系中。人际交往中的双方逐步建立某种联系，凝聚个人情感，进行情感投资，表达对对方利益的关心或者关注，相信这种情感付出会得到相应的回馈[154，195]。旅游情境下，Marinao 等（2017）研究证实，情感评价是游客对旅游地产生信任感的重要因素[34]。

（二）游客信任的维度结构与测量

旅游学界一般借鉴了心理学、社会学和营销学等领域的理论与方法，对信任对象（旅游从业人员、旅游企业、政府和电子商务等）进行信任维度划分与测量。

首先，对旅游从业人员的信任测度。谢礼珊等（2007）在 Morgan、Hunt、Mcknight 等学者关于顾客信任量表研究的基础上，从游客相信导游对自己诚实、不损害游客利益、能够提供游客所需等 5 个方面进行了游客对导游的信任测量[43]。Tussyadiah 等（2020）从功能性、有益性和可靠性三个维度进行了游客对智能服务机器人的信任测量[196]。Park（2020）构建了游客对旅游业中服务机器人的多维度信任模型，该模型包含了表现（performance）、过程（process）和目的（purpose）三个方面。其中，表现是指智能机器人之前和当前的运行状态、反应的可靠性、可预测性和能力等特征[197]。

其次，对旅游企业、电子商务的信任测度。Chiang 等（2007）从酒店服务、承诺、顾客期望等方面测量信任，并研究了信任与游客线上预定意愿的关系[37]。Ponte 等（2015）将游客对旅游网站的产品信任维度分为完整、可靠和值得信任等三个部分[37]。龚金红（2014）认为，信任是顾客对旅行社企业的能力、诚信和善意等相关品质的感知[38]。粟路军等（2011）认为，旅游者信任是指旅游者认为旅游产品、服务提供者能够并且允诺为自己提供标准的产品、满意的服务[198]。刁宗广（2005）通过构建观光性旅行中旅游者对餐饮、景点、导游、住宿和购物等方面的感知体系，以期研究旅游者对旅行社的信任[40]。

通过文献梳理可知，游客信任的测量受到了国内外学者们的持续关注。现有文献虽然测度了游客不同的信任对象，但是总体来说，测量内容主要体现了旅游产品或服务是否达到旅游者的期望和要求。

（三）游客信任的影响因素

表 2.3 列举了近年来国内外旅游领域信任感影响因素与效用的相关文献。本书根据归因理论，从内部因素和外部因素等两方面对游客信任的影响原因进行归纳总结。具体来说，内部因素方面主要是指游客自身的因素，包括游客性格、经验、情感或认知等。例如，研究证明游客的人格特征以及旅游经历对旅游信任具有重要作用[16]。此外，游客的满意度也是影响其信任的重要因素[17–19]。研究发现，游客对设备、环境、事件与消遣的认知、游客的情感评价对游客信任具有重要作用[34]。外部原因是指游客周围环境中的因素，包括社会信息、文化、沟通行为、被信任者的特征等。例如，有学者认为，导游员、旅行社、旅游目的地声誉、市场形象等是影响游客信任的重要因素[16]。研究证明，传播者的相似性与专业性、信息因素和有效沟通是影响信任的重要因素[199]。综上所述，影响游客信任的因素是复杂的，既有游客态度、情绪和认知等内在因素，又有社会环境、信息传播、旅游地企业或服务人员等外在因素。

表 2.3　近年来国内外旅游领域信任感影响因素与效用的研究概况

作者	理论基础	影响因素	作用结果
王亮（2009）[18]	消费者行为理论、平衡理论、社会交换理论	游客满意、景区形象、游客期望、感知质量、感知价值	顾客忠诚
Wu 和 Chang（2005）[200]	心流体验理论	—	沉浸、交易意愿
徐菲菲和何云梦（2016）[16]	利益相关者理论	旅游者个人因素、旅游中介、旅游目的地形象和市场声誉、社会文化	—
胡田和郭英之（2014）[19]	文献回顾	满意度	忠诚度
王治国（2014）[17]	顾客信任理论模型	景区形象、顾客期望、感知质量、感知价值	—
Marinao 等（2017）[34]	文献回顾	认知、情感评价、声誉	—
Ladhari 和 Michaud（2015）[201]	文献回顾	—	网络评论、酒店预定意愿
Chang（2014）[20]	文献回顾	导游表现	购买行为、满意度
Loureiro 和 Gonzalez（2008）[36]	文献回顾	乡村住宿形象、满意度	忠诚
Abubakar 和 Ilkan（2016）[202]	文献回顾	网络口碑	旅游意愿
Su 等（2014）[203]	认知评估模型、公平理论	—	重游意愿和口碑意愿
曹文萍和许春晓（2014）[7]	认知理论	—	情绪、趋近意向

资料来源：根据文献整理

（四）游客信任的行为效用

旅游领域中，信任效用研究主要集中于游客行为意愿，即游客采取某项行为的概率判定。游客在发生实际行为之前，分析游客行为意愿能够预测其实际行为。由表 2.3 可知，现有文献对游客信任的行为意愿研究主要涉及购买意愿、推荐意愿、重游意愿等方面。研究表明，在线旅游社区成员信任对其交易意愿具有重要作用[200]。Sparks 等（2011）研究证明，一定数量的正面网络评论细节能够增强顾客信任，并进一步影响顾客的预定意愿[32]。Ladhari 等（2015）研究结果强调了游客信任对网络评论与酒店预定意愿关系的调节作用[201]。Chang（2014）的研究结果表明，游客对导游的仁慈信任是影响游客购买行为的关键因素[20]。Loureiro 等（2008）研究结果表明，乡村旅游中的游客信任是影响游客忠诚行为的重要因素[36]。Filieri

等（2015）研究结果表明，顾客对自媒体的信任是其推荐、接受和口碑意愿的重要驱动力[23]。Abubakar 等（2016）分析表明，游客信任是旅游意向的引致因素[202]，网络评论通过游客信任的中介作用间接影响游客的重游意向[21，22]。Su 等（2014）研究结果表明，信任是影响游客的重游意愿和口碑意愿的关键因素[203]。由此可见，游客信任是游客行为的关键前置因素。

四、旅游地信任感研究

（一）旅游地信任感的概念

梳理文献发现，现有研究中有关旅游地信任感的定义主要是从游客对旅游地反应、期待等方面进行界定。Sirdeshmukh（2002）认为旅游地信任感主要是指游客对旅游地或旅游场所的产品或服务提供者的确定性[174]。Su（2020）认为旅游地信任感是指游客对旅游地的整体感知，包括竞争力（服务质量）、善意（满足利益相关者的利益和期望）和可靠性（实现承诺）等方面[28]。国内学者也界定了旅游地信任感的概念内涵。王亮（2009）认为，旅游地信任感就是在旅游目的地研究游客信任，表现为游客对某一旅游地的信任情况[18]。姚延波（2013）等认为，旅游地信任感是指游客认为旅游地能够依照自身意愿行事，并愿意为此承担风险[8]。本书从符号学视角出发，结合上述内容，认为旅游地信任感是指游客对旅游地符号意指的确定性感知。换言之，旅游地信任感是旅游地符号形体意指的旅游地符号解释。游客最初感知到的内容是旅游地符号形体，并且根据不同情境和人际交流对旅游地符号形体所传达的讯息进行阐释，即旅游地符号解释。当游客对旅游地符号形体和旅游地符号解释构成的意指产生明确性感知时，旅游地符号意指的解释（旅游地信任感）随即产生。

（二）旅游地信任感的维度

通过文献梳理可知，国内外研究关于旅游地信任感的维度界定主要以信任对象为划分依据。因此，本书以游客对旅游地的信任对象为依据，对旅游地信任感维度进行归纳总结。就国外研究文献而言，Choi 等（2016）将游客的旅游目的地信任划分为八个部分，分别是仁慈、产品、可预测性、声誉、能力、诚信、交易安全、喜好[30]。Marinao 等（2017）构建了一个多维的旅游地信任模型，包括旅游地居民、私立以及公共机构的诚实、仁慈和能力[34]。Liu 等（2019）通过质性研究将旅游地信任感划分为景区信任、管理信任、机构信任、服务人员信任、居民信任和对其他游客的信任[29]。国内学者也分析了旅游地信任感的维度结构。林巧等（2008）认为，目的地网络口碑信任包含能力、善意和正直[199]。姚延波等（2013）在品牌信任、人际信任的研究基础上，从游客对旅游地的感知正直、感知能力和感知友善等方面进行测量[8]。陆林等（2014）从宣传可信、管理可信、服务可信和诚实待客等四个方面进行了目的地信任维度构建[204]。详细的旅游地信任感维度划分见表 2.4。

表 2.4 国内外学者关于旅游地信任感维度的研究

学者（年份）	旅游地信任感维度
Liu 等（2019）[29]	景区信任、管理信任、机构信任、服务人员信任、居民信任、对其他游客的信任
Marinao 等（2017）[34]	旅游地居民、私立以及公共机构的诚实（honesty）、仁慈（benevolence）、能力（competence）
Choi 等（2016）[30]	仁慈、产品、可预测性、声誉、能力、诚信、交易安全、喜好
林巧等（2008）[199]	能力、善意、正直
姚延波等（2013）[8]	感知正直、感知能力、感知友善
陆林等（2014）[204]	宣传可信、管理可信、服务可信和诚实待客

资料来源：根据文献整理

根据文献梳理结果可知，国内大多数学者是在借鉴国外研究成果的基础上划分旅游地信任感，抑或通过对游客进行访谈，对文本资料进行质性分析，结合本学科的研究背景划分旅游地信任感。可以看出，国内外现有研究重点关注旅游地属性，具体表现为这些属性是否能够达到游客期望。然而，未有研究从符号学视角进行旅游地信任感的理解与划分。具体来说，从游客对旅游地符号的感知及其所携带意义来划分旅游地信任感的研究阙如。根据符号定义，旅游地属性可视为一个符号系统。根据符号三元关系理论和符号互动理论，游客对旅游地符号形体的感知会影响游客对旅游地符号意义的解释，游客会在互动过程中不断修改其对旅游地符号形体的解释，并最终趋向于某种范式，即游客明确旅游地符号意指，也就是游客对旅游地产生信任。因此，我们认为，有必要从符号学视角，根据旅游地符号形体到旅游地符号解释的意指关系来诠释旅游地信任感，旨在为理解旅游地信任感提供新视角。

（三）旅游地信任感的影响因素

表 2.5 列举了近年来国内外旅游地信任感影响因素与效用的相关文献，可以

看出，满意度、口碑、感知价值和旅游地形象等是影响旅游地信任感的重要因素。Marinao 等（2012）研究结果表示，游客对旅游地印象的好坏会影响游客对旅游地信任的程度[205]。王亮（2009）认为，目的地顾客信任的引致因素，按照其作用大小依次为游客满意、感知质量、感知风险和感知价值[18]。林巧等（2008）分析了旅游目的地网络口碑信任的形成过程，研究结果证明，游客对旅游地网络口碑信任的影响因素包括信息、背景、口碑传播者与接收者的相似、专业和互动等因素[199]。另有研究证明旅游地声誉[34，206]、网络口碑[21，22]是影响旅游地信任感的重要因素。刘卫梅等（2018）研究结果表示，一致性（自我、功能）是游客旅游地信任的重要前置因素[6]。

通过上述文献分析，我们知道，旅游地信任感受到了内部因素和外部因素的共同作用。总结发现，影响旅游地信任感的内部因素包括游客个人特征、认知等，外部因素包括社会环境、信息等。符号学认为，符号形体与符号解释之间存在意指关系，即符号解释为符号形体的意义呈现。游客感知旅游地符号形体后会对其做出解释，当旅游地符号解释得以明确时，游客便产生信任感。本书认为，从符号学视角分析旅游地符号意指过程，即旅游地符号形体与符号解释的关系，能使我们更深入、全面地理解旅游地信任感的形成机制。

表 2.5　近年来国内外旅游地信任感影响因素与效用的研究概况

作者	理论基础	影响因素	作用结果
Marinao 等（2012）[205]	文献回顾	旅游地形象	—
林巧和戴维奇（2008）[199]	文献回顾	信息、背景、口碑传播者与接收者的相似、专业和互动	行为倾向
Johnson 和 Grayson（2005）[206]	文献回顾、认知属性评估过程	服务提供者的专业度、产品表现、公司信誉、满意度、相似性	互动
Abubakar（2016）[22]	信任传递理论	网络口碑	旅游意愿
Mohammed 等（2017）[21]	文献回顾	网络口碑	重游意愿
刘卫梅和林德荣（2018）[6]	S–O–R 理论框架	感知价值、功能一致性	口碑推荐
陆林等（2011）[204]	场所依赖理论	满意度	忠诚
姚延波等（2013）[8]	信任模型	—	满意、推荐、重游

续表

作者	理论基础	影响因素	作用结果
粟路军（2012）[207]	关系营销范式	旅游地服务公平、服务质量、旅游地形象	口碑宣传、重游倾向
刘卫梅和林德荣（2019）[208]	霍华德—谢思模型	自我一致性、功能一致性	目的地互惠、地方依恋和忠诚度

资料来源：根据文献整理

（四）旅游地信任感的行为效用

由表 2.5 可知，旅游地信任感是推动游客重游、口碑推荐和互动等行为的重要驱动力，换言之，旅游地信任感是影响旅游决策行为的重要前导因素。一方面，信任是游客忠诚的关键因素[204]。研究人员构建了旅游地信任与游客忠诚模型，结果表明，旅游地信任对游客忠诚具有直接影响作用[18]。研究证实了目的地信任（感知正直、感知能力和感知友善）与重游意愿之间的关系[8]。相关研究结果表示，旅游地服务公平、服务质量等显著正向影响信任，而信任则进一步正向驱动游客的口碑宣传[207]。另有研究也证实了游客的旅游地信任感显著作用于口碑推荐[6]。另一方面，旅游地信任感影响其趋近行为（包括保持联系、延长停留时间、回到该地等）意愿。曹文萍等（2014）探索了旅游地信任感与游客趋近行为意向的关系，研究表明，旅游地信任感是趋近意向的关键影响因素[7]。此外，研究结果还证实了目的地信任能够积极促进游客——目的地互惠、地方依恋和忠诚度[208]。

综上所述，旅游地信任感是游客行为意愿的关键因素，对游客重游、口碑推荐等忠诚行为发挥着重要作用。可以看出，旅游地信任感可以促使游客做出交易行为（例如，重游、消费等）和非交易行为（例如，推荐、口碑等）。同时，旅游地信任感影响下的游客行为表现出游客的专注、依恋和互动，对应着旅游地信任感的认知基础、情感基础与行为基础。上述研究均从单变量的视角讨论旅游地信任感对行为的"净效用"。作为一个复杂概念，旅游地信任感不同维度组态的行为影响路径却尚未得到深入讨论。因此，从线性相关、多因素相互依赖形成的组态视角探讨旅游地信任感与游客行为之间的关系具有重要意义。

第四节　游客契合行为研究

一、游客契合行为的概念内涵

契合，源于心理学，后被研究者引入营销实践领域，衍生出顾客契合这一新概念。学者们从单维和多维视角对顾客契合进行定义。从单一维度来看，Doorn 等（2010）认为契合是一种行为。营销领域中，顾客契合是顾客购买行为以外的对企业及品牌的关注行为[209]。Kumar 等（2010）认为，顾客契合是顾客做出的交易行为和非交易行为的总和[210]。Vivek 等（2012）认为，顾客契合是顾客与企业产品间的关联程度、对企业活动的参与程度等[211]。有学者从心理方面对顾客契合进行界定。Bowden（2009）认为，顾客契合是一种心理过程，能够让新顾客产生忠诚，老顾客保持忠诚，所表现的是多个时点心理活动的集合[212]。Brodie 等（2011）认为顾客契合反映了顾客在特定情境下的心理状态[213]，所表现的是某个时点的心理活动。这一概念所体现的是一定时期内个体的心理特征。研究者们从多维度视角将顾客契合界定为顾客心理和行为的统一表现。Brodie 和 Hollebeek 等（2011）支持这一观点，他们认为顾客契合是一个包含认知、情感和行为的多维度概念[213]，反映了顾客与企业在这三个维度上的联系[214]。刘小燕等（2019）认为，游客契合是指在旅游地交流、互动及其他非交易行为中产生联系，体现在认知、情感和行为等方面[215]。

通过文献综述，我们知道，顾客契合发生于顾客与企业的互动前提下，顾客是顾客契合的主体，服务主导逻辑是顾客契合概念的基础。游客购买旅游地产品或服务，游客产生了购买交易行为。旅游过程中，游客与旅游地从业人员、旅游地居民和其他游客发生互动，从而建立了游客与旅游地之间的联系，进一步会发生非交易行为。因此，本书参考 Kumar（2010）[210]的观点，认为游客契合行为是游客在与旅游地关系中的行为表现，包括交易行为和非交易行为。

二、游客契合行为的维度结构

Doorn 等（2010）认为，顾客契合行为是顾客超出购买行为的行为表现，包括口碑、推荐、向其他顾客提供帮助、写评论等[209]。Pansari 等（2017）根据顾客对企业贡献的直接性和间接性将顾客契合分为直接贡献和间接贡献。前者包括购买行为，后者包括推荐、影响和反馈等内容[216] A.</author><author>Kumar, V.</author></authors></contributors><titles><title>Customer engagement: the construct, antecedents, and consequences</title><secondary-title>Journal of the Academy of Marketing Science</secondary-title></titles><periodical><full-title>Journal of the Academy of Marketing Science</full-title></periodical><pages>1-18</pages><volume>45</volume><number>3</number><dates><year>2017</year></dates><urls></urls></record></Cite></EndNote>。Venkatesan（2017）认为，顾客契合行为包括购买频率、推荐、评论及反馈等内容[217]。NIST（2009）认为顾客契合包括顾客忠诚、积极推荐品牌和产品等内容[218]。Romero（2015）研究认为，消费者的契合行为包括口碑、忠诚计划参与、客客互动和共创等内容[219]。其中，忠诚计划是指刺激消费者向他人推荐该产品，以期激发当前顾客的持续光顾和重复购买等行为[220]。由此，可以说消费者契合行为中的忠诚计划参与行为，即忠诚行为包含推荐、重购或持续购买等内容。国内学者从顾客与顾客、顾客与企业的角度划分顾客契合行为，前者包括口碑、推荐和顾客活动，后者包括内容贡献、反馈和参与产品设计研发[221]。王高山等（2014）认为，契合的顾客不仅表现出对商品或服务的忠诚、保持联系等意愿，还实施参加与商品或服务相关活动的行为，顾客契合具有忠诚的内涵与特征[222]。在旅游领域中，Verleye（2014）研究了旅游品牌与员工契合行为。研究表示，契合行为包括反馈行为、合作与遵从等支持行为[223]。有学者认为，顾客会对其他顾客做出帮助、口碑传播或积极推荐旅游品牌[224]。刘小燕等（2019）认为，游客契合包含满意、信任、承诺、重游和口碑传播等内容[215]。吴晓雨等（2021）研究表明，顾客契合行为包括持续购买行为和口碑传播行为[225]。韩小芸等（2016）针对旅游虚拟社区，将顾客契合行为划分为推荐行为、影响行为和知识行为[226]。韩小芸等（2019）根据虚拟社区导向差异，将顾客契合行为划分为社区导向契合行为和顾客导向契合行为[227]。李晓明等（2017）认为，顾客契合行为包括遵从、合作、反馈、帮助和口碑[224]。

通过文献梳理可知，学界对顾客契合行为的划分并无统一标准。从现有文献来看，学者们倾向于认为顾客契合行为是一种超越购买或交易的行为表现[209]，或者是顾客自愿为企业做出的贡献[228]。上述研究结果显示，游客契合行为不仅包括购买等消费行为，还包括反馈、向他人提供帮助、合作与遵从以及重游、推荐和口碑传播等非交易行为。在营销领域中，Romero（2015）研究认为，顾客的契合行为包含忠诚计划参与[219]，即向他人推荐、持续购买或重购该产品等行为[220]。在旅游领域中，曲颖（2010）[229]、邵炜钦（2005）[230]等研究认为，忠诚的游客会重游、持续关注旅游地，并且会通过口碑传播和推荐旅游地。基于此，本书认为，在旅游情境下，游客契合行为包含忠诚行为。综上所述，将契合行为置于旅游研究领域中，即游客契合行为可以作为合适的研究点。根据本书对游客契合行为的定义，即游客在与旅游地联系中做出的行为响应，有必要从交易行为和非交易行为等两方面对游客契合行为进行维度划分、结构构建，旨在系统、全面地认识游客契合行为。因此，本书认为，游客契合行为中的交易行为指游客的消费行为，而非交易行为包括反馈、施助、支持和忠诚等行为。

三、游客契合行为的影响因素

表 2.6 列举了近年来契合行为影响因素与效用的相关文献，不难看出契合行为的前因变量涉及个人特征、产品或服务和环境等方面。Doorn 等（2010）认为，顾客契合行为的产生受动机的影响[209]。Verleye 等（2014）研究表明，顾客情感对顾客契合行为具有重要作用[223]。Sarkar（2014）研究了品牌嫉妒（brand jealousy）对顾客契合的影响[231]。Verhoef（2010）等认为，技术、竞争和经济等因素是顾客契合的重要影响因素[232]。国内学者韩小芸等（2016）证实社区认同是顾客契合行为（包括口碑推荐、社区参与和知识共享等）的重要前置因素[226]。韩小芸等（2019）探讨了虚拟社区质量和顾客—社区关系质量对社区导向契合行为、顾客导向契合行为的关系，研究表明虚拟社区系统质量对顾客契合行为具有直接作用，顾客—社区关系质量是顾客契合行为的重要前因变量[227]。肖阳等（2016）在总结前人研究的基础上构建了顾客品牌契合的因果模型。其中，顾客品牌契合的前因包括个人因素（参与度、涉入度等）、企业因素（顾客信赖、顾客感知支持等）和情境因素（社交媒体、技术和品牌社群等）[233]。在旅游领域内，So 等（2012）认为，顾客契合的前因包括涉入、互动、满意、密切关系、信任、承诺及依恋等因素[214]。吴晓雨等

（2021）认为酒店的服务接触和感知面子等因素是影响顾客契合行为的关键[225]。李晓明等（2017）认为，当环境因素满足顾客心理需求时，顾客会回报该品牌，做出积极的顾客契合行为[224]。

通过文献梳理可知，顾客契合行为的影响因素来自内部和外部，研究从不同侧面检验了上述因素以单项变量形式对契合行为的效用。总结发现，顾客契合行为的前导因素包括顾客自身、企业产品或服务、环境等方面。研究认为，从单变量形式和多变量组合等不同层面厘清旅游地信任感与游客契合行为的关系，是更好理解旅游地信任感效用以及游客契合行为的重要过程。因此，有必要系统、全面地分析旅游地信任感与游客契合行为之间的关系。

表 2.6　近年来契合行为影响因素与效用的研究概况

作者	理论基础	影响因素	作用结果
Doorn（2010）[209]	利益相关者理论	顾客（满意、承诺等）、企业（品牌、声誉等）、环境（制度、经济、技术等）	顾客（认知、态度和情感等）、企业（财政、管理等）、其他（顾客福利、社会剩余等）
Verleye 等（2014）[223]	资源交换理论、情感社会交换理论	顾客情感、顾客角色准备度	—
Sarkar 和 S（2014）[231]	文献回顾	品牌嫉妒	—
Verhoe 等（2010）[232]	文献回顾	顾客特征、技术、竞争和经济等	计量营销、公司价值
韩小芸等（2016）[226]	社会交换理论	社区认同	—
韩小芸等（2019）[227]	社会交换理论	顾客—社区关系质量	—
肖阳和林舒怡（2016）[233]	文献回顾	个人因素（参与度、涉入度、品牌—自我一致性、情感认同等）、企业因素（顾客信赖、企业承诺、员工素质、顾客感知支持等）和情景因素（社交媒体、技术和品牌社群等）	企业绩效（广告效果、顾客投入等）和顾客态度与行为（顾客体验、满意、忠诚、信任、价值创造等）
So 等（2012）[214]	调整契合理论	涉入、互动、满意、密切关系、信任、承诺及依恋	顾客评价、信任和品牌忠诚等

续表

作者	理论基础	影响因素	作用结果
吴晓雨和陆敏（2021）[225]	文献回顾	服务接触和感知面子	—
李晓明和张辉（2017）[224]	自我决定理论	心理需要、动机内化	—
Bowden（2009）[212]	文献回顾	—	顾客满意、品牌承诺、顾客价值
Cvijikj 和 Michahelles（2013）[234]	使用与满足理论	内容类型、媒体类型、发布时间	—
Vivek 等（2012）[211]	消费价值理论、互惠行为理论	关联、参与	价值、信任、情感承诺、口碑、忠诚和品牌社区卷入
Calder 等 2009[235]	使用与满足理论	消费者体验	使用和注意力、情感反应、广告反应
Thakur（2016）[236]	技术采纳与使用统一理论	消费者体验	顾客忠诚
赵红梅（2009）[237]	文献回顾	—	个人关系绩效和组织公民行为
徐颖等（2019）[238]	顾客心理资本理论、心流体验理论、S–O–R 理论框架	—	心理资本、心流体验、知识共享行为
陈明红等（2020）[239]	S–O–R 理论框架	—	持续使用行为
王生斌（2018）[240]	权变理论、需要层次理论	—	服务导向公民行为
刘小燕和黄其新（2019）[215]	顾客契合理论、社会交换理论	—	游客与旅游地的关系质量、游客忠诚
王甫园（2015）[241]	调整契合理论	—	目的地忠诚

资料来源：根据文献整理

四、游客契合行为的作用结果

研究者认为顾客契合行为是一种超越购买的行为[209]，即非交易行为，并认为契合行为是提高和促进企业绩效与管理、顾客忠诚态度与行为的关键要素（见

表 2.6）。Bowden（2009）认为顾客契合对顾客满意、品牌承诺、顾客价值等具有影响作用[212]。Cvijikj 等（2013）认为，达到契合的顾客会参与企业品牌讨论，进一步做出积极的口碑传播[234]。So 等（2012）认为，顾客契合能够提升顾客评价、信任和忠诚度[214]。Vivek 等（2012）认为，顾客契合影响顾客价值、信任、情感承诺、口碑、忠诚和品牌社区卷入等[211]。Thakur（2016）研究认为，顾客契合对消费者使用行为、注意力和情感反应等具有重要影响[236]。Calder（2009）等认为顾客契合对忠诚具有重要作用[236]。国内学者对契合行为效用也进行了探析。刘祯等（2012）以前人研究为基础，进一步总结出个人与组织契合是反生产力工作行为和公司绩效的重要推力的命题[242]。赵红梅（2009）研究证明，个人—组织契合度有利于促进个人关系绩效和组织公民行为[237]。徐颖等（2019）研究表明，顾客契合对顾客心理状态和知识共享行为具有重要作用[238]。肖阳等（2016）认为，顾客品牌契合对企业绩效（广告效果、顾客投入等）和顾客态度与行为（顾客体验、满意、忠诚、信任、价值创造等）具有重要作用[233]。陈明红等（2020）探讨了政务微信使用背景下技术与社会因素、用户感知、评价和持续使用行为的关系。研究表明，用户契合积极影响持续使用行为，并且在用户易用性感知和持续使用行为之间的关系中具有负向调节作用[239]。旅游领域内，学者们也对契合效用进行了研究。王生斌（2018）以民族地区旅游业服务人员为研究对象，探讨了个人—组织契合与服务导向公民行为的关系。研究结果表明，个人—组织契合是服务导向公民行为的关键因素[240]。刘小燕等（2019）研究证实游客契合积极影响游客与旅游地的关系质量[215]。王甫园（2015）认为，游客契合是目的地忠诚的关键影响因素[241]。

综上所述，超越交易行为的契合行为效用在员工管理、顾客管理中扮演着重要角色，与品牌讨论、满意、口碑推荐、忠诚、绩效、价值共创等均存在相关关系。然而，有学者认为，顾客契合是一个具有动态和迭代的连续集，具有反馈环节[243]。也就是说，有关顾客契合的前因变量可能会在特定情境下转变为结果变量。异于传统消费领域，在旅游情境中，游客与旅游地的契合会呈现不同方面。前文提到，消费者的契合行为包括口碑、忠诚计划参与、客客互动和共创等内容[219]。其中，忠诚计划是指刺激消费者向他人推荐该产品，以期激发当前顾客的持续光顾和重复购买等行为[220]。而忠诚计划参与是指顾客向他人推荐、持续光顾或购买该产品。在旅游领域中，忠诚的游客会重游、推荐和持续关注该旅游地[229, 230]。因此，本书认为，游客忠诚行为是游客契合行为的维度之一。此外，就旅游地管制而言，对游客契合行为的管理是提高旅游地效益、树立品牌形象的重要途径之一，也是游客加强与旅游地联系的重要通道。可见，游客契合行为的研究具有重要意义。

第五节　总体述评与探索方向

一、总体研究述评

游客信任是旅游研究中的重要讨论议题，旅游地信任感是游客对旅游地各类要素所形成的确定性感知，它对于旅游地开展形象管理、营销推广和策略发展等具有重要作用。因此，近年来有关旅游地信任感的概念内涵、维度结构、影响因素及效用等方面的研究越来越受重视。通过文献梳理结果，本文将国内外相关研究的特点和趋势归纳如下：

（1）符号学思想已渗入诸多研究领域，旅游符号学研究受到众多学者关注。在消费社会中，人们追逐商品的符号价值，其象征意义大于使用价值。旅游活动是一种特殊的消费行为，使用符号学理论和研究方法对旅游活动进行探析是拓展符号学研究疆界、深层分析旅游问题的重要选择。国内外旅游符号学研究成果斐然，对旅游吸引物系统的符号意义与价值[116]、旅游符号解读[127, 134]、旅游媒介符号系统[117, 118]等内容进行了系统、全面的探索，部分成果为揭示旅游问题提供了新视角。本书发现，旅游通常具有特定的动机和价值目标，旅游过程本质上是游客追逐旅游产品或服务的符号价值的过程，理解其内在的机制与过程，对于厘清游客对旅游地信任感的形成过程具有重要的理论意义，但相关研究较为缺乏，这是一个重要的有待填补的理论缺陷。

（2）学界对旅游地信任感展开了广泛的探索。旅游信任主体一般以游客为主，学界对旅游地信任感的概念内涵[28, 174]、维度结构与测量[8, 29, 204]、形成机制[6, 199, 205]与影响后果[7, 18, 207]等内容进行了丰富的探索，成果颇丰。但是，学界对于消费社会中的旅游地信任感研究阙如。例如，从符号学视角探索旅游地信任感内涵、维度结构的研究还较少涉及。总体而言，符号学理论和研究方法在旅游信任研究中的运用较少。本书认为，符号学理论能为理解旅游地信任感的内涵、范畴、前导因素等提供有价值的研究视角，但是相关研究尚未形成完整的理论体系，此乃本书拟推进的重要研究方向。

（3）契合行为是顾客在与产品提供商关系中所做出的行为响应，该行为发生的前提是顾客与产品提供商的互动。在旅游情境下，游客的契合行为是游客在与旅游地关系中的行为表现，主要表现为交易行为和非交易行为。游客契合行为发生的前提是游客与旅游地游客、当地居民、旅游从业者和旅伴的互动。旅游互动是一种符号互动，因此，游客契合行为的发生依赖游客与旅游地的符号互动。由此，我们拟提出游客对旅游地符号意指的确定性感知与游客契合行为的关系研究。具体来说，本书构建了旅游地符号感知、旅游地信任感、人际互动对游客契合行为影响的理论模型，并对其进行验证。这是对上述三者关系的系统性分析，也是对游客契合行为研究的完善与拓展。

二、本书探索方向

本书基于 S–O–R 理论模型、符号三元关系理论和符号互动论等理论，从符号学视角分析旅游地信任感的内涵与结构维度，揭示旅游地符号对旅游地信任感的影响机制，厘清旅游地符号、信任感对游客契合行为的影响机制，为旅游地符号建设、游客信任的优化策略和提升路径提供理论借鉴。本书的探索方向包括：

（1）基于符号学视角界定旅游地信任感的内涵并分析其构成要素。本书认为，在符号逻辑的支配下，游客会对旅游地景观、产品和服务等旅游符号形体进行意义解释，并且趋近于某种范例，最终对旅游地的事或物产生一种明确性感知。因此，本书以符号学理论为基础，通过半结构化访谈和网络游记文本收集等方式获取数据，并对文本资料进行扎根分析，根据文献梳理结果和质性分析结果，界定旅游地信任感的含义，划分旅游地信任感的结构维度。这有助于从符号学视角理解旅游地信任感，为旅游地信任感的内涵理解提供新的分析视角，从而为后续研究奠定基础。

（2）从符号学视角揭示旅游地符号对旅游地信任感的影响机制。本书认为，游客通过感觉器官获取旅游地符号形体信息后，会对信息加以选择和提炼，从而得到相关的旅游符号解释，并对其产生明确性感知，即信任感。同时，游客在互动过程中，根据不同情境修正符号解释。因此，旅游地信任感是旅游地符号感知的结果，人际互动对旅游地符号感知和旅游地信任感之间的关系具有影响作用。

研究将基于符号三元关系理论和符号互动论，构建旅游地符号感知对旅游地信任感的影响模型，并基于问卷收集验证旅游地信任感维度划分的合理性，同时进一步检验旅游地符号感知对旅游地信任感的影响作用，并检验人际互动对旅游地符号感知与旅游地信任感关系的调节作用，从而为旅游地信任感的形成机制提供符号学视角的实证依据。

（3）从符号学视角厘清旅游地符号、信任感对契合行为的影响机制。本书认为，旅行中的游客接收到旅游地符号形体的信息后，会做出符号解释，当游客对符号解释产生明确性感知后，信任感也产生，并且会驱动游客实施外在行为。因此，旅游地信任感不仅受旅游地符号感知的影响，还会对游客的行为响应产生作用。本书将基于 S–O–R 理论模型、自我决定理论和社会认知理论等理论，构建旅游地符号感知、旅游地信任感、人际互动对游客契合行为的影响模型，并基于问卷收集检验旅游地符号感知、信任感对游客契合行为的影响关系，以在整体上厘清旅游地信任感的前因与行为影响机制。

第六节　研究的总体理论框架

一、总体理论逻辑框架架构（S–O–R）

本书旨在基于符号学视角解释旅游地信任感的形成机制，解开从旅游地符号感知到旅游地信任感形成的理论盲盒，并对游客的契合行为响应进行实证分析，从而在整体上形成符号学视角下的旅游地信任感的形成机制与行为影响的理论解释。

研究以 S–O–R（Stimulus–Organism–Response）为基础理论逻辑框架，该理论模型强调，外部环境因素会对个体心理状态产生刺激作用，并通过不同类型的心理反应过程对个体行为响应产生作用[244]。在 S–O–R 理论模型中，S（Stimulus）指外部刺激因素，是表层刺激物和深层刺激物的综合[49]，对应游客游览中所感知的实在物体和无形体验等旅游地符号形体。O（Organism）指游客将刺激因素，即游客所感知的旅游地符号形体，内化为信息的一种心理转化机制，而信任感的生成正是对外部旅游符号形体进一步内化的自我解释和主观态度。R（Response）是受认知和态度支配而表现出来的外表活动[49]，展现为游客受旅游地符号形体要素刺激后反作用于旅游地的各类主体行为活动。从现实情境来看，游客在目的地游览过程中会接收到目的地旅游符号形体信息，与此同时游客对所获信息进行意义解释，并进一步产生明确性感知，即信任感，而信任感的生成也会驱动游客的外在行为，从信息接收到游客行为响应的这一过程存在的理论逻辑“黑箱”需要借助 S-O-R 理论模型进行整体性解释。

总体而言，游客从感知旅游地符号、到形成旅游地信任感、再到输出行动响应的过程共包括三个阶段：第一阶段是从接触有形实体和无形体验等旅游地符号形体所带来的外部刺激；第二阶段是游客主体译码和心理加工后的主体信任态度的生成；第三阶段是主体根据信任感层次或类型主动性地做出正面或负面的行动响应。以上三阶段是从刺激物的输入到机体的转换再到主体输出的完整过程。基于此，研究以 S-O-R 理论模型为基础，构建起从刺激（旅游地符号感知）到机体（旅游地信任感）再到反应（游客契合行为）的理论分析框架（见图 2.5）。

二、旅游地符号感知与信任感的理论逻辑（S-O）

根据 Pierce 的符号三元关系理论（Triadic Relation）[58]，符号包括符号形体（任何事物）、符号对象（符号形体代表的事或物）和符号解释项（符号意义）三个方面，其间的关系为：符号形体表征符号对象，符号形体意指符号解释，而符号对象通过符号形体中介间接反应符号解释。旅游地符号感知是旅游者对于旅游地景观、品牌、制度等目标符号形体所获信息的心理过程或主观感受，而信任感是主体对符号形体的最终阐释，即符号解释就是符号在意指过程中被赋予的意义，旅游地符号感知到旅游地信任感是从能指（符号形体）向所指（符号解释）的意指过程。此外，符号互动理论认为，个体根据人际交往或情境的不同修改并调整对符号形体的解释。综上，旅游地信任感的生成是游客主体对于旅游地符号形体信息加以选择和抽象提炼概括的结果，在人际互动的作用下，因对旅游地符号形体所携带信息的再加工增进了对旅游地的认同和信任感。从符号学的理论视角理解游客信任感的生成具有重要意义，符号三元关系理论、符号互动理论为认知旅游地符号感知与旅游地信任感之间的互动关系提供了有效的解释路径和理论逻辑支撑。

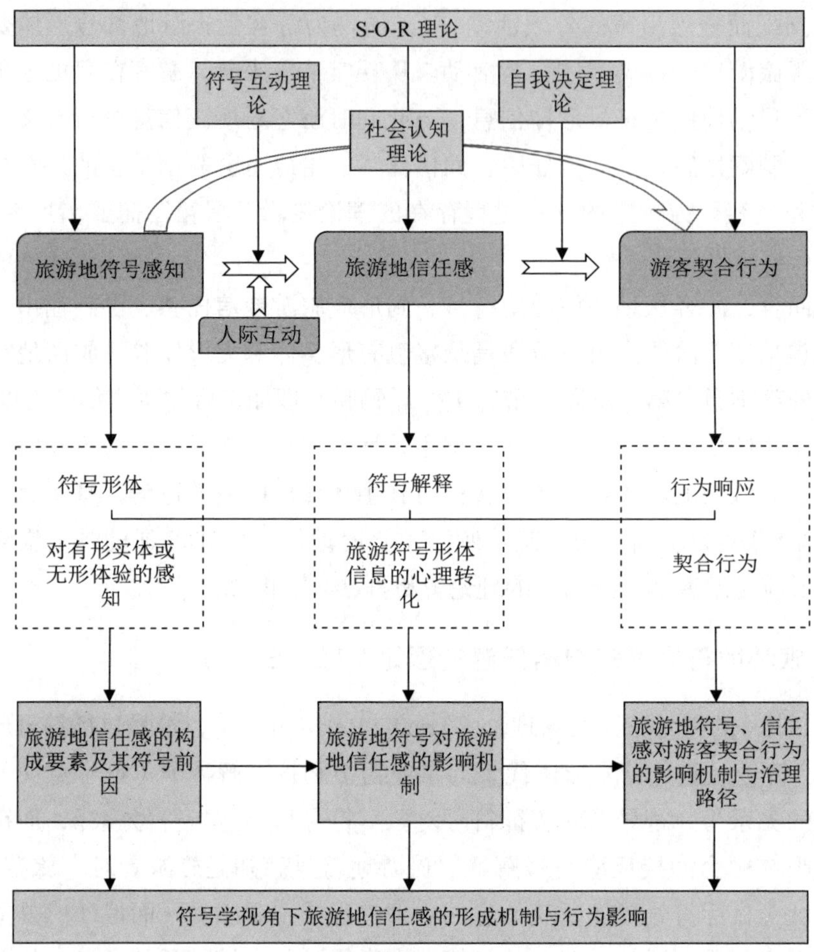

图 2.5　本书的理论框架

三、旅游地信任感与游客契合行为的理论逻辑（O–R）

自我决定理论（Self–Determination Theory）是指个体开展某一项活动或者实施某项行为是基于自愿、自主和个人认可，表现了从感知到行动的自主性和选择性。既有研究通常基于自我决定理论来探讨个体行动的内部动机，因此自我决定理论也被用以解释从信任到行为的内部动机[224，245]。当游客对旅游地产生较高的信任感时，个体就会对一个行为目标或规则进行有意识的评价，个体会基于内化的信任认为这个行为是重要的、有意义的或者对个人是有帮助的，就把它接纳为自我的一部分，即做出诸多认同性行为或契合性行为，包括对支持性行为、忠诚性行为和反馈性行为等。自我决定理论强调自我在动机过程中的能动作用，而信任是游客产生契合行为的重要内驱性因素，本质而言，自我决定理论展现了个体的行为应该是自愿的且能够自我调控的，这也反映了内化的信任感的支撑作用。自我决定理论为揭示旅游地信任感对游客契合行为的关系提供理论基础。

四、旅游地符号感知与游客契合行为的理论逻辑（S–R）

社会认知理论（Social Cognition Theory）认为个体的认知会影响其行为选择，而个体的认知又受到所处环境、氛围等外部因素影响，即个体会根据外部环境中搜集到的信息来改善自我认知和评价，从而改变个体的外在行为[246–248]。社会认知理论强调人的认知因素（P）与环境（E）、行为（B）之间存在因果关系，三者之间相互作用构成一个完整的体系，任意两个因素的组合存在互动关系，其关系强弱和模式随环境等因素的变化而改变[73]。社会认知理论强调与现实世界互动的外部因素，包括物质实体、非物质的语言、文化和社会交往互动等因素都会对个体行为产生影响，个人会根据自身的认知方式解读外部客观事物，分析该事物与自己的联系，从而做出对应的契合行为[249]。因此，社会认知理论高度重视人的认知因素在行为过程中的作用。从实际情况来看，游客在目的地游览中有关符号系统认知框架的构建来自游客对旅游地外部环境的感知，而这种整体性的符号感知也会进一步促使游客做出契合行为的响应方式。社会认知理论为分析旅游地符号感知与游客契合行为的关系提供了理论逻辑支撑。

第七节　本章小结

本章对研究中使用的相关基础理论，包括 S–O–R 理论模型、符号互动理论、符号三元关系理论、自我决定理论和社会认知理论等理论进行了简述。对符号、旅游地符号、信任、游客信任、旅游地信任感、游客契合行为和旅游地符号感知等基础内容进行文献综述，包括概念定义、分类、影响因素和效用等内容。在此基础上提出本书的探索方向：

（1）本书界定了旅游地符号、旅游地信任感、游客契合行为和旅游地符号感知等核心概念。本书认为，旅游地符号是游客对旅游地事或物的感知及其携带意义之间的关系，是由旅游地符号形体、旅游地符号对象和旅游地符号解释所结合的统一体，旅游地符号形体与旅游地符号解释的关系即旅游地符号意指。旅游地符号感知是指游客通过感觉器官获得旅游地符号形体信息的心理过程。旅游地信任感是指游客对旅游地符号意指的确定性感知。游客契合行为是游客在与旅游地关系中的行为表现，包括交易行为和非交易行为。

（2）本书对旅游地符号和旅游地信任感等研究进行了综述分析。文献回顾表明，符号学思想已广泛渗入旅游研究领域，旅游地符号、旅游吸引物符号和旅游媒介符号系统的相关研究成果丰硕。游客信任问题得到了学界的重点关注，旅游地信任感研究主要聚焦于概念界定、维度划分与测量、旅游地信任感与游客意愿、旅游地信任感与游客行为的关系。然而，从符号学视角界定旅游地信任感含义与结构、形成过程及其与游客契合行为的关系缺乏应有的理论探索和实证依据，厘清这一关系具有重要的理论意义。

（3）本书将对以下内容进行系统分析：第一，从符号学视角界定旅游地信任感的概念，构建旅游地符号解释过程分析框架。第二，构建旅游地符号感知对旅游地信任感的影响模型和旅游地符号感知、旅游地信任感、人际互动对游客契合行为的影响模型并实证检验，为解释旅游地信任感形成过程及其与游客契合行为的关系提供新的理论支撑。第三，根据理论与实证研究结果，提出旅游地游客信任构建的优化策略。

第三章　旅游地信任感的构成要素及其符号前因

通过第二章的文献回顾，可以看出信任问题是旅游学界中的重要研究议题。目前，国内外关于旅游地信任感的研究虽取得了一定成果，但是作为一种复杂的心理、社会现象，学界应从多层次、多角度分析旅游信任问题。现有关旅游地信任感的研究内容主要是探究其概念内涵、前导因素及其对游客行为的影响作用。游客在旅游地的体验过程中不可避免地与当地居民、服务从业人员、其他游客等人员进行交往互动。有学者认为，游客将旅游中的一切可观之物视为符号，可以说旅游互动也是一种符号互动。游客在体验过程中寻找符号与旅游吸引物之间的联系，并确定两者间的关系。也就是说，游客对旅游地符号的意指产生明确性感知，即信任感。那么，怎样从符号学视角理解旅游地信任感？其结构维度是什么？形成过程是怎样的？这些问题有待在理论上得到回应。本章根据第二章的综述结果，采用质性研究方法，从符号学视角探析访谈资料、网络游记文本，从旅游地符号形体和符号解释的意指关系来分析旅游地信任感，厘清旅游地信任感的形成过程，剖析旅游地符号形体与旅游符号解释之间的关系。

第一节　研究方法与资料收集

一、研究方法

旅游信任问题受到诸多学者关注。现有研究主要从旅游地属性或游客需求视角分析游客对旅游地信任，极少有研究从符号学视角系统地探析旅游地信任感。因此，本书基于符号三元关系理论和符号互动理论，分析旅游地信任感的概念。采用质性研究方法初步探索旅游地信任感维度结构及其前导因素。质性研究是指将研究者本身作为研究工具，在自然情境下收集各种相关资料，对社会现象进行细致的描述与分析。通过逐渐归纳的方法，自下而上地形成理论，在与研究对象的互动中构建其行为与意义，从而获得解释性理解的一种研究方法[48]。

质性研究中，Glaser 和 Strauss 在 1967 年提出的“扎根理论”（Grounded theory）在诸多学科领域中得到广泛使用[250, 251]。扎根理论适合中微观的社会互动过程研究[252, 253]，其宗旨是在经验资料基础上建立理论[254]。扎根理论的资料可以是与研究内容相关的一手及二手数据，包括民族志、图书馆方案资料、报纸、政府文件、备忘录、日记、现场笔记、音频、视频、书信等[255, 256]。质性研究的一般方法包括参与式观察、深入访谈[257]。在理论建构中所使用的访谈资料，容易受到被采访者主观意识、受访者记忆等影响，从而导致其效度失真[258]。因此，为了保证质性研究的效度，研究者通常使用三角互证的方法[259–261]。信息技术与互联网应用的大众化，使得网络游记成为一种流行的文学载体。游客根据亲身的体验、阅历，用文字、图片、视频或者音乐等形式表达对去过的旅游地的思考、感悟与体会[262]。网络游记的可获得、共享的特点能够较为真实地反映出游客对旅游地的感受[263]。三角互证原则讲究从多角度、多渠道、多立场搜索同一主体的相关资料，并对它们进行对比使用[258, 264]。因此，本书以一手访谈资料和二手网络游记文本为质性分析材料，目的是确保数据来源多样、广泛，保证质性分析结果的合理性与有效性[265]。

扎根理论不仅用于特定情境中的问题分析，其使用范围也可超越时空和人物的限制[266]，在资料中识别概念和范畴，逐步厘清概念与概念、概念与范畴、范畴与范畴的关系，从而形成理论[267]。Glaser（1998）提出了扎根理论使用评判标准，包括实用性（fit）、可行性（workability）、相关性（relevance）和可修改性（modifiability）[268]。Partington（2003）认为，扎根理论应该满足四个方面：第一，适用于真实的社会世界。第二，适用于广泛的场景。第三，与研究对象紧密相连。第四，可以随时修改调整[269]。相对于其他质性研究，扎根理论具有相对规范的研究流程。虽然 Strauss 认为扎根理论可结构化和程序化，但是 Charmaz 认为流程应该是一种指导原则，而不应该将其“公式化”。研究者认为，使用扎根理论的研究流程应是一种逻辑路径图，而非一份严格的流程图[270]。本书综合前人观点，绘制了扎根理论的研究逻辑图，如图 3.1 所示。在文献梳理及研究问题产生的基础上，进行资料收集与分析（两者同时进行），对研究资料进行编码，逐渐构建理论。当搜集的资料不再出现新类属时，即达到“饱和”状态，研究者可进一步完善初始理论以构建最终理论。

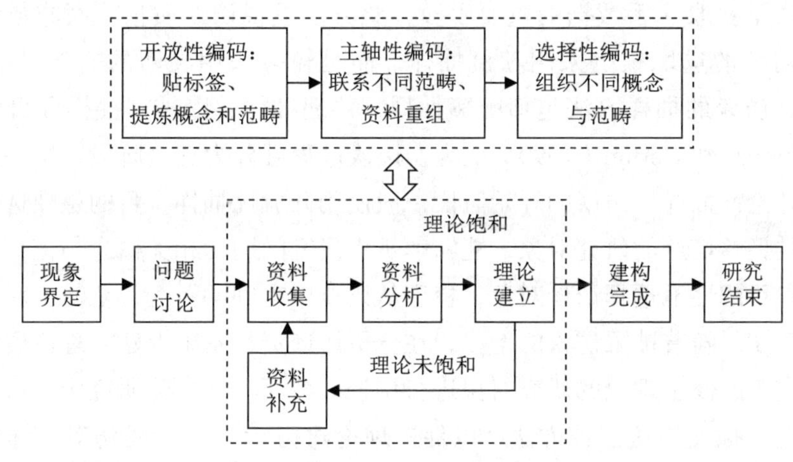

图 3.1 扎根理论研究方法流程

二、访谈提纲

旅游互动是一种符号互动，游客在旅游地的互动中寻找旅游地符号，对其进行解读、明确符号形体与符号意义间的意指关系。游客对旅游地符号系统的感知体现在哪些方面？如何表现游客对旅游地符号意指的确定性，即信任感？哪些因素会影响旅游地信任感的形成？本书针对以上问题，对相关文献和理论进行梳理，以此作为访谈过程中的参考依据，使访谈内容始终围绕研究的需要。同时，对游客进行电话约谈，听取旅游管理专业教授、副教授、博士和硕士研究生的建议，修改访谈内容并制定半结构化访谈提纲（见附录 A）。本书界定旅游地信任感的含义为游客对旅游地符号意指的确定性感知。本书围绕这一定义设置访谈问题，包括被访者的基本信息，例如，游客年龄、学历、职业、平均月收入、旅游次数和近两年去的旅游地等内容。此外，其余 9 个问题用以询问旅游地信任感相关内容。访谈提纲仅用作指导研究人员进行问题询问，引导被访者进行问题回答。采访中，既可按照访谈大纲的题目顺序进行提问，也可根据访谈者和被访谈者的互动情况临时调整谈话内容。访谈问题不限于访谈提纲，但是提纲中的问题均被问及并被记录。访谈过程中，访谈者根据受访者的动作手势、说话语气、脸部表情与情绪等进行问题追问。

三、样本选择

访谈法是获取一手数据的重要手段，此方法重视访谈质量，而非数量。鉴于此，访谈对象的选取很少采用随机抽样，而是较多采用灵活的非随机抽样[271]。一般而言，访谈的抽样方法包括配额抽样、偶遇抽样、滚雪球抽样和目的性抽样等[272]。Strauss 和 Corbin（1990）认为，访谈过程可分为三个阶段，每一阶段对应着不同的理论性抽样：访谈的开始阶段一般使用开放性抽样，目的是甄选能够为研究问题提供足够信息的研究对象，能够解析出研究问题的相关概念与范畴。中期阶段一般会有目的性地选择访谈对象，梳理从访谈中得到的概念、范畴，厘清其中关系。访谈后期，随着被采访人的增多，在分析访谈资料基础上建立理论假设，并选择有助于完善、修正理论的研究对象进行访谈。然而，在实际研究中，可根据研究需要综合、穿插使用这三种方法，以促进理论建构[252，271]。受访对象详细资料如表 3.1 所示。

表 3.1　受访者资料一览

编号	性别	年龄	职业	受教育程度	旅游地点	访谈方式	访谈时长
F01	女	24	在读学生	硕士	郑州	面对面访谈	00：12：20
F02	女	57	小学教师	大专	大理、丽江	语音通话	00：10：15
F03	女	25	在读学生	硕士	北京	语音通话	00：16：03
F04	女	25	在读学生	硕士	丽江	语音通话	00：16：24
F05	男	26	在读学生	硕士	丽江	语音通话	00：30：49
F06	男	32	公司白领	硕士	郑州	语音通话	00：10：42
F07	女	31	公务员	硕士	湛江	语音通话	00：08：53
F08	女	32	小学教师	本科	新疆	语音通话	00：12：36
F09	男	32	投资人	本科	杭州	语音通话	00：07：00
F10	男	32	自由职业	硕士	福州	语音通话	00：10：43
F11	女	32	中学教师	硕士	焦作	语音通话	00：10：07
F12	男	25	在读学生	硕士	福州	语音通话	00：11：43

续表

编号	性别	年龄	职业	受教育程度	旅游地点	访谈方式	访谈时长
F13	男	30	在读学生	硕士	日本箱根	语音通话	00：16：10
F14	女	33	大学教师	硕士	成都	语音通话	00：13：27
F15	男	28	医务工作者	本科	重庆	语音通话	00：10：55
F16	女	33	高中教师	硕士	呼和浩特、阳朔	语音通话	00：15：26
F17	男	35	林业干部	本科	三亚、鼓浪屿	语音通话	00：13：28
F18	男	31	高中教师	硕士	稻城、重庆、昆明、大理、丽江	语音通话	00：12：30
F19	男	32	人民警察	本科	呼和浩特、海南、北京	语音通话	00：12：00
F20	男	28	传媒行业	本科	深圳、杭州、上海、	语音通话	00：12：06

四、资料收集

为有效获取访谈资料，访谈者在访谈之前与被访谈者取得联系，向其说明研究目的及内容，保持访谈者与被访谈者的良好关系，征求对方是否自愿接受访问，就访谈录音达成一致意见。在确定对方不被打扰、访谈质量得以保证的前提下约定访谈时间、地点和方式。扎根理论要求按照一定的逻辑，收集资料、分析资料，循环往复进行比较，从资料中提炼概念、范畴，最终建构理论。本书围绕研究设定的访谈提纲展开调研、数据收集。研究采用半结构式访谈法、网络游记文本数据爬取法等手段收集数据。资料收集分为两个阶段，具体如下：

第一阶段，2020 年 7 月，根据文献梳理结果和研究探索方向，搜索国内知名旅游网站的游记文本。本书围绕“旅游地信任感”这一核心展开分析，在研究选题背景部分提到旅游地的失信事件。因此，在选择与游记相关的旅游地时主要考虑了海南、丽江等旅游地。在选取网络游记时要求该篇游记阅读量达到一万以上，游记内容尽量多样化，可包含图片、视频、文字、旅行攻略和游后感悟等。使用文本采集器收集网络游记文本，共获得 32 份材料，以“YJ+ 序号”对其进行编号。

第二阶段，2021 年 3 月至 2021 年 4 月，这一阶段主要是对游客进行访谈，了解旅游地信任感的看法，以求完善研究计划。在访谈过程中，提问者根据访谈提纲所设置的问题向被询问者提问，以此把控访谈结构，确保被访问者回答的问题内容符合研究方向。同时，通过向被询问者提供相关的研究关键词，激发被询问者提供更多信息。研究从符号学视角探讨旅游地信任感，为了使被访谈者能够易于理解，研究者在访谈时一般并不直接询问受访者对旅游地符号的感知，而是使用“就旅游目的地而言，您对它有哪些方面的信任”等日常语进行发问和解释。根据访谈提纲，围绕研究问题进行了半结构化访谈，通过方便选样、滚雪球等方式选择被访问者，受访者来自成都、贵阳、北京、上海、包头、呼和浩特、昆明、泉州、厦门等城市，样本涵盖白领、教师、公务员、高校学生、医务工作者、警察等。通过现场、语音和视频等方式进行访谈，每次访谈时间为 7~20 分钟。经过受访者同意，对访谈进行了语音录制，最终获得 20 份访谈记录，以“F+ 序号”对其进行编号。

第二节　资料解译与范畴提炼

编码是对文本资料的解析与归纳，备忘录则是对文本资料的综合。作为扎根理论过程中的重要一环，撰写备忘录是研究者记录其思维活动、研究发现和相关结论的重要手段。通过此环节，研究者对文本中反复出现、使用的编码进行萃取，尤其是有关人物、时间、事件、概念和范畴之间的联系进行有序思考，在丰富的资料中构建出调查对象对社会生活、人生经历的理性认知[271]，以此继续寻找研究方向。本书根据 Charmaz 的构建主义扎根理论思想对文本资料进行分析。

一、开放性编码

开放式编码是将所搜集的数据或资料进行分解，基于词语、句子、段落等语言单元，针对资料中所反映的现象，不断比较其间的异同，将相似内容聚拢以提炼出更高一级的概念或范畴，从而将资料概念化、范畴化。可以按照句、段落等对资料进行开放式编码。为达到语义完整性，本书采用逐句编码方式对资料进行渐进式编码。本书首先对 20 位访谈者的语音材料进行音频转换，并对音频和文字进行逐句核对与整理，共计访谈材料 5 万余字，录音材料共计近 264 分钟。其次，研究人员逐字逐句对访谈文本、30 份网络游记中相似内容取以相同的名字，并对其贴标签。在此基础上，对所贴标签进行反复对比，将其进一步整合为范畴。从访谈文本、网络游记中一共抽取出 350 个标签，形成 114 个初始范畴。部分文本材料编码过程如表 3.2 所示，提炼出的初始范畴如表 3.3 所示。

表 3.2　开放式编码标签化（部分）

编号	访谈资料摘录	开放式编码
F1	……就是旅游活动的丰富程度。还有就是商家，比如你去购买东西，它的服务，它的一些产品啥的……我们当时去了之后，有在里面就餐，观看一些表演，因为在门口的时候，会领到一张节目单，上面写着几点有什么表演……环境的话挺好的。因为它是分为好几个主题嘛。比如，有的是那种民国主题，还有的就是那种乡村主题的，还有那种就是上海，老式上海的那种，就感觉主题性比较强。然后还有的话，环境，因为我们那天去的时候人特别多，很拥挤，体验感可能就有点削弱……我想想。它（电影小镇）里面会布置得很好。因为当时是春节（期间），就元宵节还没有到，他们准备那种花灯什么的，我看到河里面都是，但是我们是白天去的。我们想多停一会儿，但是，时间有限，我们没有等到晚上就走了……它那边的夜景特别好看……我其实还想再去次，因为它里面有很多那种民宿，主题民宿。但是，现在是学生嘛，就是经济能力有限，所以我们就想打算以后自己工作以后再去那边，再体验一下。我们当时是去了之后，买了一些那种小东西。当时的话，因为它是这种民国主题嘛，所以他有很多，就是可以化妆，然后穿那种特定的服饰……对。比如旗袍啊、汉服之类的……但是，当时因为天气比较冷，所以我就没有尝试。但是我还是蛮想的……就是他当时有卖那种小发饰、鹿角啥呀。我觉得还挺好看的。但是，我们去找的时候，他告诉我他的店铺在哪儿。但是，我们根据他指的哪个方向去找，结果没找到，所以就没有买。这可能也就是我想去第二次的出发点吧，算是。还有，当时我们还去吃了当地的，就是那个景区里面的一些小吃……如果是抱着这个信任感的话，我自己会再去一次，就是重游的意愿，要么就是我要推荐给我身边的人，推荐的意愿比较强烈……首先是这个景区。很多人都推荐我去，我觉得它是一个值得去的地方。还有就是我在体验的过程中，我感受到它，它是值得我去的，它确确实实是值得我去的……	aa292 旅游活动丰富；aa53 节目单；aa147 文艺演出；aa18 影视小镇；aa293 主题性强；aa47 夜景；aa253 值得去；aa4 美食

注：因篇幅有限，仅展示部分访谈资料、网络文本的贴标签过程。

表 3.3　初始范畴化过程（部分）

初始范畴	标签
a1 非物质文化景观	aa1 表演；aa2 传说；aa3 历史；aa4 美食；aa5 民俗；aa6 手工艺；aa7 宗教
a2 物质文化景观	aa8 博物馆；aa9 动物园；aa10 公园；aa11 古镇；aa12 海洋馆；aa13 建筑；aa14 水上乐园；aa15 塑像；aa16 塔；aa17 特色街道；aa18 影视小镇；aa19 游乐场；aa20 主题公园

续表

初始范畴	标签
a3 地文景观	aa21 山脉；aa22 峡谷；aa23 雪山
a4 水域景观	aa24 大海；aa25 湖泊；aa26 礁石
a5 生物景观	aa27 金丝猴；aa28 马；aa29 牦牛；aa30 松鼠；aa31 熊猫；aa32 海鸥；aa33 鸭子；aa34 海龟；aa35 鲨鱼；aa36 珊瑚；aa37 鱼；aa38 草原；aa39 花卉；aa40 树木；aa41 水草
……	……
a12 宣传册	aa53 节目单；aa54 宣传册；aa55 宣传画册
a13 影像	aa56 电视剧；aa57 电影
a14 主打品牌	aa58 大熊猫；aa59 风花雪月；aa60 三塔倒影；aa61 主打亲子
……	……
a28 安全管控	aa93 政府管控；aa94 社会治安；aa95 不杂乱拥挤
a29 安全检查	aa96 安检；aa97 检查身份证
……	……
a35 门票	aa109 收取门票；aa110 某区域收费；aa111 电瓶车票；aa112APP 平台售票；aa113 套票
a36 经营者	aa114 民宿老板；aa115 古城商人；aa116 外地商人；aa117 本地商人；aa118 景点小老板；aa119 餐馆老板；aa120 汽美老板
……	……
a46 产品服务供给	aa146 旅游产品；aa147 文艺演出；aa148 叫醒服务；aa149 体验项目；aa150 早餐供应；aa151 拼车服务；aa152 景区交通；aa153 租车服务
a47 产品服务质量	aa154 服务态度；aa155 产品对比；aa156 送餐服务；aa157 导游讲解；aa158 房间风格；aa159 车内环境
……	……
a53 平静体验	aa173 避世天堂；aa174 寂然无声的氛围；aa175 游客少见的巷道；aa176 江南风情的古镇；aa177 繁杂喧嚣的城市
a54 惬意体验	aa178 静静坐着；aa179 缩小版大研；aa180 瞎逛；aa181 纳西小院；aa182 窗外的雪山；aa183 山水间的市镇；aa184 弹唱声；aa185 吃老爸茶；aa186 发呆
……	……
b2 独特	aa217 外观造型；aa218 独特的文化气息；aa219 独特的匠人技艺；aa220 无法取代的独特
……	……
b10 有价值	aa253 值得去；aa254 价格值；aa255 值得一看；aa256 值得被尊重；aa257 值得玩
……	……

注：因篇幅有限，仅展示部分访谈资料、网络文本的初始范畴化过程。

二、主轴性编码

在开放性编码阶段，已经得到118个初始范畴，对其进行分类、比较后，进一步将零碎的、分散的概念进行提炼，得到34个二级副范畴，并进一步对上述二级副范畴归纳合并，得到10个一级副范畴。在此基础上梳理一级副范畴，最终得到2个主范畴，分析过程见表3.4。

表3.4　主轴性编码体系示例

主范畴	一级副范畴	二级副范畴
1. 旅游地符号形体	A1 景观符号形体	AA1 人文景观；AA2 自然景观；AA3 地方风貌；
	A2 品牌符号形体	AA4 品牌宣导；AA5 品牌价值；AA6 品牌口碑，
	A3 制度符号形体	AA7 协同合作；AA8 安全保障；AA9 公共服务；AA10 旅游政策
	A4 商业符号形体	AA11 经营管理；AA12 商业氛围；AA13 产品服务
	A5 情感符号形体	AA14 愉悦体验；AA15 轻松体验；AA16 温暖体验；AA17 新鲜体验
2. 旅游地符号解释	B1 景观信任	BB1 典型性；BB2 有吸引力；BB3 品质良好；BB4 具有旅游价值
	B2 品牌信任	BB5 兑现承诺；BB6 正直真诚；BB7 质量保证
	B3 制度信任	BB8 制度友好；BB9 制度可靠；BB10 制度有效
	B4 商业信任	BB11 服务良好；BB12 氛围浓厚；BB13 信誉良好
	B5 情感信任	BB14 愉悦感；BB15 轻松感；BB16 温暖感；BB17 新鲜感

三、选择性编码

本书通过三级编码，不断检验概念与概念、概念与范畴、范畴与范畴间的关系，结合访谈资料和网络游记文本对比现有结果，将核心范畴确定为“旅游地信任感的形成过程”。以此为基础，本书借用故事线的方式将以上范畴串联，以解释旅游地信任感的形成过程。

本书根据概念、范畴和核心范畴间的关系，以访谈资料、网络游记文本为基础，以核心范畴为中心，结合相关研究结果，试图从已获得的文本材料中提炼出一条故事线：游客在旅游地活动过程中，会看到旅游地的各种符号，置身于旅游地符号系统之中。游客感知到旅游地人文景观、自然景观和地方风貌等景观符号形体，通过人际互动，游客对景观符号形体进行解释，认为旅游地景观符号具有典型性、有吸引力、品质良好并且具有旅游价值等意义，即游客对旅游地景观符号形体进行了符号解释，这一过程称为旅游地景观符号意指过程，游客对旅游地景观符号意义的确定性感知称为游客对旅游地的景观信任。游客感知到旅游地品牌宣导、品牌价值和品牌口碑等品牌符号形体，通过人际互动，游客对品牌符号形体进行解释，认为旅游地品牌符号形体具有兑现承诺、正直真诚和质量保证等意义，即游客对旅游地品牌符号形体进行了符号解释，这一过程称为旅游地品牌符号意指过程，游客对旅游地品牌符号意义的确定性感知称为游客对旅游地的品牌信任。游客感知到旅游地协同合作、安全保障、公共服务和旅游政策等制度符号形体，通过人际互动，游客对制度符号形体进行解释，认为旅游地制度符号形体具有友好、可靠和有效等意义，即游客对旅游地制度符号形体进行了符号解释，这一过程称为旅游地制度符号意指过程，游客对旅游地制度符号意义的确定性感知称为游客对旅游地的制度信任。游客感知到旅游地经营管理、商业氛围和产品服务等商业符号形体，通过人际互动，游客对商业符号形体进行解释，认为旅游地商业符号形体具有服务良好、氛围浓厚和信誉良好等意义，即游客对旅游地商业符号形体进行了符号解释，这一过程称为旅游地商业符号意指过程，游客对旅游地商业符号意义的确定性感知称为游客对旅游地的商业信任。游客在旅游地获得了愉快、轻松、温暖和新鲜的体验，这些体验是情感符号形体。通过人际互动，游客对情感符号形体进行解释，认为旅游地情感符号形体具有愉快、轻松、温暖和新鲜等意义，即游客对旅游地情感符号形体进行了符号解释，这一过程称为旅游地情感符号意指过程，游客对旅游地情感符号意义的确定性感知称为游客对旅游地的情感信任。

四、理论饱和检验

本书运用网络游记文本资料剩余的部分内容进行理论饱和检验。用以下内容作为举证：

游记 1（部分）：……旅行，为她打开精彩世界的大门……去吹那怀念已久的椰林海风……三亚宋城千古情、热带天堂森林公园以及大东海区域的一个小众景点……而选一到两家有特色有口碑的亲子酒店……三亚湾虽然沙滩算不上最好，但是“椰梦长廊”景色很美，夕阳照在长长的海岸线上异常动人……亚龙湾白沙碧海无可挑剔，高档酒店云集，餐饮也非常方便，是当得起“天下第一湾”名号的度假胜地……但是他们家专注亲子领域、在众多家长心里却有着极高的口碑……从早期的《爸爸回来了》到前两个月才来录制的《青春环游记》，还有《妈妈的花样年华》《浮沉》《蓝色矢车菊》等影视剧都在天域取景拍摄过……没有新开业酒店的那种时尚感，但是设施肉眼可见被精心维护……天域这样深受影视综艺喜爱的酒店，颜值必定不会差……仔细看几乎没有任何会伤到孩子的尖角，感受下来自亲子酒店的细节把控。客厅一角还有着料理台、电磁炉、电冰箱、洗衣机、微波炉等生活电器，杯盘碗盏也一应俱全……儿童牙刷、浴袍、矮凳等悉数区域亲自设施这里也都是齐备的，欧舒丹的洗漱四件套让整体品质感瞬间提升……但是我们在这里住了三个晚上，一直处于兴奋的发现阶段，直到最后一天中午退房的时候还发现了一个前几天压根没看见的新泳池和新滑道，天哪这是什么宝藏酒店啊……

开放式编码：影像（a13）、主打品牌（a14）、声誉（a18）、评价（a23）、产品服务供给（a46）、产品服务质量（a47）、追寻体验（a50）、感动体验（a57）、怀念体验（a58）、有价值（b10）、认证（b20）、兴奋（b50）

主轴式编码：旅游地符号形体、旅游地符号解释

游记 2（部分）：……在万物变迁中，享受着世俗以外的宁静蔚蓝使人心静，仿佛整个世界只剩下你跟海浪在说话，所有的心思都可以娓娓道来，烦恼也随着海浪飘荡消散。……那些在宣传册中印刷着的美丽海滩，那些电影上跃出海面唱着歌儿的海豚，……旅行，是我乏善可陈，重复生活中的英雄梦想，从订机票的那一刻，就开始期待……提了在网上约好的“小黄车”，真的超级开心呢～颜色亮亮的，看着就让人心情愉悦，不自觉地嘴角上扬～……但也会给自己一整天的放松，不做安排，静静地享受无忧无虑的悠闲时光～……还点了一个椰子冻～老板娘说是他家的招牌呢……还遇见了几个挑着扁担的妇人，或贩卖水果或兜售纪念品……第一晚的酒店环境很不错的，就是比较吵，办入住的时候还给升级了套房～开心～……唯一要吐槽的就是房间竟然没有穿衣镜……可能像我这种出来度假还早早起床的，出来旅行团就没有了吧，但是为了能在外出的时光看到更多我没看过的美景，早起几个小时，真的很划算呀！……空气中有好闻的味道，让人非常的放松～早上没有太多人，很安静也很舒心……

开放式编码：宣传册（a12）、影像（a13）、流动商贩（a44）、产品服务供给（a46）、服务周到（b29）、满意（b34）、向往（b35）、愉快（b36）、放松（b38）、平静（b39）

主轴式编码：旅游地符号形体、旅游地符号解释

根据理论饱和检验的结果，本书认为旅游地信任感的形成过程达到理论饱和，无须进一步扩大资料分析范围。

第三节　结果分析

本书对三级编码的结果进行抽象、整合、凝练，检验理论饱和，根据符号学理论构建旅游地信任感的形成过程模型。

一、旅游地符号形体与旅游地符号解释

本书通过对访谈资料、网络游记文本的质性分析，将旅游地符号分为旅游地像似符号（旅游地景观符号）、旅游地指索符号（旅游地品牌符号、旅游地制度符号和旅游地商业符号）和旅游地象征符号（旅游地情感符号）。本书通过扎根理论方法得到的旅游地符号分类结果与 Pierce“符号三分法”提出的符号类型要素一致[83]。

（一）旅游地符号形体

对扎根理论分析结果中的主范畴进行串联分析，旅游地符号形体包括以下部分：

1. 旅游地景观符号形体

本书认为，旅游地景观符号能够被感知的部分为景观再现体，即旅游地景观符号形体。扎根理论分析结果表明，旅游地景观符号形体包括人文景观符号形体（AA1）、自然景观符号形体（AA2）和地方风貌符号形体（AA3）。上述结果在以下文本材料中得到佐证。

游记 YJ1 中提到“……巴拉村，这里有一段传说，一段有关康巴家族的古老传说（aa2 传说）”。又如，游记 YJ2 中提到“……古镇里的茶马古道博物馆（aa8 博物馆），是你了解茶马古道、茶马文化最直接，也是最重要的地方。甚至说，这里代表了整个云南茶马古道地区的文化……”上述材料显示，游客感知到了旅游地的人文景观符形（AA1）。

受访者 F5 在访谈中提到“……玉龙雪山（aa23 雪山），古城啊（aa11 古镇），包括他的那个景色，确实是特别漂亮……”又如，受访者 F17 在访谈中提到“……

去年去了三亚，它的热带风光，比如这种海水呀（aa24 大海），日出，还有那种椰子树（aa40 树木），就是这种热带的旅游资源吧”。游记 YJ14 中提到“……看到大海龟栖息在水底岩洞里（aa34 海龟），看到大片的玫瑰珊瑚近在触手可及之处（aa36 珊瑚）”。上述材料显示，游客感知到了旅游地的自然景观符形（AA2）。

受访者 F19 在访谈中提到“……就是城市当中的晚上夜景（aa47 夜景），路灯，彩带挺漂亮。像海南的话，海边的酒店亮起来，特别漂亮，海岛上”。又如，在游记 YJ11 中提到“……晚上 7 点到达海口机场，机舱出来一瞬间，就感受到了海南的气质。那种潮湿的，暖暖的感觉非常强烈（aa46 天气）”。上述材料显示，游客感知到了旅游地的地方景观符形（AA3）。

2. 旅游地品牌符号形体

本书认为，旅游地品牌符号能够被感知的部分为品牌再现体，即旅游地品牌符号形体。扎根理论分析结果表明，旅游地品牌符号形体包括品牌宣导符号形体（AA4）、品牌价值符号形体（AA5）和品牌口碑符号形体（AA6）。上述结果在以下文本材料中得到佐证。

游记 YJ22 中提到“……看见桌上摆放的宜州宣传册，才知道原来宜州是山歌女神刘三姐的故乡（aa54 宣传册）……此外琼州海峡徐闻水域内的马友鱼是官方推荐的主要特产之一（a9 地方特色饮食）”。又如，受访者 F1 在访谈中提到“我们当时去了之后，有在里面就餐，观看一些表演，因为在门口的时候，会领到一张节目单（aa53 节目单），上面写着几点有什么表演”。上述材料显示，游客感知到了旅游地的品牌宣导符号形体（AA4）。

游记 YJ24 中提到“老陈记或是姚记都是老字号（aa63 老字号），90 年代开店传到至今，味道还是传统的那个味儿……”又如，游记 YJ3 中提到“喜洲四方街作为白族工商业发展的摇篮，一直有着悠久的历史，曾有‘小香港’‘小上海’的美誉（aa72 美誉）……”受访者 F20 在访谈中提到“……上海了，海派文化，然后广州这种就是千年商都的文化底蕴（aa80 海派文化）”。上述材料显示，游客感知到了旅游地的品牌价值符号形体（AA5）。

受访者 F5 在访谈中提到“……然后可能存在一些旅游团被宰客呀，或者商店宰客的这种报道（aa83 负面报道）会带来不信任……”游记 YJ28 中提到“我们点的菜参考了点评 App 上网友的推荐（aa88 网络推荐）……”上述材料显示，游客感知到了旅游地的品牌口碑符号形体（AA6）。

3. 旅游地制度符号形体

本书认为，旅游地制度符号能够被感知的部分为制度再现体，即旅游地制度符号形体。扎根理论分析结果表明，旅游地制度符号形体包括协同合作符号形体（AA7）、安全保障符号形体（AA8）、公共服务符号形体（AA9）和旅游政策符号形体（AA10）。上述结果在以下文本材料中得到佐证。

受访者 F13 在访谈中提到"……然后我就找面前的这个警察，这个人员。然后他们联系各个环节（aa90 联系各个环节）……"又如，受访者 F19 在访谈中提到"……他们这个（服务）人员的协调能力比较专业一点吧（aa91 人员协调），我们进景区的时候，排队的时间少一点，就是进行得井井有条……"上述材料显示，游客感知到了旅游地的协同合作符号形体（AA7）。

受访者 F3 在访谈中提到"……他们的安保人员（aa92 安保人员）以及服务人员来讲，他们的基本素质、各方面提供的服务都是特别好的……"又如，受访者 F15 在访谈中提到"……虽然走到哪儿都是同样的来旅游的人，但是也不会觉得很拥挤、很杂乱（aa95 不杂乱拥挤）"。再者，受访者 F8 在访谈中提到"……当时政府管控得很严，就是过任何一个，就是去酒店还是出入一些场所都要去检安检（aa96 安检），而且还要掏身份证（aa97 检查身份证）……"上述材料显示，游客感知到了旅游地的安全保障符号形体（AA8）。

游记 YJ4 中提到"……更好的方式是从大理古城南门乘坐'小老虎'标志的景区直通车（aa101 景区直通车）到感通索道售票处，先游览寂照庵，再沿感通索道（aa100 索道）上行，反向从洗马潭大索道下"。又如，受访者 F13 在访谈中提到"……主要是旅游引导吧（aa103 导游引导）。像去的时候，在车站都会有咨询处（aa104 咨询处），然后包括公交车站也会有一些工作人员给你做一些引导（aa105 车站人员引导）……"上述材料显示，游客感知到了旅游地的公共服务符号形体（AA9）。

受访者 F16 在访谈中提到"……我们现在内蒙古的这个包头，这个应该是呼市（呼和浩特）吧，内蒙古鄂尔多斯响沙湾的话，他那个一个政策，内蒙古户口免门票的（a34 门票优惠）"。上述材料显示，游客感知到了旅游地的旅游政策符号形体（AA10）。

4. 旅游地商业符号形体

本书认为，旅游地商业符号能够被感知的部分为商业再现体，即旅游地商业符号形体。扎根理论分析结果表明，旅游地商业符号形体包括经营管理符号形体

（AA11）、商业氛围符号形体（AA12）和产品服务符号形体（AA13）。上述结果在以下文本材料中得到佐证。

游记 YJ2 中提到“哈哈，看吧，被慢慢捧上天的束河古镇已经开始收取门票了（aa109 收取门票）……”又如，游记 YJ27 中提到“除了单人票，还可以购买双人票，会更优惠还有带有水世界里鲨鱼美食广场的套餐票（aa113 套票）……”再者，受访者 F5 在访谈中提到“……从物价上来看吧，像一些当地人开的小商店（aa117 本地商人）的话，物价会相对要低于外地人开的商店（aa116 外地商人）的物价”。上述材料显示，游客感知到了旅游地的经营管理符号形体（AA11）。

游记 YJ7 中提到“夜晚的古城人来人往依旧很热闹。一路上经过很多酒吧（aa121 酒吧）……”又如，游记 YJ2 中提到“……商家们都使出浑身解数，想要把最有创意的道具和最美的风景留给游客。最终，我们选择了老码头。他家的道具非常多，视野也是比较好的。其次，还提供服装租赁（aa126 服装租赁店）……”再者，游记 YJ1 中提到“……广场上的商贩各显神功，用各种方式招揽着小生意（aa141 广场商贩）……”上述材料显示，游客感知到了旅游地的商业氛围符号形体（AA12）。

受访者 F8 在访谈中提到“跟淘宝上面的那种价格（aa142 价格），对比的话就差不多……”又如，受访者 F13 在访谈中提到“服务，有点不太习惯，他们的服务比较准时准点。如果在国内的话，酒店没有人叫你起床的嘛（aa148 叫醒服务）”。游记 YJ2 中提到“我特别喜欢房间的风格（aa158 房间风格），浓浓的藏式风味，每一个小细节都恰到好处，无处不在的都是满满的异域风情”。再者，游记 YJ20 中提到“随后，师傅带我们找到那辆在停车场等候多时的别克 7 座商务车。车内很干净（aa159 车内环境），能看出酒店服务的高要求和高标准”。上述材料显示，游客感知到了旅游地的产品服务符号形体（AA13）。

5. 旅游地情感符号形体

本书认为，旅游地情感符号能够被感知的部分为情感再现体，即旅游地情感符号形体。扎根理论分析结果表明，旅游地情感符号形体包括愉悦体验符号形体（AA14）、轻松体验符号形体（AA15）、温暖体验符号形体（AA16）和新鲜体验符号形体（AA17）。上述结果在以下文本材料中得到佐证。

游记 YJ20 中提到“无人的碧海蓝天、椰风树影，才是我想象中度假的样子（aa161 想象中的度假）”。受访者 F2 在访谈中提到“在那边心情特别舒畅（aa162

心情舒畅）……”又如，游记 YJ4 中提到“一直以来对于云南都有种未名的向往（aa166 向往）……”上述材料显示，游客感知到了旅游地的愉悦体验符号形体（AA14）。

游记 YJ7 中提到“楼上传来民谣歌手轻轻的弹唱声（aa184 弹唱声），而我在楼下静静地听，这是我对丽江古城的初印象……”上述材料显示，游客感知到了旅游地的轻松体验符号形体（AA15）。

游记 YJ2 中提到“风铃大概只是一种对美好愿望的寄托吧……许愿牌（aa196 许愿牌）上饱含期许的文字。每一句都情深，感动着你我”。上述材料显示，游客感知到了旅游地的温暖体验符号形体（AA16）。

游记 YJ30 中提到“……关于后海角，你可能在网上也找不出几篇攻略提起过这片海域，我也无法用文字来表述它的美丽（aa213 无法用文字表述）……”上述材料显示，游客感知到了旅游地的新鲜体验符号形体（AA17）。

（二）旅游地符号解释

旅游地信任感来源于旅游地符号意指，包括旅游地景观符号、品牌符号、制度符号、商业符号和情感符号等方面。根据 Saussure 与 Pierce 的符号观点，本书认为符号内涵第一系统包括符形 1、对象 1 和符释 1。符号内涵第二系统的符形 2 由第一系统中的符形 1、对象 1 和符释 1 组成，由此生成符释 2（见图 3.2）。本书根据符号内涵系统，对上述旅游地符号进行第一系统、第二系统的符号解释，揭示旅游地信任感形成机制（见图 3.2）。

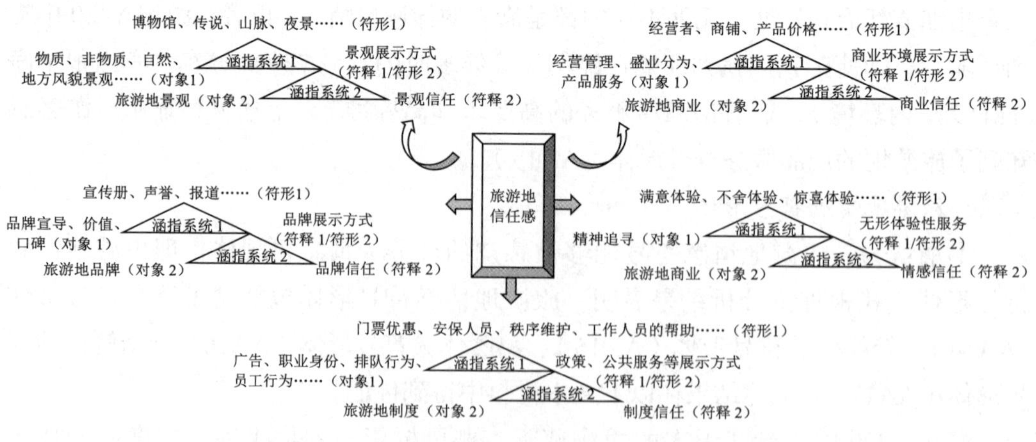

图 3.2　旅游地信任感的符形基础与形成过程

1. 旅游地景观符号解释

旅游地博物馆、古镇、动物园等（符形 1）代表旅游地物质景观（对象 1），是旅游地人文景观的展示方式（符释 1）。这一解释符合符号内涵系统中的第一系统过程。同时，旅游地人文景观的展示方式（符释 1/ 符形 2）所指向的是旅游地景观（对象 2），表现为旅游地景观具有吸引力、典型性、品质良好以及具有游览价值（符释 2），使游客对旅游地景观符号意指做出了明确性感知的解释，产生了旅游地景观信任。这一解释符合符号内涵系统中的第二系统过程。

旅游地表演、传说、历史、民俗、手工艺、宗教等（符形 1）代表旅游地非物质景观（对象 1），是旅游地人文景观的展示方式（符释 1）。这一解释符合符号内涵系统中的第一系统过程。同时，旅游地人文景观的展示方式（符释 1/ 符形 2）所指向的是旅游地景观（对象 2），表现为旅游地景观具有吸引力、典型性、品质良好以及具有游览价值（符释 2），使游客对旅游地景观符号意指做出了明确性感知的解释，产生了旅游地景观信任。这一解释符合符号内涵系统中的第二系统过程。

旅游地山脉、峡谷等，大海、礁石等，牦牛、金丝猴等（符形 1）分别代表着旅游地地文、水域和生物景观（对象 1），是旅游地自然景观的展示方式（符释 1）。这一解释符合符号内涵系统中的第一系统过程。同时，旅游地自然景观的展示方式（符释 1/ 符形 2）所指向的是旅游地景观（对象 2），表现为旅游地景观具有吸引力、典型性、品质良好以及具有游览价值（符释 2），使游客对旅游地景观符号意指做出了明确性感知的解释，产生了旅游地景观信任。这一解释符合符号内涵系统中的第二系统过程。

旅游地卫生、交通、夜景等（符形 1）代表着旅游地地方风貌景观（对象 1），是旅游地地方风貌景观的展示方式（符释 1）。这一解释符合符号内涵系统中的第一系统过程。同时，旅游地地方风貌景观的展示方式（符释 1/ 符形 2）所指向的是旅游地景观（对象 2），表现为旅游地景观具有吸引力、典型性、品质良好以及具有游览价值（符释 2），使游客对旅游地景观符号意指做出了明确性感知的解释，产生了旅游地景观信任。这一解释符合符号内涵系统中的第二系统过程。

2. 旅游地品牌符号解释

旅游地景点等级、宣传册、主打品牌产品等（符形 1）代表着旅游地品牌宣导（对象 1），是旅游地品牌的展示方式（符释 1）。这一解释符合符号内涵系统中的第一系统过程。同时，旅游地品牌的展示方式（符释 1/ 符形 2）所指向的是旅游地品牌（对象 2），表现为旅游地品牌是能够兑现承诺、正直真诚和质量保证（符释 2），使游客对旅游地品牌符号意指做出了明确性感知的解释，产生了旅游地品牌信任。这一解释符合符号内涵系统中的第二系统过程。

旅游地景点存在时长、文化底蕴、声誉等（符形 1）代表着旅游地品牌价值（对象 1），是旅游地品牌的展示方式（符释 1）。这一解释符合符号内涵系统中的第一系统过程。同时，旅游地品牌的展示方式（符释 1/ 符形 2）所指向的是旅游地品牌（对象 2），表现为旅游地品牌是能够兑现承诺、正直真诚和质量保证（符释 2），使游客对旅游地品牌符号意指做出了明确性感知的解释，产生了旅游地品牌信任。这一解释符合符号内涵系统中的第二系统过程。

旅游地相关报道、评价和他人推荐等（符形 1）代表着旅游地品牌口碑（对象 1），是旅游地品牌的展示方式（符释 1）。这一解释符合符号内涵系统中的第一系统过程。同时，旅游地品牌的展示方式（符释 1/ 符形 2）所指向的是旅游地品牌（对象 2），表现为旅游地品牌是能够兑现承诺、正直真诚和质量保证（符释 2），使游客对旅游地品牌符号意指做出了明确性感知的解释，产生了旅游地品牌信任。这一解释符合符号内涵系统中的第二系统过程。

3. 旅游地制度符号解释

旅游地门票优惠（符形 1）是旅游地旅游政策的展示方式（符释 1），代表着它是旅游地门票优惠广告或通知（对象 1）。这一解释符合符号内涵系统中的第一系统过程。同时，旅游地旅游政策的展示方式（符释 1/ 符形 2）表现为旅游地旅游政策是友好的（符释 2），其所指向的是旅游地制度（对象 2），使游客对旅游地制度符号意指做出了明确性感知的解释，产生了旅游地制度信任。这一解释符合符号内涵系统中的第二系统过程。

旅游地安保人员（符形 1）是旅游地安全保障的展示方式（符释 1），代表着他是旅游地安全保障工作人员的职业身份（对象 1）。这一解释符合符号内涵系统中的第一系统过程。同时，旅游地安全保障的展示方式（符释 1/ 符形 2）表现为旅游地安全保障是可靠的（符释 2），其所指向的是旅游地制度（对象 2），使游客对旅游地制度符号意指做出了明确性感知的解释，产生了旅游地制度信任。这一解释符合符号内涵系统中的第二系统过程。

旅游地售票处、等待区的秩序维护（符形 1）是旅游地协同合作的展示方式（符释 1），代表着旅游地游客的排队行为（对象 1）。这一解释符合符号内涵系统中的第一系统过程。同时，旅游地协同合作的展示方式（符释 1/ 符形 2）表现为旅游地的协同合作是有效的（符释 2），其所指向的是旅游地制度（对象 2），使游客对旅游地制度符号意指做出了明确性感知的解释，产生了旅游地制度信任。这一解释符合符号内涵系统中的第二系统过程。

旅游地工作人员对游客的帮助（符形 1）是旅游地公共服务的展示方式（符释 1），代表着旅游地工作人员行为（对象 1）。这一解释符合符号内涵系统中的第一系统过程。同时，旅游地公共服务的展示方式（符释 1/ 符形 2）表现为旅游地公共服务是可靠的（符释 2），其所指向的是旅游地制度（对象 2），使游客对旅游地制度符号意指做出了明确性感知的解释，产生了旅游地制度信任。这一解释符合符号内涵系统中的第二系统过程。

4. 旅游地商业符号解释

旅游地门票、经营者等（符形 1）代表着旅游地经营管理（对象 1），是旅游地商业环境的展示方式（符释 1）。这一解释符合符号内涵系统中的第一系统过程。同时，旅游地商业环境的展示方式（符释 1/ 符形 2）所指向的是旅游地商业（对象 2），表现为旅游地商业服务良好（符释 2），使游客对旅游地商业符号意指做出了明确性感知的解释，产生了旅游地商业信任。这一解释符合符号内涵系统中的第二系统过程。

旅游地酒吧、商铺、流动商贩等（符形 1）代表着旅游地的商业氛围（对象 1），是旅游地商业环境的展示方式（符释 1）。这一解释符合符号内涵系统中的第一系统过程。同时，旅游地商业环境的展示方式（符释 1/ 符形 2）所指向的是旅游地商业（对象 2），表现为旅游地商业氛围浓厚（符释 2），使游客对旅游地商业符号意指做出了明确性感知的解释，产生了旅游地商业信任。这一解释符合符号内涵系统中的第二系统过程。

旅游地产品服务的价格、供给和质量等（符形 1）代表着旅游地的商业产品服务（对象 1），是旅游地商业环境的展示方式（符释 1）。这一解释符合符号内涵系统中的第一系统过程。同时，旅游地商业环境的展示方式（符释 1/ 符形 2）所指向的是旅游地商业（对象 2），表现为旅游地商业信誉良好（符释 2），使游客对旅游地商业符号意指做出了明确性感知的解释，产生了旅游地商业信任。这一解释符合符号内涵系统中的第二系统过程。

5. 旅游地情感符号解释

旅游地游客的满意体验、愉快体验和追寻体验等（符形 1）代表着游客的精神追寻（对象 1），是旅游地无形体验性服务（符释 1）。这一解释符合符号内涵系统中的第一系统过程。同时，旅游地无形体验性服务（符释 1/ 符形 2）所指向的是游客的情感追诉（对象 2），表现为游客在旅游地的愉悦感（符释 2），使游客对旅游地情感符号意指做出了明确性感知的解释，产生了旅游地情感信任。

旅游地游客的安全体验、放松体验和平静体验等（符形 1）代表着游客的精神追寻（对象 1），是旅游地无形体验性服务（符释 1）。这一解释符合符号内涵系统中的第一系统过程。同时，旅游地无形体验性服务（符释 1/ 符形 2）所指向的是游客的情感追诉（对象 2），表现为游客在旅游地的轻松感（符释 2），使游客对旅游地情感符号意指做出了明确性感知的解释，产生了旅游地情感信任。

旅游地游客的不舍体验、怀念体验和友善体验等（符形 1）代表着游客的精神追寻（对象 1），是旅游地无形体验性服务（符释 1）。这一解释符合符号内涵系统中的第一系统过程。同时，旅游地无形体验性服务（符释 1/ 符形 2）所指向的是游客的情感追诉（对象 2），表现为游客在旅游地的温暖感（符释 2），使游客对旅游地情感符号意指做出了明确性感知的解释，产生了旅游地情感信任。

旅游地游客的惊喜体验、新奇体验和兴奋体验等（符形 1）代表着游客的精神追寻（对象 1），是旅游地无形体验性服务（符释 1）。这一解释符合符号内涵系统中的第一系统过程。同时，旅游地无形体验性服务（符释 1/ 符形 2）所指向的是游客的情感追诉（对象 2），表现为游客在旅游地的新鲜感（符释 2），使游客对旅游地情感符号意指做出了明确性感知的解释，产生了旅游地情感信任。

二、旅游地符号感知和旅游地信任感的相关关系分析

根据上述关于旅游地符号形体和旅游地符号解释的质性分析结果，以符号三元关系理论等为理论基础，本书认为旅游地符号形体和旅游地符号解释具有较为紧密的联系：旅游者对于旅游地景观、品牌、制度、商业和情感等旅游地符号形体所携带的信息会产生心理反应或感知，而信任感是游客主体对这些主观感受的最终阐释，即旅游地符号解释就是旅游符号意指过程中被赋予的意义，旅游地符号感知到旅游地信任感是从能指（符号形体）向所指（符号解释）的意指过程。

第四节　本章小结

一、研究结论

本章对访谈资料、网络游记文本进行扎根理论分析，通过对资料的开放性编码、主轴性编码和选择性编码，共得到350个标签，114个初始范畴，2个主范畴和1个核心范畴，理论饱和检验达到要求，最终得到旅游地符号形体和旅游地符号解释（即旅游地信任感）等内容。本章质性研究得到以下结果：

（1）旅游地符号形体包括景观符号形体、品牌符号形体、制度符号形体、商业符号形体和情感符号形体。其中，旅游地景观符号形体包括人文景观符号形体、自然景观符号形体和地方风貌符号形体。品牌符号形体包括品牌宣导符号形体、品牌价值符号形体和品牌口碑符号形体。制度符号形体包括协同合作符号形体、安全保障符号形体、公共服务符号形体和旅游政策符号形体。商业符号形体包括经营管理符号形体、商业氛围符号形体和产品服务符号形体。情感符号形体包括愉悦体验符号形体、轻松体验符号形体、温暖体验符号形体和新鲜体验符号形体。

（2）旅游地符号解释包括景观符号解释、品牌符号解释、制度符号解释、商业符号解释和情感符号解释。根据符号内涵系统，本书认为旅游地符号解释是指游客对旅游地景观、品牌、制度、商业、情感等符号意指的明确性感知，即旅游地信任感。其中，旅游地景观信任表现为游客明确旅游地景观具有吸引力、典型性、品质良好以及具有游览价值。旅游地品牌信任表现为游客明确旅游地品牌是能够兑现承诺、正直真诚和质量保证。制度符号信任表现为游客明确旅游地制度是友好的、可靠的和有效的。商业符号信任表现为游客明确旅游地商业服务良好、商业氛围浓厚和商业信誉良好。情感符号信任表现为游客明确在旅游地能够体验到愉悦感、轻松感、温暖感和新鲜感。

二、理论贡献

（1）明确了旅游地符号形体和旅游符号解释的维度结构，为分析旅游地符号意指提供理论基础。旅游地符号形体和旅游符号解释是旅游地符号中的重要元素，是理解旅游地符号的重要基础。旅游地符号形体是游客前往旅游地或刚到旅游地时最初所接触到的事或物，是游客进一步对旅游地符号形体做出解释的关键前提条件。本章在文献梳理的基础上，通过对文本材料进行扎根分析，划分了旅游地符号形体的维度，进一步得到对应的旅游地符号解释，这为了解旅游地符号意指提供理论支撑。

（2）基于符号内涵系统对旅游地符号形体进行解释，为理解旅游地信任感的形成提供理论依据。本书根据符号内涵系统，对旅游地符号意义进行第一系统、第二系统的阐释。符号内涵第一系统主要是对旅游符号形体所对应的符号解释进行解读。符号内涵第二系统主要是对符号第一系统中的符号解释作为第二系统中的符号形体时所对应的符号解释进行解读，即符号意指的意义。对旅游地符号意指意义的解读能够更接近旅游地符号的本质。本书认为旅游地信任感是旅游地符号意指的意义，从两个系统层次对旅游地符号进行内涵解释，为揭示旅游地信任感的推演逻辑提供理论依据。

基于第三章的质性研究结果，本书将于第四章进行相关量表设计、制定问卷、数据收集和基础分析。将于第五章实证旅游地符号对旅游地信任感的影响机制。

第四章 问卷设计、数据收集与基础检验

第一节 研究问卷设计与变量测量

一、研究问卷设计原则

问卷设计质量的好坏影响调研结果，问卷中简明、恰当的问题能够使填表人便于理解，确保调研数据完整、准确。根据有关量表、问卷编排的注意事项，本书在设计问卷时做到以下几点:（1）问卷设计中说明研究目的。（2）问题需简单明了，避免使用复杂、冗长的句子。需考虑到填卷人的背景，避免使用专业词汇。（3）避免使用诱导性问题，勿将研究人员自身的价值倾向置之于选项中，应保持中立和客观。（4）避免使用意思不明确的语句。（5）避免使用双重含义的问题。（6）防止问卷题项回答结果不均衡。（7）问题顺序按照先易后难，先广义后具体的原则[273，274]。

二、研究问卷设计过程

（一）明确研究目的与测量内容

本书旨在从符号学视角出发，基于符号三元关系理论和符号互动理论等理论，调查游客的旅游地符号感知、旅游地信任感、人际互动和游客契合行为。具体而言，旅游地符号感知包括景观符号感知、品牌符号感知、制度符号感知、商业符号感知和情感符号感知。旅游地信任感包括景观信任、品牌信任、制度信任、商业信任和情感信任。游客契合行为包括交易行为和非交易行为，前者包括消费行为，后

者包括反馈行为、人际互动、施助行为、支持行为和忠诚行为等。人际互动，主要测量游客与旅游地居民、旅游从业人员、其他游客、旅游同伴的互动。除此之外，问卷还设置了人口统计变量，包括性别、年龄、婚姻状态、学历、职业和收入等。

（二）搜集与甄别变量测量量表

本书基于文献回顾和前一章的理论构建结果拟定变量。本书借鉴国内外测量相关变量的成熟量表（如 *Tourism Management*、*Tourism Management Perspectives*、*Journal of Business Research*、*Academy of Management Journal*、管理世界等刊物），所选量表题项在原文中有所体现。采用李克特 5 级量表对本书的变量进行测量。期刊来源如表 4.1 所示。

表 4.1　量表期刊来源一览

期刊名称	参考量表数量
Journal of Business Research	4
Tourism Management Perspectives	2
Tourism Management	1
Journal of Marketing	1
Journal of Market-Focused Management	1
Journal of Current Issues & Research in Advertising	1
Academy of Management Journal	1
管理世界	1
浙江大学学报（理学版）	1

资料来源：根据文献整理

（三）测量题项的翻译过程

本书从国际、国内权威期刊中遴选出相关量表，对国外研究中量表进行了严谨的翻译并对结果进行修改。首先，对英文题项进行英译汉。其次，邀请研究团队中的两名博士、一名硕士对已翻译成中文的量表进行汉译英，笔者将翻译的原版量表与两位博士研究生进行探讨，综合意见后确定最终版本。

（四）编制、修改问卷

邀请旅游管理专业的专家（1 位教授，4 位博士研究生，4 位硕士研究生）评判测量题项是否具有代表性，题项分配是否反映各个变量维度的比例，是否与概念定义相匹配。问卷的设置、语言表达是否清晰、合理。将问卷发给 10 名受访者，请求其填写问卷，并听取填写人对问卷说明、问题的措辞与设置的意见，考察并发现问卷中是否存在有歧义或令人误解的表述，是否存在具有难以理解的内容。根据评估结果，再次修改问卷，进而得到初始问卷。

（五）问卷构成

本书的问卷分为三个部分：第一部分是卷首语，阐述问卷的题目、填写目的、调研对象、研究人员、填写说明以及感谢。第二部分是研究量表，包含旅游地符号感知、旅游地信任感、游客契合行为和人际互动等变量测量题项。第三部分是调研对象的基本信息，包含性别、年龄、婚姻状况、学历、职业、收入和旅游次数等内容。研究量表采用李克特 5 级量表进行衡量：1 表示完全不同意、2 表示比较不同意、3 表示一般、4 表示比较同意、5 表示完全同意。

三、量表与题项设计

（一）旅游地符号感知的量表

1. 景观符号感知

旅游感知是指人们通过感官获取旅游对象和旅游环境信息的心理过程，是游客对旅游地事物相关的认识与评价[144, 145]。本书认为景观符号感知是指游客通过感觉器官获得旅游地景观符号形体信息的心理过程。本书参考了隋丽娜（2014）[275]、夏凌云（2016）[276] 等研究中有关景观感知的可测指标，根据质性分析结果编写景观符号感知变量的量表题项，测量题项如表 4.2 所示。

表 4.2　景观符号感知的测量量表

题项编码	测量题项
JGFHGZ1	1. 我看到该旅游地某个物质文化景观
JGFHGZ2	2. 我看到该旅游地某个非物质文化景观
JGFHGZ3	3. 我看到该旅游地某个独特的自然景观
JGFHGZ4	4. 我看到该旅游地拥有整洁的地方景观

资料来源：根据本书质性分析结果整理所得。

2. 品牌符号感知

本书认为品牌符号感知是指游客通过感觉器官获得旅游地品牌符号形体信息的

心理过程。林雅军等（2020）[277]借鉴了前人的研究结果测量了品牌符号感知，该量表具有较高的信效度。本书参考上述研究成果中的测量题项，结合质性分析的相关内容修改并编写品牌符号感知变量的量表题项，测量题项如表 4.3 所示。

表 4.3　品牌符号感知的测量量表

题项编码	测量题项
PPFHGZ1	1. 亲戚朋友向我介绍过该旅游地
PPFHGZ2	2. 我知道该旅游地的主打体验项目
PPFHGZ3	3. 我看到过该旅游地的宣传品
PPFHGZ4	4. 我看到该旅游地良好的网络评价

资料来源：根据林雅军等（2020）以及本书质性分析结果整理所得。

3. 制度符号感知

本书认为制度符号感知是指游客通过感觉器官获得旅游地制度符号形体信息的心理过程。本书参考根据质性分析的相关结果设计并编写制度符号感知变量的测量题项，如表 4.4 所示。

表 4.4　制度符号感知的测量量表

题项编码	测量题项
ZDFHGZ1	1. 我看到该旅游地的门票优惠广告
ZDFHGZ2	2. 我看到该旅游地的安保人员
ZDFHGZ3	3. 我看到该旅游地游客排队等待
ZDFHGZ4	4. 该旅游地工作人员向我提供帮助

资料来源：根据本书质性分析结果整理所得。

4. 商业符号感知

本书认为商业符号感知是指游客通过感觉器官获得旅游地商业符号形体信息的心理过程。本书参考陈晨等（2021）[141]对旅游地商业化的部分测量内容，并根据质性分析结果编写商业符号感知变量的量表题项，测量题项如表 4.5 所示。

表 4.5　商业符号感知的测量量表

题项编码	测量题项
SYFHGZ1	1. 该旅游地存在很多商铺
SYFHGZ2	2. 该旅游地商品明码标价
SYFHGZ3	3. 该旅游地提供了很多的体验项目
SYFHGZ4	4. 该旅游地门市票价和网上销售票价差别不大
SYFHGZ5	5. 该旅游地旅游服务人员业务技能娴熟

资料来源：根据陈晨等（2021）及本书质性分析结果整理所得。

5. 情感符号感知

本书认为情感符号感知是指游客通过感觉器官获得旅游地情感符号形体信息的心理过程。本书根据质性分析结果编写情感符号感知变量的量表题项，测量题项如表 4.6 所示。

表 4.6　情感符号感知的测量量表

题项编码	测量题项
QGFHGZ1	1. 该旅游地服务人员像家人一样对我
QGFHGZ2	2. 该旅游地某处景观令我眼前一亮
QGFHGZ3	3. 我感觉该旅游地人们的生活节奏很慢
QGFHGZ4	4. 在该旅游地我看到了期待已久的景观

资料来源：根据本书质性分析结果整理所得。

（二）游地信任感的量表

本书认为，游客对旅游地符号意指的确定性感知即为旅游地信任感。因此，本书用游客对旅游地的景观符号解释、品牌符号解释、制度符号解释、商业符号解释和情感符号解释分别测量景观信任、品牌信任、制度信任、商业信任和情感信任。具体如下：

1. 景观信任

本书认为景观信任是指游客对旅游地景观符号意指的确定性感知。根据 Liu 等（2019）[29]研究中有关旅游景区的测量题项，结合本书质性分析的相关内容对量表题项进行修改并编写以测量游客的景观信任，测量题项如表 4.7 所示。

表 4.7　景观信任的测量量表

题项编码	测量题项
JGXR1	1. 我确信该旅游地景观具有典型性
JGXR2	2. 我确信该旅游地景观具有吸引力
JGXR3	3. 我确信该旅游地景观品质良好
JGXR4	4. 我确信该旅游地景观具有游览价值

资料来源：根据 Liu 等（2019）以及本书质性分析结果整理所得。

2. 品牌信任

本书认为品牌信任是指游客对旅游地品牌符号意指的确定性感知。根据 Lau 等（1999）[278] 和 Chaudhuri（2001）[279] 研究中有关旅游地品牌的测量题项，结合本书质性分析的相关内容对量表题项进行修改并编写以测量游客的品牌信任，测量题项如表 4.8 所示。

表 4.8　品牌信任的测量量表

题项编码	测量题项
PPXR1	1. 我确信该旅游地品牌能够兑现其服务承诺
PPXR2	2. 我确信该旅游地品牌能够提供其所声称的服务
PPXR3	3. 我确信该旅游地品牌对游客真诚无欺
PPXR4	4. 我确信该旅游地品牌令我放心
PPXR5	5. 我确信该旅游地品牌质量可靠

资料来源：根据 Lau 等（1999）、Chaudhuri（2001）及本书质性分析结果整理所得。

3. 商业信任

本书认为商业信任是指游客对旅游地商业符号意指的确定性感知。根据 Liu 等（2019）[29] 研究中有关旅游地商业的测量题项，结合本书质性分析的相关内容对量表题项进行修改并编写以测量游客的商业信任，测量题项如表 4.9 所示。

表 4.9　商业信任的测量量表

题项编码	测量题项
SYXR1	1. 我确信该旅游地商业服务良好
SYXR2	2. 我确信该旅游地商业氛围良好

续表

题项编码	测量题项
SYXR3	3. 我确信该旅游地商业氛围浓厚
SYXR4	4. 我确信该旅游地商业信誉良好

资料来源：根据 Liu 等（2019）以及本书质性分析结果整理所得。

4. 制度信任

本书认为制度信任是指游客对旅游地制度符号意指的确定性感知。根据何可等（2015）[280] 研究中有关制度信任的测量题项，结合本书质性分析的相关内容对量表题项进行修改并编写以测量游客的制度信任，测量题项如表 4.10 所示。

表 4.10　制度信任的测量量表

题项编码	测量题项
ZDXR1	1. 我相信该旅游地的旅游政策是友好的
ZDXR2	2. 我相信该旅游地的安全保障是可靠的
ZDXR3	3. 我相信该旅游地的秩序管理是有效的
ZDXR4	4. 我相信该旅游地的公共服务是可靠的

资料来源：根据何可等（2015）以及本书质性分析结果整理所得。

5. 情感信任

本书认为情感信任是指游客对旅游地情感符号意指的确定性感知。根据 Mcallister（1995）[187] 研究中有关情感信任的测量题项，结合本书质性分析的相关内容对量表题项进行修改并编写以测量游客的情感信任，测量题项如表 4.11 所示。

表 4.11　情感信任的测量量表

题项编码	测量题项
QGXR1	1. 我确信该地能让我感到温暖
QGXR2	2. 我确信该旅游地能让我感到愉快
QGXR3	3. 我确信该地能让我感到放松
QGXR4	4. 我确信该地能让我感到新鲜

资料来源：根据 Mcallister（1995）以及本书质性分析结果整理所得。

（三）游客契合行为的量表

1. 消费行为

消费行为是指消费者需求心理、购买动机、消费意愿等心理与实际表现的统一，主要表现为购买行为[281]。旅游消费行为，一方面，是指游客为了满足旅游需求而购买旅游商品、服务的过程[282]。另一方面，是指游客在收集有关旅游产品、服务信息，从而进行决策、购买、评价以及处理旅游产品时的行为表现[283]。交易行为是游客在与旅游地关系中的直接贡献。本书中认为游客交易行为即为游客购买行为，并且用购买意愿来测量游客的购买行为。本书参考了 Spears 等（2004）[284]研究中有关购买倾向的量表题项，结合研究情境对量表题项进行修改以测量游客消费行为，测量题项如表 4.12 所示。

表 4.12　消费行为的测量量表

题项编码	测量题项
XFXW1	1. 我愿意在该旅游地多消费
XFXW2	2. 我愿意品尝该旅游地美食
XFXW3	3. 我愿意体验该旅游地娱乐项目
XFXW4	4. 我愿意购买该旅游地纪念品
XFXW5	5. 我愿意在该旅游地留宿
XFXW6	6. 我愿意前往该旅游地的其他景区
XFXW7	7. 我愿意在该旅游地多停留

资料来源：根据 Spears 等（2004）以及本书质性分析结果整理所得。

2. 反馈行为

反馈是指消费者从顾客视角向雇员提供信息，从长远来看有助于提高员工和公司服务的过程[285]。本书参考了 Yi 等（2013）[286]研究中有关反馈行为的量表题项，结合研究情境对量表题项进行修改以测量游客反馈行为，测量题项如表 4.13 所示。

表 4.13　反馈行为的测量量表

题项编码	测量题项
FKXW1	1. 当我遇到问题时，我愿意告诉现场的服务人员
FKXW2	2. 当我有改善旅游服务的想法时，我愿意告诉现场的管理者

续表

题项编码	测量题项
FKXW3	3. 我愿意在网络上评价该旅游地的服务
FKXW4	4. 如果有必要，我愿意向该旅游地相关部门反映意见

资料来源：根据 Yi 等（2013）以及本书质性分析结果整理所得。

3. 施助行为

施助行为是指给予他人以支持和帮助。在旅游研究中，游客施助行为是指在旅游过程中游客向其他旅游地其他游客提供支持和帮助的行为。本书参考了 Yi 等（2013）[286] 研究中有关施助行为的量表题项，结合研究情境对量表题项进行修改以测量游客的施助行为，测量题项如表 4.14 所示。

表 4.14　施助行为的测量量表

题项编码	测量题项
SZXW1	1. 如果其他游客需要我的帮助，我愿意帮助他们
SZXW2	2. 如果其他游客需要帮助，我愿意主动帮助他们
SZXW3	3. 我愿意向其他游客提供正确并真实的旅游信息
SZXW4	4. 我愿意给其他游客提供旅游建议

资料来源：根据 Yi 等（2013）以及本书质性分析结果整理所得。

4. 支持行为

支持行为是指一方为另一方提供支持的行为。在旅游研究中，游客支持行为是指游客为旅游地提供支持的行为。本书参考了 Yi 等（2013）[286] 研究中有关支持行为的量表题项，结合研究情境修改游客支持行为变量的量表题项，测量题项如表 4.15 所示。

表 4.15　支持行为的测量量表

题项编码	测量题项
ZCXW1	1. 我愿意完成所有需要游客完成的任务
ZCXW2	2. 我愿意充分实施所有需要游客遵守的行为
ZCXW3	3. 我愿意履行对旅游地的责任
ZCXW4	4. 我愿意遵从景区管理人员的指示或命令

资料来源：根据 Yi 等（2013）以及本书质性分析结果整理所得。

5. 忠诚行为

忠诚行为源于顾客忠诚，指顾客愿意在很长一段时间内购买他们喜欢的产品或服务，并愿意在不受外部环境变化和影响的情况下进行重复购买的意愿[287，288]。在旅游研究中，游客视旅游目的地及其服务作为旅游产品，忠诚的游客会不断出现重游、推荐和持续关注的意愿或行为[229，230]。本书参考了 Gallarza 等（2006）[289]研究中有关忠诚行为的量表题项，结合研究情境对量表题项进行修改以测量游客的忠诚行为，测量题项如表 4.16 所示。

表 4.16　忠诚行为的测量量表

题项编码	测量题项
ZCXW1	1. 我愿意向他人推荐旅游地
ZCXW2	2. 我愿意再去旅游地旅游
ZCXW3	3. 我愿意向他人宣传旅游地
ZCXW4	4. 我愿意持续关注旅游地

资料来源：根据 Gallarza 等（2006）以及本书质性分析结果整理所得。

（四）人际互动的量表

人际互动是指个体间以建立关系而进行人际关系方面的交流与沟通[290]。在旅游研究中，游客人际互动是指旅游过程中，游客与旅游地居民、游客、旅游服务人员和旅伴等人员的沟通与交流。本书参考了 Yi 等（2013）[286]研究中有关人际互动的量表题项，结合本书质性研究的相关内容对量表题项进行修改并编写以测量游客的人际互动，测量题项如表 4.17 所示。

表 4.17　人际互动的测量量表

题项编码	测量题项
RJHD1	1. 我会友好地对待他人
RJHD2	2. 我会主动地与他人互动
RJHD3	3. 我会与他人建立良好关系
RJHD4	4. 我没有对他人无礼

资料来源：根据 Yi 等（2013）以及本书质性分析结果整理所得。

（五）人口统计变量

通过文献回顾，旅游地信任感及其行为响应与游客自身特征相关[16]。因此，本文设置了出游方式、性别、年龄、婚姻状况、学历、职业、月平均收入和年出游次数 8 个人口统计变量，并将其作为控制变量。其中，对旅游经验测量一般分为主观和客观两种方法，即自我评判法和出游次数衡量[291]。自我评判法是指通过李克特量表法测量游客的主观旅游经验[292]。而出游次数衡量法是根据旅游者实际的出游次数，如国际旅游次数[293]，游客的年龄及其国内外旅游次数来划分旅游经验[294，295]。本书认为，出游次数衡量法能够客观反映游客的旅游经验。因此，根据 Hong 等（2016）[296] 和 Gao 等（2018）[297] 对旅游经验的测量方法，通过游客的出行频率测量旅游经验，将旅游频率划分为出游较少、一般和出游较多三种选项。旅游方式是指游客实施旅游活动的方式。本书根据文献梳理和质性分析结果将游客旅游方式分为个人出游、朋友结伴、家人结伴、同事结伴和情侣结伴五种类型。

第二节　预调研与问卷修正

一、问卷的发放与回收

为了检验量表的信度和效度，本书于 2021 年 7 月 1 日至 7 日进行小规模预调研。以自填式网络问卷为主。问卷发放过程中，以滚雪球方式通过微信、腾讯 QQ 等社交软件向受访者发送问卷的链接、二维码，邀请其填写，然后下载、分析问卷数据，评估初始问卷的质量，优化量表各维度结构的稳定性和有效性。在此基础上对题项进行修正与补充，为正式调研做准备。预调研的受访对象来自江苏、贵州、浙江、福建、北京、内蒙古、广东、重庆、上海、河南等省份，问卷来源覆盖国内东部、南部、西部、北部和中部地区。累计回收问卷 176 份，有效回收问卷 159 份，有效率达到 90.34%。

二、样本的描述性统计分析

预调研样本描述性统计分析，详情如表 4.18 所示。

表 4.18　预调研问卷样本描述性统计情况（N=159）

类别		频数	%	类别		频数	%
性别	男	60	37.7	职业	企业职员	34	21.4
	女	99	62.3		政府公务员	15	9.4
年龄	20 岁以下	27	17.0		教育及科研人员	21	13.2
	20~29 岁	60	37.7		军人	0	0
	30~39 岁	62	39.0		个体经营者	6	3.8
	40~49 岁	3	1.9		在校学生	39	24.5
	50 岁及以上	7	4.4		技术人员	8	5.0
学历	初中及以下	3	1.9		自由职业	17	10.7
	高中	18	11.3		其他	19	11.9
	专科	11	6.9	收入（元）	≤ 2500	38	23.9
	本科	98	61.6		2501~5000	43	27.0
	硕士及以上	29	18.2		5001~10000	58	36.5
旅游次数	出游较少	20	12.6		10001~20000	18	11.3
	一般	74	46.5		≥ 20001	2	1.3
	出游较多	65	40.9	出游方式	个人出游	23	14.5
婚姻	已婚	72	45.3		朋友结伴	50	31.4
	未婚	87	54.7		家人结伴	61	38.4
					同事结伴	16	10.1
					情侣结伴	9	5.7

（1）从性别方面来看，男生人数（n=60，37.7%）少于女性人数（n=99，62.3%）。

（2）年龄方面，30~39 岁（n=62，39.0%）的受访者人数最多，其次是 20~29 岁（n=60，37.7%），再次是 20 岁以下的受访者（n=27，17.0%），50 岁及以上（n=7，4.4%）人数较少，人数较少的是 40~49 岁（n=3，1.9%）。

（3）从婚姻状态来看，未婚人数（n=87，54.7%）多于已婚人数（n=72，

45.3%）。

（4）学历方面，本科（*n*=98，61.6%）的样本数最多，其次是硕士及硕士以上（*n*=29，18.2%），再次是高中（*n*=18，11.3%），专科（*n*=11，6.9%）的样本数量排第四位，初中及以下（*n*=3，1.9%）的样本量最少。

（5）职业方面，在校学生（*n*=39，24.5%）、企业职员（*n*=34，21.4%）的样本数较多，其次是教育及科研人员（*n*=21，13.2%）样本数，其他职业（*n*=19，11.9%）、自由职业（*n*=17，10.7%）和政府公务员（*n*=15，9.4%）的样本数较少，技术人员（*n*=8，5.0%）和个体经营者（*n*=6，3.8%）的样本数最少。

（6）收入方面，月薪在 5001~10000 元（*n*=58，36.5%）的样本最多，其次是 2501~5000 元（*n*=43，27.0%）的样本数，再次是小于等于 2500 元（*n*=38，23.9%）、月薪在 10001~20000 元（*n*=18，11.3%）的样本数较少，月薪在 20001 元及以上（*n*=2，1.3%）的样本数。

（7）从旅游次数来看，出游次数一般（*n*=74，46.5%）的样本量最多，其次是出游较多（*n*=65，40.9%）样本量，出游较少（*n*=20，12.6%）的样本量最少。

（8）从出游方式来看，家人结伴（*n*=61，38.4%）的样本量最多，朋友结伴（*n*=50，31.4%）的样本量次之，个人出游（*n*=23，14.5%）的样本量相对较少，同事结伴（*n*=16，10.1%）、情侣结伴（*n*=9，5.7%）的样本量最少。

三、量表内部一致性检验

量表内部一致性，即同一构念的多个测量指标的一致性程度。量表的一致性检验，即信度检验，主要通过 Cronbach's α 系数来进行检验，从而判断在同一个量表中填卷人对所有题项回答的一致性程度[298]。因此，本书使用 Cronbach's α 系数检验预调研问卷的可靠性、稳定性和内部一致性。本书根据以下标准剔除和修订变量的测量题项:（1）校正项统计相关系数（Corrected Item–total Correction，CITC）大于 0.3[299–301]。（2）内部一致性系数 Cronbach's α 介于 0.5 与 0.7 时为可信，介于 0.7~0.9 时较为可信[302]。本书使用 SPSS25.0 软件检验初始量表的内部一致性。

（一）旅游地符号感知相关量表内部一致性检验

研究检验了旅游地符号感知相关量表的内部一致性，量表包括了景观符号感知、品牌符号感知、制度符号感知、商业符号感知和情感符号感知，相关量表内部一致性分析结果如表 4.19 所示。具体而言，景观符号感知量表的 Cronbach's α 为 0.739，各题项的校正项统计相关系数均大于 0.3 标准，且各题项已删除的 Cronbach's α 值在 0.648~0.716，均小于量表的总体 Cronbach's α 值，表明该量表内部一致性较好。品牌符号感知量表的 Cronbach's α 为 0.732，各题项的校正项统计相关系数均大于 0.3 标准，且各题项已删除的 Cronbach's α 值在 0.642–0.721，均小于量表的总体 Cronbach's α 值，表明该量表内部一致性较好。制度符号感知量表的 Cronbach's α 为 0.737，各题项的校正项统计相关系数均大于 0.3 标准，且各题项已删除的 Cronbach's α 值在 0.608~0.721，均小于量表的总体 Cronbach's α 值，表明该量表内部一致性较好。商业符号感知量表的 Cronbach's α 为 0.772，各题项的校正项统计相关系数均大于 0.3 标准，且各题项已删除的 Cronbach's α 值在 0.709~0.751，均小于量表的总体 Cronbach's α 值，表明该量表内部一致性较好。情感符号感知量表的 Cronbach's α 为 0.699，各题项的校正项统计相关系数均大于 0.3 标准；QGFHGZ3 的项已删除的 Cronbach's α 值为 0.740，但其矫正的项总计相关性 CITC 值为 0.328，达到标准，遂不删除；其余题项已删除的 Cronbach's α 值在 0.563~0.657，均小于量表的总体 Cronbach's α 值，表明该量表内部一致性较好。

总体来说，旅游地符号感知相关变量，即景观符号感知、品牌符号感知、制度符号感知、商业符号感知和情感符号感知等变量测量量表内部一致性较好。

表 4.19 旅游地符号感知相关量表内部一致性分析

变量	题项	矫正的项总计相关性 CITC	项已删除的 Cronbach's α	维度 Cronbach's α
景观符号感知	JGFHGZ1	0.478	0.716	0.739
	JGFHGZ2	0.530	0.682	
	JGFHGZ3	0.592	0.648	
	JGFHGZ4	0.547	0.676	
品牌符号感知	PPFHGZ1	0.534	0.664	0.732
	PPFHGZ2	0.434	0.721	
	PPFHGZ3	0.551	0.655	
	PPFHGZ4	0.580	0.642	

续表

变量	题项	矫正的项总计相关性 CITC	项已删除的 Cronbach's α	维度 Cronbach's α
制度符号感知	ZDFHGZ1	0.457	0.721	0.737
	ZDFHGZ2	0.649	0.608	
	ZDFHGZ3	0.461	0.718	
	ZDFHGZ4	0.568	0.658	
商业符号感知	SYFHGZ1	0.482	0.751	0.772
	SYFHGZ2	0.562	0.724	
	SYFHGZ3	0.562	0.724	
	SYFHGZ4	0.506	0.744	
	SYFHGZ5	0.618	0.709	
情感符号感知	QGFHGZ1	0.448	0.657	0.699
	QGFHGZ2	0.604	0.563	
	QGFHGZ3	0.328	0.740	
	QGFHGZ4	0.593	0.569	

（二）旅游地信任感相关量表内部一致性检验

研究检验了旅游地符号解释，即旅游地信任感相关量表的内部一致性，量表包括了景观信任、商业信任、品牌信任、制度信任和情感信任等内容，相关量表内部一致性分析结果如表 4.20 所示。具体而言，景观信任量表的 Cronbach's α 为 0.858，各题项的校正项统计相关系数均大于 0.3 标准，且各题项已删除的 Cronbach's α 值在 0.806~0.841，均小于量表的总体 Cronbach's α 值，表明该量表内部一致性较好。商业信任量表的 Cronbach's α 为 0.849，各题项的校正项统计相关系数均大于 0.3 标准，且各题项已删除的 Cronbach's α 值在 0.768~0.836，均小于量表的总体 Cronbach's α 值，表明该量表内部一致性较好。品牌信任量表的 Cronbach's α 为 0.905，各题项的校正项统计相关系数均大于 0.3 标准，且各题项已删除的 Cronbach's α 值在 0.872~0.895，均小于量表的总体 Cronbach's α 值，表明该量表内部一致性较好。制度信任量表的 Cronbach's α 为 0.897，各题项的校正项统计相关系数均大于 0.3 标准，且各题项已删除的 Cronbach's α 值在 0.856~0.886，均小于量表的总体 Cronbach's α 值，表明该量表内部一致性较好。情感信任量表的 Cronbach's α 为 0.882，各题项的校正项统计相关系数均大于 0.3 标准，且各题项已删除的 Cronbach's α 值在 0.818~0.885，均小于量表的总体 Cronbach's α 值，表明该量表内部一致性较好。

总体来说，旅游地符号解释，即旅游地信任感相关量表，包括景观信任、商业信任、品牌信任、制度信任和情感信任等变量测量量表内部一致性较好。

表 4.20　旅游地信任感相关量表的内部一致性分析

变量	题项	矫正的项总计相关性 CITC	项已删除的 Cronbach's α	维度 Cronbach's α
景观信任	JGXR1	0.649	0.841	0.858
	JGXR2	0.700	0.820	
	JGXR3	0.731	0.808	
	JGXR4	0.733	0.806	
商业信任	SYXR1	0.631	0.833	0.849
	SYXR2	0.781	0.768	
	SYXR3	0.627	0.836	
	SYXR4	0.722	0.795	
品牌信任	PPXR1	0.709	0.895	0.905
	PPXR2	0.745	0.887	
	PPXR3	0.775	0.881	
	PPXR4	0.820	0.872	
	PPXR5	0.765	0.883	
制度信任	ZDXR1	0.766	0.870	0.897
	ZDXR2	0.796	0.858	
	ZDXR3	0.724	0.886	
	ZDXR4	0.803	0.856	
情感信任	QGXR1	0.656	0.885	0.882
	QGXR2	0.831	0.818	
	QGXR3	0.776	0.837	
	QGXR4	0.730	0.855	

（三）游客契合行为相关量表内部一致性检验

研究检验了游客契合行为相关量表的内部一致性，量表包括了消费行为、反馈行为、施助行为、支持行为和忠诚行为，相关量表内部一致性分析结果如表 4.21 所示。具体而言，消费行为量表的 Cronbach's α 为 0.850，各题项的校正项统计相关系数均大于 0.3 标准，且各题项已删除的 Cronbach's α 值在 0.819~0.840，均小于量表的总体 Cronbach's α 值，表明该量表内部一致性较好。反馈行为量表的 Cronbach's α 为 0.841，各题项的校正项统计相关系数均大于 0.3 标准，且各题项已删除的 Cronbach's α 值在 0.784~0.830，均小于量表的总体 Cronbach's α 值，表明该量表内部一致性较好。施助行为量表的 Cronbach's α 为 0.878，各题项的校正项统计相关系数均大于 0.3 标准，且各题项已删除的 Cronbach's α 值在 0.825~0.863，均小于量表的总体 Cronbach's α 值，表明该量表内部一致性较好。支持行为量表的 Cronbach's α 为 0.846，各题项的校正项统计相关系数均大于 0.3 标准，ZCXW1 的项已删除的 Cronbach's α 值为 0.852，但其矫正的项总计相关性 CITC 值为 0.594，达到标准，遂不删除；其余各题项已删除的 Cronbach's α 值在 0.779~0.802，均小于量表的总体 Cronbach's α 值，表明该量表内部一致性较好。忠诚行为量表的 Cronbach's α 为 0.921，各题项的校正项统计相关系数均大于 0.3 标准，且各题项已删除的 Cronbach's α 值在 0.887~0.912，均小于量表的总体 Cronbach's α 值，表明该量表内部一致性较好。

总体来说，游客契合行为相关变量，包括消费行为、反馈行为、施助行为、支持行为和忠诚行为等变量测量量表内部一致性较好。

表 4.21　游客契合行为相关量表的内部一致性分析

变量	题项	矫正的项总计相关性 CITC	项已删除的 Cronbach's α	维度 Cronbach's α
消费行为	XFXW1	0.552	0.837	0.850
	XFXW2	0.555	0.837	
	XFXW3	0.681	0.820	
	XFXW4	0.557	0.840	
	XFXW5	0.610	0.829	
	XFXW6	0.675	0.821	
	XFXW7	0.675	0.819	

续表

变量	题项	矫正的项总计相关性 CITC	项已删除的 Cronbach's α	维度 Cronbach's α
反馈行为	FKXW1	0.602	0.830	0.841
	FKXW2	0.703	0.787	
	FKXW3	0.693	0.791	
	FKXW4	0.709	0.784	
施助行为	SZXW1	0.740	0.843	0.878
	SZXW2	0.737	0.844	
	SZXW3	0.784	0.825	
	SZXW4	0.690	0.863	
支持行为	ZCXW1	0.594	0.852	0.846
	ZCXW2	0.747	0.779	
	ZCXW3	0.725	0.788	
	ZCXW4	0.690	0.802	
忠诚行为	ZCXW1	0.777	0.912	0.921
	ZCXW2	0.830	0.894	
	ZCXW3	0.851	0.887	
	ZCXW4	0.826	0.898	

（四）人际互动量表内部一致性检验

本书检验了人际互动量表的内部一致性，一致性分析结果如表 4.22 所示。具体而言，人际互动量表的 Cronbach's α 为 0.852，各题项的校正项统计相关系数均大于 0.3 标准，各题项已删除的 Cronbach's α 值在 0.761~0.834，均小于量表的总体 Cronbach's α 值，表明该量表内部一致性较好。

表 4.22　人际互动量表的内部一致性分析

变量	题项	矫正的项总计相关性 CITC	项已删除的 Cronbach's α	维度 Cronbach's α
人际互动	RJHD1	0.677	0.818	0.852
	RJHD2	0.817	0.761	

续表

变量	题项	矫正的项总计相关性 CITC	项已删除的 Cronbach's α	维度 Cronbach's α
人际互动	RJHD3	0.652	0.832	0.852
	RJHD4	0.638	0.834	

四、量表的探索性因子分析

本书涉及多个变量，为合理解释问题，通过降维方法挖掘出指标的潜在主成分或结构，减少问卷或量表的题项，使之成为几组具有高度联系性的变量。因子分析（Factor Analysis）方法或者探索性因子分析（Exploratory Factor Analysis，EFA），是通过研究众多变量之间的内部依赖关系，探求观测数据中基本结构的多元统计分析方法[303，304]。也就是说，该方法是为了确定量表维度、检验量表结构效度，一般采用主成分分析法的方式进行分析。探索性因子分析之前，要先通过取样充分性的 kaiser–meye–olkin（KMO）检验和 Bartlett 球形度检验来确定测量数据是否适宜做因子分析，检验标准如表 4.23 所示。

表 4.23　Bartlett 球形度检验和 KMO 检验标准

Bartlett 的球形度检验	KMO 检验				
Sig ≤ 0.01	＞ 0.9	0.8~0.9	0.7~0.8	0.6~0.7	＜ 0.6
	非常适合	很适合	较适合	勉强适合	不太适合

（一）旅游地符号感知相关变量的探索性因子分析

1. 景观符号感知

本书将对景观符号感知量表进行探索性因子分析，结果如表 4.24 所示。首先，KMO 检验值为 0.759（大于 0.7），Bartlett's 球形度检验值在小于 0.001 的水平上显著，说明景观符号感知量表适合进行探索性因子分析。然后，基于特征根植大于 1，采用最大方差法进行因子旋转。旋转后的成分矩阵结果显示，各公因子维度下旋转后的因子载荷值均大于 0.5，且无交叉负载大于 0.5 的题项，表明景观符号感知量表具有较好的建构模型。

表 4.24　景观符号感知变量的探索性因子分析

KMO 值：0.759 Bartlett 的球形度检验：近似卡方 =134.496；Df=6；Sig ＜ 0.001			
维度	题项	公因子方差	因子载荷
景观符号感知	JGFHGZ1	0.486	0.697
	JGFHGZ2	0.561	0.749
	JGFHGZ3	0.639	0.799
	JGFHGZ4	0.588	0.767
特征根值			2.272
累计解释的总方差			56.811

2. 品牌符号感知

本书将对品牌符号感知量表进行探索性因子分析，结果如表 4.25 所示。首先，KMO 检验值为 0.748（大于 0.7），Bartlett's 球形度检验值在小于 0.001 的水平上显著，说明品牌符号感知量表适合进行探索性因子分析。其次，基于特征根植大于 1，采用最大方差法进行因子旋转。旋转后的成分矩阵结果显示，各公因子维度下旋转后的因子载荷值均大于 0.5，且无交叉负载大于 0.5 的题项，表明品牌符号感知量表具有较好的建构模型。

表 4.25　品牌符号感知变量的探索性因子分析

KMO 值：0.748 **Bartlett 的球形度检验：近似卡方 =128.991；Df=6；Sig ＜ 0.001**			
维度	**题项**	**公因子方差**	**因子载荷**
品牌符号感知	PPFHGZ1	0.569	0.754
	PPFHGZ2	0.432	0.657
	PPFHGZ3	0.602	0.776
	PPFHGZ4	0.629	0.793
特征根值			2.231
累计解释的总方差			55.780

3. 制度符号感知

本书将对制度符号感知量表进行探索性因子分析，结果如表 4.26 所示。首先，

KMO 检验值为 0.743（大于 0.7），Bartlett's 球形度检验值在小于 0.001 的水平上显著，说明制度符号感知量表适合进行探索性因子分析。其次，基于特征根植大于 1，采用最大方差法进行因子旋转。旋转后的成分矩阵结果显示，各公因子维度下旋转后的因子载荷值均大于 0.5，且无交叉负载大于 0.5 的题项，表明制度符号感知量表具有较好的建构模型。

表 4.26　制度符号感知变量的探索性因子分析

KMO 值：0.743 Bartlett 的球形度检验：近似卡方 =141.669；Df=6；Sig ＜ 0.001			
维度	题项	公因子方差	因子载荷
制度符号感知	ZDFHGZ1	0.468	0.684
	ZDFHGZ2	0.708	0.841
	ZDFHGZ3	0.474	0.689
	ZDFHGZ4	0.619	0.787
特征根值			2.269
累计解释的总方差			56.724

4. 商业符号感知

本书将对商业符号感知量表进行探索性因子分析，结果如表 4.27 所示。首先，KMO 检验值为 0.749（大于 0.7），Bartlett's 球形度检验值在小于 0.001 的水平上显著，说明商业符号感知量表适合进行探索性因子分析。其次，基于特征根植大于 1，采用最大方差法进行因子旋转。旋转后的成分矩阵结果显示，各公因子维度下旋转后的因子载荷值均大于 0.5，且无交叉负载大于 0.5 的题项，表明商业符号感知量表具有较好的建构模型。

表 4.27　商业符号感知变量的探索性因子分析

KMO 值：0.749 Bartlett 的球形度检验：近似卡方 =212.299；Df=10；Sig ＜ 0.001			
维度	题项	公因子方差	因子载荷
商业符号感知	SYFHGZ1	0.437	0.661
	SYFHGZ2	0.550	0.742
	SYFHGZ3	0.554	0.744

续表

KMO 值：0.749 Bartlett 的球形度检验：近似卡方 =212.299；Df=10；Sig ＜ 0.001			
维度	**题项**	**公因子方差**	**因子载荷**
商业符号感知	SYFHGZ4	0.481	0.694
	SYFHGZ5	0.615	0.784
特征根值			2.637
累计解释的总方差			52.739

5. 情感符号感知

本书将对情感符号感知量表进行探索性因子分析，结果如表 4.28 所示。首先，KMO 检验值为 0.676（大于 0.6），Bartlett’s 球形度检验值在小于 0.001 的水平上显著，说明情感符号感知量表适合进行探索性因子分析。其次，基于特征根植大于 1，采用最大方差法进行因子旋转。旋转后的成分矩阵结果显示，各公因子维度下旋转后的因子载荷值均大于 0.5，且无交叉负载大于 0.5 的题项，表明情感符号感知量表具有较好的建构模型。

表 4.28　情感符号感知变量的探索性因子分析

KMO 值：0.676 Bartlett 的球形度检验：近似卡方 =143.029；Df=6；Sig ＜ 0.001			
维度	**题项**	**公因子方差**	**因子载荷**
情感符号感知	QGFHGZ1	0.481	0.694
	QGFHGZ2	0.698	0.836
	QGFHGZ3	0.293	0.541
	QGFHGZ4	0.703	0.838
特征根值			2.175
累计解释的总方差			54.381

（二）旅游地信任感相关变量的探索性因子分析

1. 景观信任

本书将对景观信任量表进行探索性因子分析，结果如表 4.29 所示。首先，KMO 检验值为 0.795（大于 0.7），Bartlett’s 球形度检验值在小于 0.001 的水平上显著，说明景观信任量表适合进行探索性因子分析。其次，基于特征根植大于 1，采用最大方差法进行因子旋转。旋转后的成分矩阵结果显示，各公因子维度下旋转后的因子载荷值均大于 0.5，且无交叉负载大于 0.5 的题项，表明景观信任量表具有较好的建构模型。

表 4.29　景观信任相关变量的探索性因子分析

KMO 值：0.795 Bartlett 的球形度检验：近似卡方 =289.067；Df=6；Sig ＜ 0.001			
维度	题项	公因子方差	因子载荷
景观信任	JGXR1	0.634	0.796
	JGXR2	0.697	0.835
	JGXR3	0.738	0.859
	JGXR4	0.743	0.862
特征根值			2.812
累计解释的总方差			70.289

2. 商业信任

本书将对商业信任量表进行探索性因子分析，结果如表 4.30 所示。首先，KMO 检验值为 0.746（大于 0.7），Bartlett's 球形度检验值在小于 0.001 的水平上显著，说明商业信任量表适合进行探索性因子分析。其次，基于特征根植大于 1，采用最大方差法进行因子旋转。旋转后的成分矩阵结果显示，各公因子维度下旋转后的因子载荷值均大于 0.5，且无交叉负载大于 0.5 的题项，表明商业信任量表具有较好的建构模型。

表 4.30　商业信任相关变量的探索性因子分析

KMO 值：0.746 Bartlett 的球形度检验：近似卡方 =291.888；Df=6；Sig ＜ 0.001			
维度	题项	公因子方差	因子载荷
商业信任	SYXR1	0.630	0.794
	SYXR2	0.789	0.888
	SYXR3	0.621	0.788
	SYXR4	0.727	0.853
特征根值			2.768
累计解释的总方差			69.205

3. 品牌信任

本书将对品牌信任量表进行探索性因子分析，结果如表 4.31 所示。首先，KMO 检验值为 0.835（大于 0.8），Bartlett's 球形度检验值在小于 0.001 的水平上显著，说明品牌信任量表适合进行探索性因子分析。其次，基于特征根植大于 1，采用最大方差法进行因子旋转。旋转后的成分矩阵结果显示，各公因子维度下旋转后的因子载荷值均大于 0.5，且无交叉负载大于 0.5 的题项，表明品牌信任量表具有较好的建构模型。

表 4.31　品牌信任相关变量的探索性因子分析

KMO 值：0.835 Bartlett 的球形度检验：近似卡方 =529.220；Df=10；Sig ＜ 0.001			
维度	**题项**	**公因子方差**	**因子载荷**
品牌信任	PPXR1	0.658	0.811
	PPXR2	0.697	0.835
	PPXR3	0.745	0.863
	PPXR4	0.798	0.893
	PPXR5	0.735	0.857
特征根值			3.634
累计解释的总方差			72.674

4. 制度信任

本书将对制度信任量表进行探索性因子分析，结果如表 4.32 所示。首先，KMO 检验值为 0.802（大于 0.8），Bartlett's 球形度检验值在小于 0.001 的水平上显著，说明制度信任量表适合进行探索性因子分析。其次，基于特征根植大于 1，采用最大方差法进行因子旋转。旋转后的成分矩阵结果显示，各公因子维度下旋转后的因子载荷值均大于 0.5，且无交叉负载大于 0.5 的题项，表明制度信任量表具有较好的建构模型。

表 4.32 制度信任相关变量的探索性因子分析

KMO 值：0.802 Bartlett 的球形度检验：近似卡方 =393.674；Df=6；Sig ＜ 0.001			
维度	**题项**	**公因子方差**	**因子载荷**
制度信任	ZDXR1	0.759	0.871
	ZDXR2	0.797	0.893
	ZDXR3	0.709	0.842
	ZDXR4	0.798	0.893
特征根值			3.064
累计解释的总方差			76.593

5. 情感信任

本书将对情感信任量表进行探索性因子分析，结果如表 4.33 所示。首先，KMO 检验值为 0.817（大于 0.8），Bartlett's 球形度检验值在小于 0.001 的水平上显著，说明情感信任量表适合进行探索性因子分析。其次，基于特征根植大于 1，采用最大方差法进行因子旋转。旋转后的成分矩阵结果显示，各公因子维度下旋转后的因子载荷值均大于 0.5，且无交叉负载大于 0.5 的题项，表明情感信任量表具有较好的建构模型。

表 4.33 情感信任相关变量的探索性因子分析

KMO 值：0.817 Bartlett 的球形度检验：近似卡方 =364.820；Df=6；Sig ＜ 0.001			
维度	**题项**	**公因子方差**	**因子载荷**
情感信任	QGXR1	0.633	0.796
	QGXR2	0.839	0.916
	QGXR3	0.784	0.886
	QGXR4	0.725	0.852
特征根值			2.982
累计解释的总方差			74.546

（三）游客契合行为相关变量的探索性因子分析

1. 消费行为

本书将对消费行为量表进行探索性因子分析，结果如表 4.34 所示。首先，KMO 检验值为 0.881（大于 0.8），Bartlett's 球形度检验值在小于 0.001 的水平上显著，说明消费行为量表适合进行探索性因子分析。其次，基于特征根植大于 1，采用最大方差法进行因子旋转。旋转后的成分矩阵结果显示，各公因子维度下旋转后的因子载荷值均大于 0.5，且无交叉负载大于 0.5 的题项，表明消费行为量表具有较好的建构模型。

表 4.34　消费行为变量的探索性因子分析

KMO 值：0.881 Bartlett 的球形度检验：近似卡方 =398.629；Df=21；Sig ＜ 0.001			
维度	题项	公因子方差	因子载荷
消费行为	XFXW1	0.449	0.670
	XFXW2	0.471	0.686
	XFXW3	0.620	0.788
	XFXW4	0.454	0.674
	XFXW5	0.523	0.723
	XFXW6	0.617	0.786
	XFXW7	0.614	0.784
特征根值			3.748
累计解释的总方差			53.549

2. 反馈行为

本书将对反馈行为量表进行探索性因子分析，结果如表 4.35 所示。首先，KMO 检验值为 0.804（大于 0.8），Bartlett's 球形度检验值在小于 0.001 的水平上显著，说明反馈行为量表适合进行探索性因子分析。其次，基于特征根植大于 1，采用最大方差法进行因子旋转。旋转后的成分矩阵结果显示，各公因子维度下旋转后的因子载荷值均大于 0.5，且无交叉负载大于 0.5 的题项，表明反馈行为量表具有较好的建构模型。

表 4.35　反馈行为变量的探索性因子分析

KMO 值：0.804 Bartlett 的球形度检验：近似卡方 =248.857；Df=6；Sig ＜ 0.001			
维度	题项	公因子方差	因子载荷
反馈行为	FKXW1	0.588	0.767
	FKXW2	0.710	0.843
	FKXW3	0.697	0.835
	FKXW4	0.717	0.847
特征根值			2.711
累计解释的总方差			67.784

3. 施助行为

本书将对施助行为量表进行探索性因子分析，结果如表 4.36 所示。首先，KMO 检验值为 0.807（大于 0.8），Bartlett's 球形度检验值在小于 0.001 的水平上显著，说明施助行为量表适合进行探索性因子分析。其次，基于特征根植大于 1，采用最大方差法进行因子旋转。旋转后的成分矩阵结果显示，各公因子维度下旋转后的因子载荷值均大于 0.5，且无交叉负载大于 0.5 的题项，表明施助行为量表具有较好的建构模型。

表 4.36　施助行为变量的探索性因子分析

KMO 值：0.807 Bartlett 的球形度检验：近似卡方 =331.612；Df=6；Sig ＜ 0.001			
维度	题项	公因子方差	因子载荷
施助行为	SZXW1	0.739	0.860
	SZXW2	0.734	0.857
	SZXW3	0.784	0.885
	SZXW4	0.676	0.822
特征根值			2.934
累计解释的总方差			73.341

4. 支持行为

本书将对支持行为量表进行探索性因子分析，结果如表4.37所示。首先，KMO检验值为0.812（大于0.8），Bartlett's球形度检验值在小于0.001的水平上显著，说明支持行为量表适合进行探索性因子分析。其次，基于特征根植大于1，采用最大方差法进行因子旋转。旋转后的成分矩阵结果显示，各公因子维度下旋转后的因子载荷值均大于0.5，且无交叉负载大于0.5的题项，表明支持行为量表具有较好的建构模型。

表4.37 支持行为变量的探索性因子分析

KMO值：0.812 Bartlett的球形度检验：近似卡方=275.139；Df=6；Sig ＜ 0.001			
维度	题项	公因子方差	因子载荷
支持行为	ZCXW1	0.572	0.756
	ZCXW2	0.764	0.874
	ZCXW3	0.743	0.862
	ZCXW4	0.698	0.835
特征根值			2.776
累计解释的总方差			69.411

5. 忠诚行为

本书将对忠诚行为量表进行探索性因子分析，结果如表4.38所示。首先，KMO检验值为0.841（大于0.8），Bartlett's球形度检验值在小于0.001的水平上显著，说明忠诚行为量表适合进行探索性因子分析。其次，基于特征根植大于1，采用最大方差法进行因子旋转。旋转后的成分矩阵结果显示，各公因子维度下旋转后的因子载荷值均大于0.5，且无交叉负载大于0.5的题项，表明忠诚行为量表具有较好的建构模型。

表 4.38　忠诚行为变量的探索性因子分析

KMO 值：0.841 Bartlett 的球形度检验：近似卡方 =477.284；Df=6；Sig ＜ 0.001			
维度	题项	公因子方差	因子载荷
忠诚行为	ZCXW1	0.761	0.872
	ZCXW2	0.820	0.906
	ZCXW3	0.847	0.920
	ZCXW4	0.818	0.905
特征根值			3.247
累计解释的总方差			81.174

（四）人际互动变量的探索性因子分析

本书将对人际互动量表进行探索性因子分析，结果如表 4.39 所示。首先，KMO 检验值为 0.757（大于 0.7），Bartlett's 球形度检验值在小于 0.001 的水平上显著，说明人际互动量表适合进行探索性因子分析。其次，基于特征根植大于 1，采用最大方差法进行因子旋转。旋转后的成分矩阵结果显示，各公因子维度下旋转后的因子载荷值均大于 0.5，且无交叉负载大于 0.5 的题项，表明人际互动量表具有较好的建构模型。

表 4.39　人际互动变量的探索性因子分析

KMO 值：0.757 Bartlett 的球形度检验：近似卡方 =301.483；Df=6；Sig ＜ 0.001			
维度	题项	公因子方差	因子载荷
人际互动	RJHD1	0.683	0.826
	RJHD2	0.827	0.909
	RJHD3	0.653	0.808
	RJHD4	0.628	0.793
特征根值			2.791
累计解释的总方差			69.775

五、测量量表形成

通过预调研的数据分析，结果表示研究问卷具备较好的内部一致性和结构效度。研究对各变量量表的矫正的项总计相关性 CITC、项已删除的 Cronbach's α 和量表维度总体 Cronbach's α 进行分析，各变量各项指标达到研究拟定的标准。此外，研究对各变量进行探索性因子分析，结果显示各变量的 KMO 值、Bartlett 的球形度检验和因子载荷等指标的值均达到拟定标准。由此可知，各变量具有良好的结构效度。综上所述，本书根据预调研的数据分析结果确定了最终量表测量题项并形成正式问卷。

第三节　正式调研与数据收集

一、正式调研问卷的发放

对问卷进行预调研之后，本书于 2021 年 7 月 10 日至 22 日进行正式调研。此次调研采取线上调研的方式，实现调研无纸化、无接触（问卷见附录 B）。调研对象包括一切具有旅游经历的游客，主要采用网络问卷形式进行发放，此方法的好处有：（1）避免研究人员与调查对象的面对面接触，降低疾病传染风险。（2）降低问卷收集成本，被调查者可通过点击链接、扫描二维码，使用移动客户端、电脑端填写调查问卷。（3）回收率较高，受访者可选择适合自己的时间和地点进行填写。（4）保护被调查者的隐私，受访者在问卷的填写过程中不受他人影响，可根据自己的意愿进行客观、真实地回答。问卷的发放形式主要为非随机抽样，包括便利抽样和滚雪球抽样。

二、正式调研问卷的回收

本书以具有旅游经历的游客为调查对象，通过手机社交软件，如微信、QQ 等发放问卷，每个 IP 地址仅能填写并提交一次，共计发放线上问卷 547 份，数据来源包括四川、广东、浙江、江西、山西、北京、江苏、贵州、黑龙江、内蒙古、新疆等30个省、市、自治区。清洗数据时遵循以下原则：（1）所有问题均选择相同选项；（2）问卷题项选择呈现出明显规律性；（3）问卷的填写内容前后矛盾；（4）恶意填写的无效问卷。最终，得到有效问卷共计529份，有效率达到96.71%。

第四节　正式调研的研究数据检验

一、样本的描述性统计分析

正式调研样本的人口属性，包括了性别、年龄、婚姻、职业、学历、收入和旅游次数、出游方式等内容（见表4.40）。从性别来看，女性的样本数（n=293，55.4%）多于男性（n=236，44.6%）。已婚的样本量（n=256，48.4%）少于未婚的样本量（n=273，51.6%）。从年龄来看，样本量主要以20~29岁（n=276，52.2%）、30~39岁（n=135，25.5%）的青年人为主，其次是40~49岁（n=70，13.2%）、50岁及以上（n=26，4.9%），20岁以下的样本数较少（n=22，4.2%）。从职业来看，样本较多的是企业职员（n=135，25.5%）、在校学生（n=101，19.1%）、其次是教育及科研人员（n=85，16.1%），政府公务人员（n=52，9.8%），而自由职业（n=50，9.5%）、技术人员（n=33，6.2%）和其他职业人数（n=37，7.0%）较少，军人人数最少（n=5，0.9%）。从学历方面来看，本科样本数最多（n=335，63.3%），其次是专科（n=86，16.3%），再次是硕士及以上（n=67，12.7%），高中（n=35，6.6%）和初中及以下（n=6，1.1%）的样本数较少。从收入来看，平均月薪5001~10000元（n=221，41.8%）的人数最多，其次是2501~5000元的样本（n=143，27.0%），再次是平均月薪小于等于2500元（n=102，19.3%），10001~20000元的样本数较少（n=57，10.8%），月薪大于等于20001元的样本数最少（n=6，1.1%）。从出游次数来看，出游次数一般的样本数最多（n=264，49.9%），其次是出游次数较少的样本数（n=151，28.5%），再次是出游较多的样本数（n=114，21.6%）。调研样本基本涵盖了我国大部分的游客类型。

表 4.40　正式调研问卷样本描述性统计情况（N=529）

<table>
<tr><th colspan="2">类别</th><th>频数</th><th>%</th><th colspan="2">类别</th><th>频数</th><th>%</th></tr>
<tr><td rowspan="2">性别</td><td>男</td><td>236</td><td>44.6</td><td rowspan="9">职业</td><td>企业职员</td><td>135</td><td>25.5</td></tr>
<tr><td>女</td><td>293</td><td>55.4</td><td>政府公务员</td><td>52</td><td>9.8</td></tr>
<tr><td rowspan="5">年龄</td><td>20 岁以下</td><td>22</td><td>4.2</td><td>教育及科研人员</td><td>85</td><td>16.1</td></tr>
<tr><td>20~29 岁</td><td>276</td><td>52.2</td><td>军人</td><td>5</td><td>0.9</td></tr>
<tr><td>30~39 岁</td><td>135</td><td>25.5</td><td>个体经营者</td><td>31</td><td>5.9</td></tr>
<tr><td>40~49 岁</td><td>70</td><td>13.2</td><td>在校学生</td><td>101</td><td>19.1</td></tr>
<tr><td>50 岁及以上</td><td>26</td><td>4.9</td><td>技术人员</td><td>33</td><td>6.2</td></tr>
<tr><td rowspan="5">学历</td><td>初中及以下</td><td>6</td><td>1.1</td><td>自由职业</td><td>50</td><td>9.5</td></tr>
<tr><td>高中</td><td>35</td><td>6.6</td><td>其他</td><td>37</td><td>7.0</td></tr>
<tr><td>专科</td><td>86</td><td>16.3</td><td rowspan="5">收入（元）</td><td>≤ 2500</td><td>102</td><td>19.3</td></tr>
<tr><td>本科</td><td>335</td><td>63.3</td><td>2501~5000</td><td>143</td><td>27.0</td></tr>
<tr><td>硕士及以上</td><td>67</td><td>12.7</td><td>5001~10000</td><td>221</td><td>41.8</td></tr>
<tr><td rowspan="3">旅游次数</td><td>出游较少</td><td>151</td><td>28.5</td><td>10001~20000</td><td>57</td><td>10.8</td></tr>
<tr><td>一般</td><td>264</td><td>49.9</td><td>≥ 20001</td><td>6</td><td>1.1</td></tr>
<tr><td>出游较多</td><td>114</td><td>21.6</td><td rowspan="5">出游方式</td><td>个人出游</td><td>47</td><td>8.9</td></tr>
<tr><td rowspan="2">婚姻</td><td>已婚</td><td>256</td><td>48.4</td><td>朋友结伴</td><td>193</td><td>36.5</td></tr>
<tr><td>未婚</td><td>273</td><td>51.6</td><td>家人结伴</td><td>156</td><td>29.5</td></tr>
<tr><td></td><td></td><td></td><td></td><td>同事结伴</td><td>89</td><td>16.8</td></tr>
<tr><td></td><td></td><td></td><td></td><td>情侣结伴</td><td>44</td><td>8.3</td></tr>
</table>

二、共同方法偏差检验

共同方法偏差（Common Method Variance，CMV）是指由于采用相同的数据来源或评分者、相同的测量环境或项目语境，以及问卷题项本身特征所造成的预测变量与效标变量之间人为的共变[305]。本书发放的问卷都是由同一个被调查主体填写，有可能受到共同方法偏差影响，因此有必要检验正式调研问卷数据是否存在同源偏差。

为了保证被调查者能够根据自身的旅游经验如实回答问卷信息，本书在调研问卷的开头向填写者说明调研目的仅作学术研究，填写方式为匿名的形式，保护个人隐私，问卷选项无所谓对错，以此减少填写压力[306]。研究认为，单个因子的特征值方差不应超过 50% 的界定[307，308]。本书根据 Harman 的检验步骤[309]，将所有主变量的测量题项纳入因子分析，运用 SPSS25.0 软件进行探索性因子分析，结果分析出的第一个主成分因子所解释的总方差的变异量为 30.51%，不超过 50% 的判定标准，且未出现单个因子的解释超过 50% 的方差。由此可以说明，样本数据的同源方法偏差对本书的影响程度较小。

第五节　验证性因子分析

验证性因子分析（confirmatory factor analysis，CFA）是一种研究方法，其目的包括：其一，以探索性因子分析为基础，进一步通过结构方程模型软件以确认量表各层面及题项是否如预测或者理论假设所预期，即检验量表的信度和效度。其二，探究量表的因子结构是否能够与样本数据适配，即检测量表的适配度[308，309]。本书对调查问卷数据的验证性因子分析包括以下内容：量表信度、效度和量表构念内部的收敛、区别，模型适配度等内容。

本书采用 SmartPLS3.0 结构方程模型软件检验研究模型，该软件是基于偏最小二乘法的测试结构化模型的多变量分析技术，其优势如下：（1）对样本数量及其分布无严格限制[310，311]</style></DisplayText><record><rec-number>2281</rec-number><foreign-keys><key app=” EN” db-id=” drvwtza2mwdrdqet0p95etetew022fvzssza” timestamp=” 1627866711” >2281</key></foreign-keys><ref-type name=” Thesis” >32</ref-type><contributors><authors><author><style face=” normal” font=” default” charset=” 134” size=” 100%” >李贞贞</style></author></authors></contributors><titles><title><style face=” normal” font=” default” charset=” 134” size=” 100%” >智能手机用户信息安全意指和行为研究</style></title></titles><dates><year>2018</year></dates><pub-location><style face=” normal” font=” default” charset=” 134” size=” 100%” >武汉</style></pub-location><publisher><style face=” normal” font=” default”

charset=” 134” size=” 100%” > 武 汉 大 学 </style></publisher><urls></urls></record></Cite><Cite><Author>Chin</Author><Year>1998</Year><RecNum>2282</RecNum><record><rec-number>2282</rec-number><foreign-keys><key app=” EN” db-id=” drvwtza2mwdrdqet0p95etetew022fvzssza” timestamp=” 1627867343” >2282</key></foreign-keys><ref-type name=” Journal Article” >17</ref-type><contributors><authors><author>Chin，Wynne W</author></authors></contributors><titles><title>The partial least squares approach to structural equation modeling</title><secondary-title>Modern methods for business research</secondary-title></titles><periodical><full-title>Modern methods for business research</full-title></periodical><pages>295-336</pages><volume>295</volume><number>2</number><dates><year>1998</year></dates><urls></urls></record></Cite></EndNote>，可直接生成研究模型信度、效度的各项指标。（2）适合验证探索性研究[312]，该方法被证明具有良好的预测能力[313]。（3）适合具有较多潜变量和指标变量的复杂研究模型[314, 315]。本书旨在探索旅游地符号感知、旅游地信任感、人际互动及游客契合行为间的关系，实质上属于探索性研究。因此，采用基于偏最小二乘法结构方程模型的方法具有合理性。

一、主变量描述、信度与聚合效度检验

（一）主变量的描述性统计分析

各变量的均值和标准差统计结果如表 4.41 所示。每个测量题项值对应的标准差都在 0.7 以上，说明量表数据的存在一定的离散程度。从旅游地符号感知量表来看，景观符号感知量表题项均值为 4.01，游客评价相对中立；各题项的标准差在 0.812~0.875，说明被调查者之间存在差异。品牌符号感知量表题项均值为 3.92，偏向中间值 4，说明游客评价相对中立；各题项的标准差在 0.951~1.071，说明被调查者之间存在差异。制度符号感知量表题项均值为 3.93，偏向中间值 4，游客评价相对中立；各题项的标准差在 0.849~0.998，说明被调查者之间存在差异。商业符号感知量表题项均值为 3.91，偏向中间值 4，游客评价相对中立；各题项的标准差在 0.889~0.936，说明被调查者之间存在差异。情感符号感知量表题项均值为 3.93，偏向中间值 4，游客评价相对中立；各题项的标准差在 0.902~0.987，说明被调查者之间存在差异。

从旅游地信任感量表来看，景观信任量表题项均值为 4.07，游客评价相对积极；

各题项的标准差在 0.840~0.915，说明被调查者之间存在差异。品牌信任量表题项均值为 3.93，偏向中间值 4，说明游客评价相对中立；各题项的标准差在 0.850~0.905，说明被调查者之间存在差异。商业信任量表题项均值为 4.11，游客评价相对中立；各题项的标准差在 0.842~0.884，说明被调查者之间存在差异。制度信任量表题项均值为 3.96，偏向中间值 4，说明游客评价相对中立；各题项的标准差在 0.826~0.874，说明被调查者之间存在差异。情感信任量表题项均值为 4.05，游客评价相对积极；各题项的标准差在 0.796~0.926，说明被调查者之间存在差异。

从游客契合行为量表来看，施助行为量表题项均值为 4.12，游客评价相对积极；各题项的标准差在 0.831~0.892，说明被调查者之间存在差异。消费行为量表题项均值为 3.85，偏向中间值 4，说明游客评价相对中立；各题项的标准差在 0.893~0.940，说明被调查者之间存在差异。支持行为量表题项均值为 4.23，游客评价相对积极；各题项的标准差在 0.780~0.800，说明被调查者之间存在差异。反馈行为量表题项均值为 3.94，偏向中间值 4，说明游客评价相对中立；各题项的标准差在 0.894~0.950，说明被调查者之间存在差异。忠诚行为量表题项均值为 4.02，游客评价相对积极；各题项的标准差在 0.832~0.960，说明被调查者之间存在差异。

人际互动量表题项均值为 4.26，游客评价相对积极；各题项的标准差在 0.778~0.899，说明被调查者之间存在差异。

（二）量表的信度与效度检验

根据验证性因子分析（CFA）结果，得到量表的信度和聚合效度检验结果。Hair 等（2014）[316] J. F.</author><author>Sarstedt</author><author>Marko</author><author>Hopkins</author><author>Lucas</author><author>Kuppelwieser</author><author>Volker，G.</author></authors></contributors><titles><title>Partial least squares structural equation modeling PLS-SEM 认为，变量的各测量题项的因子载荷值应当在 0.7 以上，当载荷系数小于 0.7 时，应将该测量题项删除。在对数据进行处理后，研究人员发现景观符号感知（JGFHGZ3）、商业符号感知（SYFHGZ1）、情感符号感知（QGFHGZ3）、商业信任（SYXR3）、支持行为（ZSXW1）、反馈行为（FKXW1）等题项的因子载荷小于 0.7，因此将上述未达到可接受标准的题项进行删除处理。由表 4.41 所知，删除后的各变量观测变量的因子载荷都在 0.7 以上，达到了本书拟定的标准，结果较为理想。

量表的一致性检验，即信度检验，主要通过 Cronbach's α 系数和组合信度（CR）

来进行检验，从而判断在同一个量表中填卷人对所有题项回答的一致性程度[298]。因此，本书使用 Cronbach's α 系数检验预调研问卷的内部一致性，判别标准如下：Cronbach's α 介于 0.5 与 0.7 时为可信，介于 0.7~0.9 时较为可信[302]。为了检验研究模型内在质量，本书采用 Fornell（1981）[317]等人的建议，使用组合信度（CR）作为判定准则，将其标准值拟定为 0.6。本书通过收敛效度、区分效度等方法检验效度。收敛效度使用平均方差抽取量（Average variance extracted，AVE）来检验；当 AVE 值在 0.5 以上[321]时，表明结果达到标准条件，说明该变量具有较为理想的收敛效度。区分效度使用平均方差收取量的平方根值与变量间的关系以及交叉因子载荷来进行检测；当平均方差抽取量的平方根值大于变量间的相关系数时，则说明量表具有良好的区分效度；当变量的测量题项的因子载荷高于其他变量的测量题项的因子载荷时，则说明量表具有良好的区分效度。由表 4.41 所知，本书中 16 个变量的 Cronbach's α 值取值范围为 0.565~0.795，组合信度（CR）取值范围为 0.775~0.859。由此可知，本书中所使用的量表具有良好的一致性与可靠性，表明研究量表信度通过检验。本书中所涉及变量的 AVE 取值范围为 0.526~0.631，大于 0.5 的拟定标准，且各变量的测量题项因子载荷值均达到 0.7 的标准。同时，由表 4.42 可知，各变量的 AVE 平方根值大于每对变量间的相关系数值，并且表 4.43 显示本书中所有变量的测量题项的因子载荷都高于其他变量的测量题项的因子载荷，说明量表中的变量具有良好的收敛效度、聚合效度。

表 4.41　量表描述性与验证性因子分析

变量	题项	因子载荷	均值	标准差	Cronbach's α	AVE	CR
人际互动	RJHD1	0.806	4.19	0.835	0.731	0.553	0.832
	RJHD2	0.740	4.26	0.827			
	RJHD3	0.706	4.24	0.778			
	RJHD4	0.720	4.33	0.899			
景观符号感知	JGFHGZ1	0.790	4.00	0.812	0.636	0.580	0.805
	JGFHGZ2	0.788	3.97	0.875			
	JGFHGZ4	0.703	4.05	0.841			

续表

变量	题项	因子载荷	均值	标准差	Cronbach's α	AVE	CR
品牌符号感知	PPFHGZ1	0.758	3.91	1.071	0.623	0.570	0.799
	PPFHGZ2	0.742	3.90	0.951			
	PPFHGZ3	0.765	3.95	0.971			
制度符号感知	ZDFHGZ1	0.728	3.76	0.998	0.565	0.534	0.775
	ZDFHGZ2	0.763	4.04	0.849			
	ZDFHGZ3	0.700	3.99	0.916			
商业符号感知	SYFHGZ2	0.738	3.94	0.889	0.700	0.526	0.816
	SYFHGZ3	0.714	3.85	0.931			
	SYFHGZ4	0.708	3.93	0.936			
	SYFHGZ5	0.742	3.92	0.889			
情感符号感知	QGFHGZ1	0.705	3.78	0.987	0.632	0.577	0.803
	QGFHGZ2	0.772	4.00	0.927			
	QGFHGZ4	0.799	4.00	0.902			
景观信任	JGXR1	0.779	3.98	0.915	0.724	0.547	0.828
	JGXR2	0.726	4.10	0.840			
	JGXR3	0.708	4.09	0.861			
	JGXR4	0.745	4.09	0.880			
品牌信任	PPXR1	0.747	3.91	0.890	0.795	0.550	0.859
	PPXR2	0.737	3.93	0.873			
	PPXR3	0.730	3.91	0.905			
	PPXR4	0.729	3.97	0.881			
	PPXR5	0.764	3.94	0.850			
商业信任	SYXR1	0.796	4.09	0.842	0.685	0.612	0.826
	SYXR2	0.776	4.11	0.884			
	SYXR4	0.774	4.12	0.851			

续表

变量	题项	因子载荷	均值	标准差	Cronbach's α	AVE	CR
制度信任	ZDXR1	0.789	3.95	0.874	0.707	0.631	0.837
	ZDXR2	0.803	3.97	0.826			
	ZDXR4	0.790	3.95	0.854			
情感信任	QGXR1	0.748	3.87	0.926	0.703	0.529	0.818
	QGXR2	0.749	4.11	0.849			
	QGXR3	0.711	4.17	0.796			
	QGXR4	0.701	4.06	0.866			
施助行为	SZXW1	0.795	4.04	0.892	0.685	0.614	0.827
	SZXW2	0.793	4.11	0.831			
	SZXW3	0.762	4.20	0.861			
消费行为	XFXW1	0.725	3.65	0.940	0.678	0.609	0.823
	XFXW5	0.792	3.98	0.921			
	XFXW7	0.821	3.92	0.893			
支持行为	ZSXW2	0.805	4.26	0.780	0.674	0.605	0.821
	ZSXW3	0.770	4.19	0.798			
	ZSXW4	0.758	4.24	0.800			
反馈行为	FKXW2	0.730	3.93	0.894	0.629	0.574	0.801
	FKXW3	0.784	3.94	0.950			
	FKXW4	0.757	3.95	0.927			
忠诚行为	ZCXW1	0.743	4.04	0.897	0.741	0.562	0.837
	ZCXW2	0.758	4.02	0.960			
	ZCXW3	0.738	4.08	0.832			
	ZCXW4	0.760	3.95	0.876			

表 4.42　量表的测量维度的相关性及 AVE 的平方根

变量	1	2	3	4	5	6	7	8	9	10	11	12	13	14	15	16
1	0.744															
2	0.393	0.731														
3	0.567	0.500	0.794													
4	0.430	0.432	0.410	0.757												
5	0.423	0.497	0.526	0.454	0.755											
6	0.477	0.563	0.663	0.508	0.626	0.741										
7	0.437	0.546	0.591	0.521	0.554	0.654	0.726									
8	0.415	0.499	0.592	0.441	0.465	0.637	0.638	0.782								
9	0.427	0.429	0.516	0.550	0.559	0.574	0.503	0.490	0.750							
10	0.428	0.468	0.561	0.474	0.576	0.647	0.634	0.544	0.572	0.760						
11	0.529	0.434	0.602	0.466	0.517	0.637	0.587	0.581	0.605	0.660	0.728					
12	0.675	0.415	0.606	0.419	0.482	0.527	0.458	0.439	0.465	0.528	0.599	0.783				
13	0.469	0.473	0.579	0.434	0.513	0.603	0.525	0.520	0.453	0.503	0.485	0.499	0.761			
14	0.526	0.489	0.607	0.427	0.589	0.635	0.542	0.554	0.571	0.569	0.607	0.564	0.608	0.740		
15	0.416	0.458	0.459	0.564	0.486	0.564	0.569	0.561	0.659	0.543	0.581	0.458	0.426	0.520	0.780	
16	0.650	0.383	0.546	0.481	0.393	0.477	0.454	0.402	0.482	0.454	0.498	0.583	0.508	0.520	0.419	0.778

注：对角线上的数字为对应维度的 AVE 平方根。人际互动 =1；制度符号感知 =2；制度信任 =3；反馈行为 =4；品牌符号感知 =5；品牌信任 =6；商业符号感知 =7；商业信任 =8；忠诚行为 =9；情感符号感知 =10；情感信任 =11；施助行为 =12；景观符号感知 =13；景观信任 =14；消费行为 =15；支持行为 =16。

表 4.43　因子载荷与交叉因子载荷

	1	2	3	4	5	6	7	8	9	10	11	12	13	14	15	16
PPFHGZ1	0.429	0.393	0.465	0.356	0.758	0.492	0.400	0.351	0.465	0.471	0.469	0.474	0.429	0.500	0.395	0.370
PPFHGZ2	0.266	0.397	0.364	0.360	0.742	0.461	0.447	0.397	0.417	0.447	0.365	0.307	0.382	0.445	0.384	0.263
PPFHGZ3	0.256	0.335	0.358	0.310	0.765	0.464	0.409	0.307	0.381	0.384	0.333	0.304	0.349	0.386	0.321	0.252
PPXR1	0.399	0.445	0.505	0.363	0.479	0.747	0.509	0.497	0.463	0.493	0.526	0.409	0.472	0.522	0.428	0.389

续表

	1	2	3	4	5	6	7	8	9	10	11	12	13	14	15	16
PPXR2	0.347	0.406	0.495	0.386	0.494	0.737	0.505	0.501	0.453	0.488	0.479	0.428	0.491	0.486	0.387	0.408
PPXR3	0.275	0.418	0.460	0.345	0.442	0.730	0.441	0.458	0.380	0.480	0.428	0.346	0.382	0.390	0.416	0.270
PPXR4	0.383	0.413	0.494	0.392	0.450	0.729	0.456	0.444	0.413	0.451	0.447	0.352	0.459	0.457	0.417	0.325
PPXR5	0.356	0.407	0.498	0.396	0.452	0.764	0.506	0.459	0.411	0.484	0.476	0.412	0.426	0.489	0.444	0.366
ZDFHGZ1	0.256	0.728	0.356	0.288	0.379	0.422	0.376	0.377	0.345	0.407	0.340	0.328	0.347	0.362	0.355	0.231
ZDFHGZ2	0.287	0.763	0.398	0.378	0.368	0.419	0.437	0.364	0.353	0.342	0.301	0.293	0.329	0.362	0.377	0.325
ZDFHGZ3	0.320	0.700	0.340	0.273	0.343	0.394	0.381	0.354	0.236	0.276	0.314	0.292	0.367	0.349	0.267	0.280
ZDXR1	0.444	0.430	0.789	0.322	0.392	0.477	0.465	0.466	0.416	0.457	0.489	0.494	0.468	0.514	0.337	0.490
ZDXR2	0.433	0.370	0.803	0.315	0.452	0.547	0.435	0.477	0.410	0.416	0.493	0.445	0.445	0.483	0.377	0.418
ZDXR4	0.472	0.390	0.790	0.340	0.411	0.556	0.507	0.466	0.403	0.462	0.453	0.501	0.465	0.447	0.380	0.391
SYFHGZ2	0.333	0.393	0.491	0.365	0.404	0.478	0.738	0.487	0.345	0.424	0.367	0.328	0.381	0.386	0.387	0.362
SYFHGZ3	0.240	0.357	0.332	0.372	0.342	0.420	0.714	0.483	0.321	0.438	0.399	0.252	0.325	0.361	0.387	0.235
SYFHGZ4	0.285	0.400	0.399	0.382	0.417	0.500	0.708	0.418	0.378	0.465	0.482	0.338	0.329	0.442	0.411	0.313
SYFHGZ5	0.412	0.437	0.493	0.395	0.449	0.504	0.742	0.457	0.423	0.516	0.466	0.418	0.489	0.391	0.468	0.410
JGFHGZ1	0.425	0.409	0.480	0.354	0.394	0.469	0.411	0.378	0.366	0.385	0.386	0.374	0.790	0.478	0.336	0.457
JGFHGZ2	0.327	0.357	0.433	0.363	0.399	0.463	0.410	0.426	0.372	0.389	0.365	0.386	0.788	0.478	0.347	0.394
JGFHGZ4	0.318	0.313	0.407	0.269	0.380	0.447	0.379	0.382	0.293	0.377	0.358	0.381	0.703	0.431	0.286	0.303
SYXR1	0.371	0.445	0.528	0.391	0.418	0.560	0.564	0.796	0.416	0.452	0.483	0.376	0.456	0.473	0.458	0.343
SYXR2	0.271	0.394	0.421	0.300	0.274	0.456	0.420	0.776	0.350	0.372	0.418	0.293	0.381	0.410	0.427	0.323
SYXR4	0.323	0.327	0.429	0.337	0.387	0.470	0.500	0.774	0.378	0.446	0.459	0.355	0.376	0.413	0.429	0.275

续表

	1	2	3	4	5	6	7	8	9	10	11	12	13	14	15	16
QGFHGZ1	0.259	0.440	0.457	0.429	0.451	0.553	0.564	0.431	0.433	0.705	0.487	0.360	0.396	0.365	0.420	0.274
QGFHGZ2	0.387	0.276	0.412	0.302	0.439	0.459	0.399	0.417	0.429	0.772	0.499	0.454	0.387	0.486	0.389	0.408
QGFHGZ4	0.329	0.353	0.411	0.350	0.423	0.464	0.483	0.393	0.442	0.799	0.517	0.389	0.366	0.444	0.428	0.351
QGXR1	0.355	0.389	0.459	0.436	0.443	0.508	0.478	0.432	0.525	0.508	0.748	0.423	0.321	0.426	0.507	0.318
QGXR2	0.430	0.287	0.453	0.326	0.343	0.440	0.403	0.430	0.434	0.462	0.749	0.446	0.409	0.482	0.406	0.400
QGXR3	0.352	0.286	0.393	0.319	0.313	0.422	0.401	0.373	0.384	0.453	0.711	0.456	0.334	0.411	0.368	0.383
QGXR4	0.404	0.296	0.445	0.268	0.402	0.483	0.423	0.457	0.411	0.496	0.701	0.421	0.350	0.449	0.403	0.352
SZXW1	0.573	0.330	0.466	0.344	0.334	0.397	0.369	0.347	0.348	0.380	0.488	0.795	0.383	0.457	0.382	0.492
SZXW2	0.522	0.344	0.488	0.327	0.398	0.421	0.368	0.339	0.363	0.445	0.441	0.793	0.406	0.456	0.364	0.459
SZXW3	0.491	0.302	0.469	0.315	0.401	0.421	0.339	0.346	0.382	0.415	0.479	0.762	0.383	0.412	0.330	0.420
RJHD1	0.806	0.313	0.488	0.344	0.282	0.377	0.339	0.365	0.328	0.323	0.461	0.578	0.395	0.456	0.324	0.537
RJHD2	0.740	0.338	0.448	0.340	0.361	0.342	0.350	0.311	0.342	0.403	0.400	0.519	0.352	0.362	0.313	0.501
RJHD3	0.706	0.223	0.362	0.289	0.311	0.378	0.304	0.307	0.301	0.289	0.349	0.442	0.330	0.359	0.312	0.387
RJHD4	0.720	0.290	0.377	0.303	0.314	0.321	0.307	0.242	0.299	0.253	0.352	0.456	0.313	0.381	0.287	0.502
XFXW1	0.264	0.368	0.340	0.399	0.395	0.468	0.459	0.448	0.442	0.395	0.413	0.309	0.319	0.361	0.725	0.287
XFXW5	0.404	0.338	0.398	0.453	0.382	0.421	0.415	0.431	0.546	0.455	0.466	0.399	0.346	0.433	0.792	0.358
XFXW7	0.300	0.370	0.336	0.466	0.366	0.436	0.460	0.437	0.548	0.421	0.478	0.360	0.332	0.419	0.821	0.333
ZSXW2	0.516	0.318	0.446	0.362	0.267	0.362	0.351	0.331	0.386	0.350	0.371	0.436	0.388	0.399	0.336	0.805
ZSXW3	0.506	0.317	0.438	0.377	0.334	0.411	0.336	0.311	0.393	0.384	0.415	0.507	0.410	0.415	0.301	0.770
ZSXW4	0.494	0.255	0.387	0.382	0.315	0.337	0.374	0.294	0.344	0.322	0.375	0.413	0.386	0.398	0.344	0.758
FKXW2	0.397	0.329	0.322	0.730	0.297	0.383	0.354	0.342	0.400	0.327	0.356	0.396	0.307	0.323	0.415	0.405
FKXW3	0.340	0.355	0.319	0.784	0.395	0.383	0.458	0.335	0.468	0.440	0.367	0.294	0.365	0.378	0.452	0.394
FKXW4	0.234	0.294	0.290	0.757	0.334	0.390	0.366	0.326	0.375	0.299	0.335	0.263	0.309	0.263	0.412	0.287

续表

	1	2	3	4	5	6	7	8	9	10	11	12	13	14	15	16
ZCXW1	0.438	0.347	0.486	0.345	0.428	0.463	0.358	0.373	0.743	0.472	0.509	0.435	0.397	0.502	0.456	0.453
ZCXW2	0.277	0.284	0.383	0.427	0.426	0.405	0.379	0.369	0.758	0.444	0.454	0.358	0.324	0.420	0.522	0.342
ZCXW3	0.341	0.330	0.403	0.397	0.393	0.442	0.389	0.344	0.738	0.420	0.478	0.356	0.339	0.417	0.425	0.367
ZCXW4	0.236	0.329	0.285	0.473	0.427	0.414	0.384	0.382	0.760	0.383	0.381	0.254	0.303	0.377	0.563	0.292
JGXR1	0.452	0.357	0.458	0.322	0.480	0.472	0.380	0.414	0.447	0.444	0.485	0.441	0.488	0.779	0.416	0.421
JGXR2	0.386	0.359	0.424	0.280	0.411	0.427	0.363	0.375	0.450	0.434	0.454	0.371	0.419	0.726	0.352	0.387
JGXR3	0.372	0.374	0.497	0.356	0.430	0.505	0.484	0.463	0.412	0.422	0.446	0.433	0.434	0.708	0.412	0.362
JGXR4	0.340	0.359	0.413	0.303	0.417	0.473	0.374	0.385	0.379	0.381	0.410	0.418	0.454	0.745	0.352	0.366

注：粗体数字为对应变量的因子载荷。人际互动 =1；制度符号感知 =2；制度信任 =3；反馈行为 =4；品牌符号感知 =5；品牌信任 =6；商业符号感知 =7；商业信任 =8；忠诚行为 =9；情感符号感知 =10；情感信任 =11；施助行为 =12；景观符号感知 =13；景观信任 =14；消费行为 =15；支持行为 =16。

二、结构模型评价

通过以上针对研究问卷数据的信效度分析，确定了本书的结构方程模型，该模型包括 16 个研究变量。本书根据采用方差膨胀系数，即 VIF（variance inflation factor）以检测研究模型是否存在多重共线性问题。根据 Hair 等（2011）建议，VIF 值应该低于 5.0[315]。本书使用 SmartPLS3.0 软件进行 VIF 计算，结果表示，本书外部模型的 VIF 值范围为 1.149~1.593，内部模型的 VIF 值范围为 1.188~2.484，所有方差膨胀因子值皆小于建议值 5.0，由此说明本书所涉及的变量间不存在严重的多重共线性问题，即路径系数不存在偏差。

判别系数值（R^2）用来表示研究中的内生变量被解释的程度，该值越大，表明其解释力度越好。研究建议，R^2 值高于 0.2 说明该内生变量具有优良的预测能力和解释能力。本书使用 SmartPLS3.0 软件进行 R^2 计算，结果表示，本书中所涉及的 10 个内生变量，即制度信任、品牌信任、商业信任、情感信任、景观信任、消费行为、支持行为、反馈行为、施助行为、忠诚行为的 R^2 值分别为 0.415、0.453、0.452、0.515、0.445、0.444、0.373、0.307、0.476 和 0.513，上述潜变量的被解释率分别为 41.5%、45.3%、45.2%、51.5%、44.5%、44.4%、37.3%、30.7%、47.6% 和 51.3%，表明此结果良好。

交互验证冗余（Q^2）用来预测模型相关性，本书使用 SmartPLS3.0 软件进行 Q^2 计算。结果显示，制度信任、品牌信任、商业信任、情感信任、景观信任、消费行为、支持行为、反馈行为、施助行为和忠诚行为的交互验证冗余（Q^2）值分别为 0.253、0.242、0.264、0.266、0.236、0.264、0.218、0.166、0.284 和 0.283，均大于 0 且小于 1[318]。由此说明，本书模型具有较好的预测相关性水平。

拟合优度（Gof）用来评价整体模型效用，拟合优度值越高，越能说明模型对变量之间路径关系的评估能力越好[319]。Wetzels 等（2009）建议，拟合优度（Gof）等于平均因子共同度与平均判别系数值的平均值[320]；他们认为，拟合优度（Gof）分为三个等级，即小、中等和大，其对应阈值为 0.01、0.25 和 0.36。本书中判别系数（R^2）均值为 0.4393，共同度（Communality）的均值为 0.220，得到拟合优度值（GoF）为 0.3111，该值接近 0.36，表明本书模型能够解释变量之间的路径关系的 31.11%。此外，本书使用 SRMR 参数（标准化均方根残差）进行评估整体模型拟合。SRMR 参数值越低，模型越适合，Henseler 等（2015）认为 SRMR 参数值小于 0.08 是可被接受的[321]。本书模型的 SRMR 参数值为 0.057，低于 0.08，表明整体模型拟合效果较好。综上所述，研究模型具有良好的拟合优度，样本数据能够被较好拟合，总体模型拟合效果良好。

表 4.44　结构模型评价

变量	判别系数值（R^2）	共同度（Communality）	拟合优度（GoF）
人际互动	—	0.263	0.3111
景观符号感知	—	0.181	
品牌符号感知	—	0.158	
制度符号感知	—	0.099	
商业符号感知	—	0.215	
情感符号感知	—	0.174	
制度信任	0.415	0.267	
品牌信任	0.453	0.324	
商业信任	0.452	0.237	
情感信任	0.515	0.221	
景观信任	0.445	0.250	
消费行为	0.444	0.233	

续表

变量	判别系数值（R^2）	共同度（Communality）	拟合优度（GoF）
支持行为	0.373	0.223	
反馈行为	0.307	0.168	
施助行为	0.476	0.239	
忠诚行为	0.513	0.272	

第六节　本章小结

本章首先说明了本书调查问卷的设计程序、方法以及设计过程中应注意的问题。结合第三章的质性研究结果和已有文献研究成果，确定了旅游地符号感知（包括景观符号感知、制度符号感知、商业符号感知、品牌符号感知和情感符号感知）、旅游地信任感（包括景观信任、制度信任、商业信任、品牌信任和情感信任）、游客契合行为（消费行为、反馈行为、施助行为、支持行为和忠诚行为）、人际互动等变量。对前一章质性分析的结果进行整合，形成反映旅游地符号感知、旅游地信任感、游客契合行为和人际互动的规范概念，进一步生成相应的量表测量初始题项。邀请相关专家对量表内容进行效度判定，根据评估结果和修改意见，再次修改问卷，最终形成初始问卷。小规模发放初始问卷，对问卷数据进行探索性因子分析和可靠性分析，以检验预调研量表的有效性、内部一致性。根据分析结果、专家意见对初始量表的测量题项进行修正、补充。进行正式调研后，对回收的问卷进行清洗，并对正式调研数据进行正态性检验、共同方法偏差检验。该两种检验符合下一步研究的条件后，对数据进行验证性因子分析，包括：主变量的描述性统计分析、量表信度、量表构念内部的收敛效度检验和区分效度检验和结构模型评价等方面。

通过对量表设计、问卷发放和数理统计分析，本章研究结果为相关变量提供了测量工具，为相关研究提供理论基础。本书将于第五章实证旅游地符号对旅游地信任感的影响机制，探讨旅游地信任感的形成过程。在第六章探讨旅游地符号、信任感对游客契合行为的影响机制，分析旅游地符号感知、信任感和人际互动与契合行为的关系。在第七章从组态视角探讨旅游地信任感影响游客契合行为的调控路径。

第五章　旅游地符号对旅游地信任感的影响机制

信任是一种复杂的心理与社会现象，既是施信者和受信者交换关系的基础，也是嵌套在社会结构和制度文化中的带有简化复杂性功能的社会机制。信任概念尚未得到统一界定，学界从不同学科角度对其引致因素进行了探索。从心理层面来看，信任是一种稳定的人格特质，并且学而可得[10，11]。从社会层面来看，信任是一种社会现象，与社会制度、文化习俗、宗教信仰等具有密切联系。不同学科对信任的研究侧重点不同，对信任引致因素的研究结果亦存在差异。信任不会平白无故地出现在行为人或社会关系中，其形成机制需要进一步的探索。

社会心理学认为，信任形成于人际交往。旅游活动中，游客会与他人发生各种形式的交往，由此对他人、旅游地、旅游产品、服务等产生期待或者依赖，最终形成游客的信任感。从游客自身来看，游客自身的性格特点会影响到游客对旅游地、旅游产品或服务的信任。信任倾向作为一种稳定的人格特质，是个人在人际交往过程中是否愿意相信他人的倾向性[15，322]。从外部环境来看，人们的态度会随着环境的改变而改变[323]。同时，外部环境信息也会改变人的态度[324]。旅游地相关信息是游客了解旅游地概况的重要基础和条件。信息技术的飞速发展使得信息传播速度快、内容量大且覆盖范围广。这使游客较为容易地知晓旅游业中的失信现象和相关信息。旅游地失信的负面新闻会降低游客对旅游地的期望或者依赖，并进一步影响旅行意愿、旅游决策和旅游行为，对旅游地、旅游企业、旅游产业造成有形或无形的损失。在这种背景下，系统认识旅游地信任感的维度及其引致因素，对于塑造和改善游客对旅游地的期望与信赖具有重要意义。现有研究主要从旅游地特质或属性方面来分析游客信任的影响因素，缺少从符号学角度来分析旅游地信任感形成过程。旅游地符号感知对旅游地信任感的影响机制是一个亟待回应的研究议题。

为了回应上述理论议题，本章在第三、四章研究结果的基础上，以符号互动理论和自我决定理论等理论为基础，探讨旅游地符号感知与旅游地符号解释的意指过程。本章研究内容主要包括：（1）实证旅游地符号感知对旅游地信任感的影响关系。（2）实证人际互动在旅游地符号感知与旅游地信任感关系中的调节作用。

第一节　理论基础与研究假设

一、旅游地符号感知与旅游地信任感的关系

已有研究表明，人们对事物的感知会影响其信任感。例如，Kim 等（2011）认为，消费者对网页导航的感知安全性会增强其信任感[325]。Nunkoo 等（2012）研究结果表明，居民的感知利益和感知成本是影响其对政府信任的重要因素[326]。在旅游领域内，孙凤芝等（2020）研究表明，旅游感知收益对政府信任具有直接影响[327]。卢晓龙（2014）以女性旅游者为对象，探讨了女性旅游感知与本地景区品牌信任的关系，实证结果发现旅游感知是影响景区品牌信任的重要因素[328]。可见，游客对旅游目的地相关事物的感知与其信任感具有紧密的联系。鉴于此，本书提出假设：

H1：旅游地符号感知对旅游地信任感具有正向影响作用。

（一）旅游地景观符号感知与景观信任

刁宗广（2005）对观光旅游者信任感的影响因素进行了研究，结果表明游客对旅游景观的感知是影响旅游者信任的关键要素[40]。游客对旅游地符号的了解越多、越熟悉，游客对旅游地符号的解释就越明确，对旅游地的信任感就越高。旅游景观是游客前往旅游地游览的重要因素，它以特定的形体呈现，游客通过感官获得旅游地景观符号形体的相关信息后会做出相关的景观符号解释。当景观符号解释得到确定，景观信任感便产生或得到增强。鉴于此，本文提出以下研究假设：

H1-1：景观符号感知对景观信任具有正向影响作用。

（二）旅游地品牌符号感知与品牌信任

研究表明，良好的品牌感知会提高消费者对该品牌的信任[278]。范丽先等（2018）实证结果表明，消费者对品牌的质量、价值和声誉等要素的感知对品牌

信任具有直接影响作用[329]。研究者认为，品牌个性会直接影响品牌信任。廖鹏飞（2018）以手机品牌为研究对象，结果表明品牌个性是促进品牌信任的重要因素[330]。根据符号理论，一切事物皆为符号。对于消费者来说，品牌质量、品牌价值和品牌个性等可视为顾客对品牌符号形体的解释，而品牌符号形体则是商品供应商向消费者提供的各种商品实体、服务或者体验。当游客解释商品符号时，信任感随之产生。鉴于此，本文提出以下研究假设：

H1–2：品牌符号感知对品牌信任具有正向影响作用。

（三）旅游地制度符号感知与制度信任

徐彪等（2020）讨论了疫情下的制度感知与制度信任的关系，并实证检验了公众制度感知对疫情防控制度有效性的影响作用[331]。对于游客而言，旅游地的制度符号形体可能是旅游地的优惠政策、安全人员、井然有序的队伍以及公共服务等。当感知到上述制度符号形体后，游客会判断和评价旅游地制度是否友好、可靠和有效，明确并解释旅游地制度符号形体所携带的意义，由此产生制度信任。鉴于此，本文提出以下研究假设：

H1–3：制度符号感知对制度信任具有正向影响作用。

（四）旅游地商业符号感知与商业信任

McKnight（2002）研究认为，在线商业活动中，健全易用的网站设计、规范的交易规则和流程会使顾客熟悉网络平台的商业氛围，并进一步影响信任水平[332]。可见，消费者对商业信息以及构建起来的商业经营环境熟悉度与信任感紧密联系。游客感知旅游地商业符号形体，会对其所意指的符号解释呈现出明确的态度，进而产生商业信任。鉴于此，本文提出以下研究假设：

H1–4：商业符号感知对商业信任具有正向影响作用。

（五）旅游地情感符号感知与情感信任

张劲松等（2020）探讨了共享平台的消费者信任机制，并实证发现消费者对共享平台的信任会显著影响其对服务方的信任[333]。Yi 等（2009）认为，商品危机发生后，食品供应商应解决消费者的情感需求，增强消费者对食品企业的情感认同，进而修复消费者对食品供应商的信任[334]。也就是说，消费者对商品的情感与信任感具有紧密的关系。因此，当感知到旅游地情感符号形体时，游客会产生精神和心理上的共鸣，促使游客诠释和认知旅游地情感符号，由此产生情感信任。鉴于此，本文提出以下研究假设：

H1-5：情感符号感知对情感信任具有正向影响作用。

二、人际互动的调节作用

人际互动是指个体间为建立关系而进行人际交流与沟通[290]。在旅游研究中，游客人际互动是指旅游过程中，游客与旅游地居民、游客、旅游服务人员和旅伴等人员的沟通与交流。符号互动理论认为，事物对行为人的意义是影响其行为的原因，因此行为人对事物意义的理解或解释深受人际互动因素的影响，并且在理解过程中不断修正意义认知[60]。换言之，游客的旅游地符号解释在受到旅游地符号形体影响的同时，也必然会受到人际互动因素的影响。游客对旅游地符号形体的理解与认识会受到人际交流与沟通的影响，即人际互动可调节旅游地符号感知对旅游地信任感的影响作用。

当游客与旅游地居民、游客、旅游服务人员和旅伴等人员展开积极的人际互动时，有助于提高游客的旅游地符号解释的明确性感知。也就是说，积极的人际互动会促进旅游地信任感，降低游客的旅游地符号解释的不确定性感知。基于此，本书认为人际互动在旅游地符号感知与旅游地符号解释之间的关系存在正向的调节关系。相反，消极的人际互动使得游客难以形成对旅游地符号的明确认知，削弱符号感知与信任感间的影响关系。鉴于此，本书提出以下假设：

H2：人际互动在景观符号感知和景观信任（H2-1）、品牌符号感知和品牌信任（H2-2）、制度符号感知和制度信任（H2-3）、商业符号感知和商业信任（H2-4）、情感符号感知和情感信任（H2-5）等关系间具有正向调节作用。

第二节　实证分析与假设检验

一、分析方法

（一）线性回归分析

递归模型指的是结构方程模型中变量间仅有单一方向的因果联系，无直接或者间接的反馈，并且误差间彼此无关[397]。本书构建了旅游地符号感知、旅游地信任感、人际互动与游客契合行为间的关系模型，本章提出了旅游地符号感知与旅游地信任感的假设关系，此关系为单一方向，因此使用 SPSS25.0 软件中的线性回归方法对上述假设进行检验。

（二）调节效应分析

本书使用 SPSS 中的 PROCESS 插件，选择模型 1 进行调节效应分析。使用该方法，能够对模型中的变量进行中心化处理，避免变量间出现多重共线性问题。同时，PROCESS 插件能够在上一步的基础上将自变量、调节变量相乘，以产生新的变量。PROCESS 插件的运行程序能够将变量、新的乘积项进行多元层次回归，而调节效应的存在则体现于相关的回归系数，该系数显著，则说明调节效应存在。调节变量为连续型时，PROCESS 插件的运行程序会根据调节变量分为高组和低组，前者为调节变量均值与标准差之和，后者为调节变量均值与标准差之差，分别在高组、低组等两种情况下进行自变量、因变量的回归分析。

二、旅游地符号感知对信任感影响的检验结果

由旅游地符号感知和旅游地信任感构成递归模型。本书运用 SPSS25.0 软件中的 PROCESS 插件进行变量间的路径分析，将抽样数设置为 5000，偏差校正的置信区间（CI）=95%。结果表示，旅游地符号感知正向影响旅游地信任感（β=0.837，P<0.001）。

由表 5.1 可知，景观符号感知正向影响景观信任（β=0.579，P<0.001），品牌符号感知正向影响品牌信任（β=0.508，P<0.001），制度符号感知正向影响制度信任（β=0.480，P<0.01），商业符号感知正向影响商业信任（β=0.602，P<0.001），情感符号感知正向影响情感信任（β=0.581，P<0.001），因此假设 H1-1 至 H1-5 都成立。数据结果表明，游客对旅游地景观的感受与认识会增强游客对旅游地景观的信任感，这与刁宗广（2005）[40] 的研究发现一致。游客对旅游地品牌符号的感知会增强游客对旅游地品牌符号的信任感，这与 Lau（1999）[278] 的研究结果一致。游客对旅游地制度符号感知能够促进其对旅游地制度的信任感，这与徐彪等（2020）[331] 的研究观点一致。游客对于旅游地商业符号的感知越高，游客的商业信任感就越强，这与 McKnight（2002）[332] 的研究讨论相一致。游客对旅游地情感符号的感知有助于提高游客对旅游地的情感信任，该结论得到 Yi 等（2009）研究的支持[334]。

表 5.1 旅游地符号感知对旅游地信任感的直接效应检验结果

假设	路径	标准化路径系数 β	P	Bootstrap 95% CI		检验结果
				LLCI	ULCI	
H1-1	景观符号感知→景观信任	0.579	0.000	0.509	0.649	成立
H1-2	品牌符号感知→品牌信任	0.508	0.000	0.449	0.568	成立
H1-3	制度符号感知→制度信任	0.480	0.000	0.403	0.556	成立
H1-4	商业符号感知→商业信任	0.602	0.000	0.533	0.670	成立
H1-5	情感符号感知→情感信任	0.581	0.000	0.523	0.639	成立

三、人际互动的调节效应检验结果

前文假设已述模型的调节效应路径，控制变量为性别、婚姻、年龄、学历、职业、月均收入、旅游方式和旅游次数。调节变量为人际互动。运用 SPSS 中的层级回归的方法，分别对各组调节效应进行检验。本书运用 SPSS25.0 软件中的 PROCESS 插件进行人际互动在旅游地符号感知与旅游地信任感间的调节作用分析，将抽样数设置为 5000，偏差校正的置信区间（CI）=95%。结果表示，人际互动与旅游地符号感知的交互项对旅游地信任感存在显著影响（β=0.078，p=0.015），说明人际互动对旅游地符号感知和旅游地信任感的关系具有促进作用。

（一）人际互动在景观符号感知和景观信任关系的调节作用

如表 5.2 所示，人际互动与景观符号感知的交互项对景观信任不存在显著影响（β=0.050，P=0.271），说明人际互动对景观符号感知和景观信任关系间的调节效应不成立，假设 H2-1 未得到支持。

表 5.2 人际互动对景观符号感知和景观信任的调节效应

变量	效应值 β	SE	t	Bias-corrected 95%CI		
				P	Lower	Upper
性别	−0.027	0.043	−0.618	0.537	−0.111	0.058
年龄	0.049	0.033	1.492	0.136	−0.015	0.112
婚姻	0.005	0.059	0.088	0.930	−0.111	0.122
学历	0.093	0.028	3.300	0.001	0.038	0.148

续表

变量	效应值 β	*SE*	*t*	Bias-corrected 95%CI		
				P	Lower	Upper
职业	−0.018	0.008	−2.218	0.027	−0.034	−0.002
月均收入	−0.038	0.027	−1.403	0.161	−0.090	0.015
旅游方式	0.014	0.020	0.690	0.491	−0.025	0.052
旅游次数	−0.041	0.031	−1.303	0.193	−0.102	0.021
常量	3.823	0.228	16.767	0.000	3.375	4.271
解释变量						
X：景观符号感知	0.451	0.039	11.695	0.000	0.375	0.526
W：人际互动	0.330	0.043	7.706	0.000	0.246	0.414
X*W：交互项	0.050	0.045	1.102	0.271	−0.039	0.139
R=0.681	R^2=0.464		*F*=40.681		*P*=0.000	
Test（s）of interaction（s）:	ΔR^2=0.001		*F*=1.215		*P*=0.271	

（二）人际互动在品牌符号感知和品牌信任关系的调节作用

如表 5.3 所示，人际互动与品牌符号感知的交互项正向影响品牌信任（β=0.088，*P*=0.037），说明人际互动对品牌符号感知和品牌信任关系间的调节效应显著成立，假设 H2–2 得到支持。

表 5.3　人际互动对品牌符号感知和品牌信任关系的调节效应

变量	效应值 β	*SE*	*t*	Bias-corrected 95%CI		
				P	Lower	Upper
性别	−0.071	0.043	−1.671	0.095	−0.155	0.013
年龄	−0.016	0.032	−0.495	0.621	−0.079	0.047
婚姻	−0.068	0.059	−1.159	0.247	−0.183	0.047
学历	0.004	0.028	0.153	0.879	−0.051	0.059
职业	−0.016	0.008	−1.927	0.055	−0.032	0.000
月均收入	0.066	0.026	2.486	0.013	0.014	0.118

续表

变量	效应值 β	*SE*	*t*	Bias-corrected 95%CI		
				P	Lower	Upper
旅游方式	0.020	0.020	1.009	0.313	-0.019	0.058
旅游次数	-0.050	0.031	-1.613	0.107	-0.111	0.011
常量	4.098	0.226	18.166	0.000	3.655	4.541
解释变量						
X：品牌符号感知	0.415	0.032	12.925	0.000	0.352	0.478
W：人际互动	0.333	0.041	8.100	0.000	0.252	0.413
X*W：交互项	0.088	0.042	2.096	0.037	0.006	0.171
R=0.696	R^2=0.484		F=44.029		P=0.000	
Test（s）of interaction（s）：	ΔR^2=0.004		F=4.392		P=0.037	

本书使用 PROCESS 程序，通过对调节变量人际互动加减一个标准差将其分为两组，即高组和低组，分别回归后制成调节变量分解图（见图 5.1）。从图中分析可知，人际互动越高，品牌信任就越高。对于高人际互动的游客而言，品牌符号感知与品牌信任的拟合线斜率更大，也就是说，品牌符号感知对品牌信任的影响作用就更强。相反，对于低人际互动的游客来说，品牌符号感知与品牌信任的拟合线斜率更小，也就是说，品牌符号感知对品牌信任的影响作用就被削弱。这说明了随着人际互动的提高，品牌符号感知对品牌信任的正向影响是显著增强的，也就是说，人际互动正向调节品牌符号感知对品牌信任的作用。

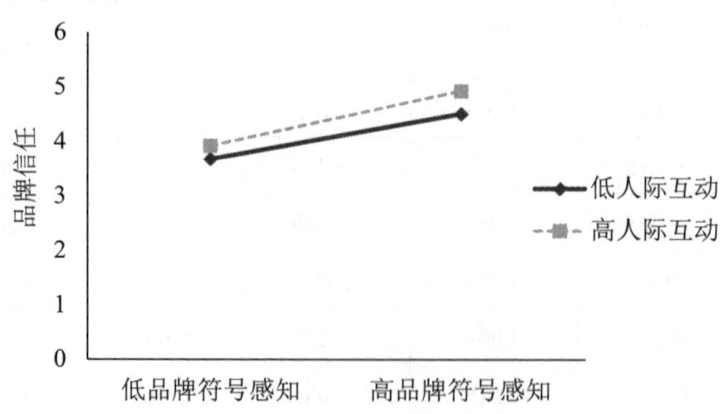

图 5.1　人际互动对品牌符号感知和品牌信任关系的调节效应

（三）人际互动在制度符号感知和制度信任关系的调节作用

如表 5.4 所示，人际互动与制度符号感知的交互项对制度信任没有显著影响（β=–0.084，P=0.126），说明人际互动对制度符号感知和制度信任关系间的调节效应不成立，假设 H2–3 未得到支持。

表 5.4　人际互动对制度符号感知和制度信任关系的调节效应

变量	效应值 β	SE	t	Bias–corrected 95%CI		
				P	Lower	Upper
性别	–0.049	0.047	–1.030	0.304	–0.141	0.044
年龄	–0.022	0.035	–0.625	0.532	–0.091	0.047
婚姻	–0.111	0.065	–1.717	0.087	–0.238	0.016
学历	0.063	0.031	2.052	0.041	0.003	0.123
职业	–0.006	0.009	–0.699	0.485	–0.024	0.011
月均收入	0.023	0.029	0.795	0.427	–0.034	0.081
旅游方式	0.017	0.021	0.814	0.416	–0.025	0.059
旅游次数	–0.037	0.034	–1.084	0.279	–0.104	0.030
常量	4.175	0.248	16.809	0.000	3.687	4.663
解释变量						
X：制度符号感知	0.299	0.038	7.898	0.000	0.225	0.373
W：人际互动	0.464	0.045	10.372	0.000	0.376	0.552
X*W：交互项	–0.084	0.055	–1.532	0.126	–0.191	0.024
R=0.653	R^2=0.426		F=34.859		P=0.000	
Test（s）of interaction（s）:	ΔR^2=0.003		F=2.346		P=0.126	

（四）人际互动在商业符号感知和商业信任关系的调节作用

如表 5.5 所示，人际互动与商业符号感知的交互项正向影响商业信任（β=0.222，P=0.000），说明人际互动对商业符号感知和商业信任关系间的调节效应显著成立，假设 H2–4 得到支持。

表 5.5　人际互动对商业符号感知和商业信任关系的调节效应

变量	效应值 β	SE	t	Bias-corrected 95%CI		
				P	Lower	Upper
性别	0.009	0.045	0.210	0.834	−0.078	0.097
年龄	0.033	0.033	1.010	0.313	−0.032	0.099
婚姻	0.023	0.061	0.382	0.703	−0.097	0.144
学历	0.073	0.029	2.534	0.012	0.017	0.130
职业	−0.013	0.009	−1.511	0.131	−0.029	0.004
月均收入	0.037	0.028	1.344	0.180	−0.017	0.091
旅游方式	0.014	0.020	0.667	0.505	−0.026	0.053
旅游次数	−0.066	0.032	−2.047	0.041	−0.129	−0.003
常量	3.553	0.235	15.120	0.000	3.091	4.015
解释变量						
X：商业符号感知	0.524	0.038	13.798	0.000	0.450	0.599
W：人际互动	0.291	0.046	6.274	0.000	0.200	0.382
X*W：交互项	0.222	0.048	4.592	0.000	0.127	0.317
R=0.682	R^2=0.466		F=40.964		P=0.000	
Test（s）of interaction（s）:	ΔR^2=0.022		F=21.089		P=0.000	

本书使用 PROCESS 程序，通过对调节变量人际互动加减一个标准差将其分为两组，即高组和低组，分别回归后制成调节变量分解图（见图 5.2）。从图中分析可知，人际互动越高，商业信任就越高。对于高人际互动的游客而言，商业符号感知与商业信任的拟合线斜率更大，也就是说，商业符号感知对商业信任的影响作用就更强。相反，对于低人际互动的游客来说，商业符号感知与商业信任的拟合线斜率更小，也就是说，商业符号感知对商业信任的影响作用就被削弱。这说明了随着人际互动的提高，商业符号感知对商业信任的正向影响是显著增强的，也就是说，人际互动正向调节商业符号感知对商业信任的作用。

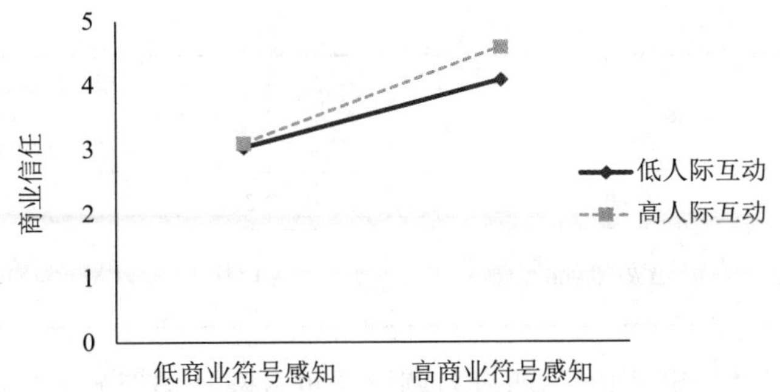

图 5.2　人际互动对商业符号感知和商业信任关系的调节效应

（五）人际互动在情感符号感知和情感信任关系的调节作用

如表 5.6 所示，人际互动与情感符号感知的交互项正向影响情感信任（β=0.090，P=0.014），说明人际互动对情感符号感知和情感信任关系间的调节效应显著成立，假设 H2–5 得到支持。

表 5.6　人际互动对情感符号感知和情感信任关系的调节效应

变量	效应值 β	SE	t	Bias–corrected 95%CI		
				P	Lower	Upper
性别	0.026	0.039	0.656	0.512	–0.051	0.103
年龄	0.029	0.029	0.992	0.322	–0.029	0.087
婚姻	0.143	0.054	2.645	0.008	0.037	0.249
学历	0.020	0.026	0.790	0.430	–0.030	0.071
职业	0.001	0.008	0.073	0.942	–0.014	0.015
月均收入	0.031	0.024	1.255	0.210	–0.017	0.078
旅游方式	0.019	0.018	1.052	0.294	–0.016	0.054
旅游次数	–0.011	0.028	–0.399	0.690	–0.067	0.044
常量	3.516	0.207	16.994	0.000	3.110	3.923
解释变量						
X：情感符号感知	0.479	0.031	15.642	0.000	0.419	0.539
W：人际互动	0.331	0.038	8.720	0.000	0.256	0.406
X*W：交互项	0.090	0.036	2.475	0.014	0.019	0.161

续表

变量	效应值 β	*SE*	*t*	Bias-corrected 95%CI		
				P	**Lower**	**Upper**
R=0.726	R^2=0.526		F=52.217		P=0.000	
Test（s）of interaction（s）:	ΔR^2=0.006		F=6.123		P=0.014	

本书使用 PROCESS 程序，通过对调节变量人际互动加减一个标准差将其本书使用 PROCESS 程序，通过对调节变量人际互动加减一个标准差将其分为两组，即高组和低组，分别回归后制成调节变量分解图（见图 5.3）。从图中分析可知，人际互动越高，情感信任就越高。对于高人际互动的游客而言，情感符号感知与情感信任的拟合线斜率更大，也就是说，情感符号感知对情感信任的影响作用就更强。相反，对于低人际互动的游客来说，情感符号感知与情感信任的拟合线斜率更小，也就是说，情感符号感知对情感信任的影响作用就被削弱。这说明了随着人际互动的提高，情感符号感知对情感信任的正向影响是显著增强的，也就是说，人际互动正向调节情感符号感知对情感信任的作用。

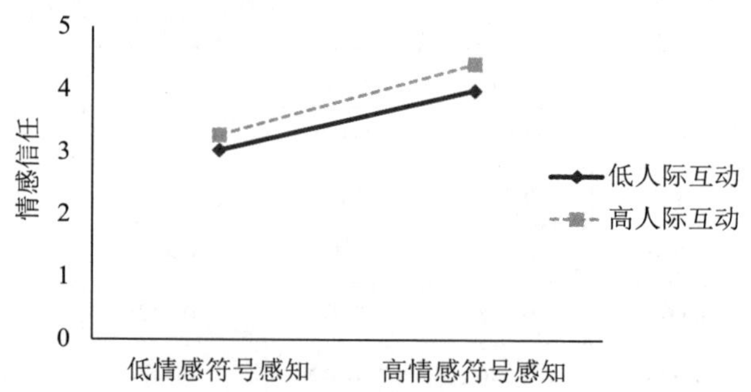

图 5.3　人际互动对情感符号感知和情感信任关系的调节效应

第三节　本章小结

一、研究结论

本章采用 SPSS25.0 软件对理论模型和研究假设进行验证。具体来说，使用 SPSS25.0 软件中线性回归功能检验旅游地符号感知对旅游地信任感的直接效应，使用 PROCESS 程序（Model 1）对研究模型中的调节效应进行检验。数据结果显示，本书大部分假设得到了支持。本章主要结论如下：

旅游地符号形体与旅游地符号解释间存在意指关系。本书使用景观符号感知、品牌符号感知、制度符号感知、商业符号感知和情感符号感知来测量旅游地符号形体感知，使用景观信任、品牌信任、制度信任、商业信任和情感信任来衡量旅游地符号解释。实证结果显示，景观符号感知正向影响景观信任，表明游客对旅游地景观的感受与认识会增强游客对旅游地景观的信任感，这与刁宗广（2005）[40] 的研究发现一致。品牌符号感知正向影响品牌信任，表明游客对旅游地品牌符号的感知会增强游客对旅游地品牌符号的信任感，这与 Lau（1999）[278] 的研究结果一致。制度符号感知正向影响制度信任，表明游客对旅游地制度符号感知能够促进其对旅游地制度的信任感，这与徐彪等（2020）[331] 的研究观点一致。商业符号感知正向影响商业信任，表明游客对于旅游地商业符号的感知越高，游客的商业信任感就越强，这与 McKnight（2002）[332] 的研究讨论相一致。情感符号感知正向影响情感信任，表明游客对旅游地情感符号的感知有助于提高游客对旅游地的情感信任，该结论得到 Yi 等（2009）研究的支持[334]。

人际互动在旅游地符号感知与旅游地信任感关系中具有促进作用，说明随着人际互动的提高，旅游地符号感知对旅游地信任感的正向影响会显著增强。具体来说，人际互动在品牌符号感知和品牌信任关系中具有显著的正向调节作用，说明随着人际互动的提高，品牌符号感知对品牌信任的正向影响作用会显著增强。人际互动在商业符号感知和商业信任关系中具有显著的正向调节作用，说明随着人际互动的提高，商业符号感知对商业信任的正向影响作用会显著增强。人际互动在情感符号感知和情感信任关系中具有显著的正向调节作用，说明随着人际互动的提高，情感符号感知对情感信任的正向影响作用会显著增强。

二、理论贡献

揭示了旅游地信任感的形成过程和路径结构，为旅游地信任感的影响因素识别提供新的视角。本书以符号三元关系理论为基础，根据符号形体与符号解释的意指关系对旅游地符号感知和旅游地信任感的关系进行假设。实证研究结果表明，旅游地符号感知正向影响旅游地信任感，这说明旅游地符号感知是推动旅游地信任感的关键因素，揭示了旅游地符号感知对旅游地信任感的影响机制。同时，研究以量化的形式证明旅游地符号形体与旅游地符号解释间的意指关系，拓展了符号学在旅游领域的应用。

揭示了人际互动在旅游符号意指过程中的调节作用，为旅游地符号形体与旅游地符号解释的关系提供一个较为全面的理论视角。本书以符号互动理论为基础，对人际互动在旅游地符号感知与旅游地信任感关系中的调节作用进行假设。实证研究结果表明，人际互动在旅游地符号感知对旅游地信任感的正向影响关系中具有促进作用，这为认识旅游地信任感形成过程中的协同因素提供依据。其中，人际互动分别在品牌符号感知与品牌信任、商业符号感知与商业信任、情感符号感知与情感信任的关系中的促进作用尤为突出，说明了人际互动在旅游符号形体与旅游符号解释关系间具有重要意义。总体来说，本章节率先识别了旅游地符号意指过程中的边界条件，进一步揭示了旅游地符号影响机制的内在互动特征，并为相关研究做出了重要的创新和拓展。

第六章　旅游地符号、信任感对游客契合行为的影响机制

在旅游领域中，信任维系着游客与旅游地的情感联系，是影响游客行为的重要驱动力[6]。在旅游过程中，游客与旅游地从业人员、旅游地居民和其他游客发生互动，从而建立了游客与旅游地之间的联系，游客在与旅游地关系中做出外在的行为表现。前一章已证明游客对旅游地符号形体信息的感知会影响旅游地信任感，而旅游地信任感是否会进一步推动游客的行为表现？这一问题尚未得到有效回答。可见，有必要探索旅游地符号感知、旅游地信任感与游客外在行为的关系。

现有研究结果表明，旅游地信任感是影响游客旅游决策的重要前导因素。有研究指出，旅游地信任感促使游客保持与旅游地的联系，延长在旅游地的停留时间[7]，促使游客再次回到旅游地[8]，驱动游客做出口碑宣传[207]、推荐[6]等行为，可以说旅游地信任感是游客忠诚行为的关键影响因素[208]。由此可见，旅游地信任感是游客行为的重要影响因素。旅游地信任感作为游客行为的内部驱动力，是否也会影响游客在与旅游地关系中的行为表现，即契合行为？同时，迄今为止，旅游研究领域少有研究从符号学视角探索旅游地符号感知、旅游地信任感对游客契合行为的影响机制，这是亟待填补的理论研究缺陷。

基于此，本章在第四、第五章研究结果的基础上，以 S–O–R 模型理论、符号互动理论、自我决定理论和社会认知理论等理论为基础，探讨旅游地符号感知、旅游地信任感、人际互动与游客契合行为的关系。本章研究内容主要包括：（1）揭示旅游地符号感知与游客契合行为的关系。（2）揭示旅游地信任感对游客契合行为的影响作用。（3）分析游客契合行为不同维度间的关系。（4）探索旅游地信任感、消费行为、反馈行为、施助行为和支持行为的中介作用。

第一节　理论基础与研究假设

一、旅游地符号感知与契合行为的关系

（一）旅游地景观符号感知与契合行为

已有研究表明，消费者对衍生产品的符号化感知会影响其使用意愿[335]，也就是说符号感知与消费意愿具有密切联系。旅游感知是指人们通过感官获取旅游对象和旅游环境信息的心理过程，是游客对旅游地相关事物的认识与评价[144，145]。吴登涛等（2021）研究表明，游客对旅游地原真性的感知是影响其旅游支持行为的重要因素[336]。此外，游客对湿地公园的景观感知对其环境行为倾向具有影响作用[276]。魏鸿雁等（2014）实证研究结果显示，游客对乡村景观的感知是其忠诚度的重要前因[337]。由此可知，景观感知对消费行为、支持行为和忠诚行为等具有重要影响作用。游客通过感觉器官获得旅游地景观符号形体信息后，会在与旅游地的关系中表现出消费、忠诚、支持等契合行为。由此，本书认为游客的旅游地景观符号感知对契合行为具有重要影响作用，提出以下研究假设：

H3：景观符号感知对游客消费行为（H3-1）、反馈行为（H3-2）、施助行为（H3-3）、支持行为（H3-4）、忠诚行为（H3-5）具有正向影响作用。

（二）旅游地品牌符号感知与契合行为

品牌感知与消费行为具有密切联系。例如，潘煜等（2013）认为个人对网络云服务的品牌感知是影响其购买行为的重要因素[338]。廖毅等（2018）研究结果表明，顾客对品牌的感知能够影响其线上购买意愿[339]。梁磊等（2016）研究表明，消费者对奢侈品的品牌感知与购买意愿具有相关性[340]。王淑翠等（2021）认为，消费者对产品品牌进行感知、体验和反馈，而参与活动的行为使其始终处于核心地位[341]。也就是说，品牌感知与反馈行为具有紧密关联。孙娟等（2016）研究表明，品牌感知是影响忠诚的重要因素[342]。另有研究表示，品牌感知对顾客的支持行为具有重要作用[343]。由此可知，品牌感知对消费行为、反馈行为和支持行为等具有影响作用。游客通过感觉器官获得旅游地品牌符号形体信息，会使其在与旅游地的

关系中表现出消费、反馈、支持等契合行为。由此，本书认为游客的旅游地品牌符号感知对契合行为具有重要影响作用，提出以下研究假设：

H4：品牌符号感知对游客消费行为（H4–1）、反馈行为（H4–2）、施助行为（H4–3）、支持行为（H4–4）、忠诚行为（H4–5）具有正向影响作用。

（三）旅游地制度符号感知与契合行为

研究表明，用户的制度感知是影响其合作意愿的重要因素[344]。此外，共享平台制度机制会影响顾客持续使用意愿[345]。吴玉锋等（2018）以中青年农民为研究对象，结果表明城乡居保制度感知有用性对忠诚度具有重要作用[346]。由此可见，制度感知对消费行为、支持行为和忠诚等具有重要作用。李希等（2011）认为，沟通反馈是薪酬制度感知的重要层面[347]。也就是说，制度感知与反馈具有紧密联系。游客通过感觉器官获得旅游地制度符号形体信息，会使其在与旅游地的关系中表现出消费、忠诚、支持、反馈等契合行为。由此，本书认为游客的旅游地制度符号感知对契合行为具有重要影响作用，提出以下研究假设：

H5：制度符号感知对游客消费行为（H5–1）、反馈行为（H5–2）、施助行为（H5–3）、支持行为（H5–4）、忠诚行为（H5–5）具有正向影响作用。

（四）旅游地商业符号感知与契合行为

现有研究表明，商品感知是影响消费行为的关键因素。例如，王晛（2010）研究表明，消费者对商品的符号化感知会影响其使用意愿[335]。刘凤军等（2020）认为，消费者的购买价值感知对购买行为具有影响作用[348]。高宏存等（2018）以短视频用户为研究对象，结果表示用户的商品感知可诱发购买行为[349]。也就是说，消费者对商品价值的感知会影响其购买决策或购买意愿。刘汉民等（2017）研究表明，商品感知的不确定性与沟通具有联系[350]，也就是说，商品感知与反馈存在关联。张长森（2015）研究表明，商品感知是影响顾客忠诚的重要因素[351]。游客通过感觉器官获得旅游地商业符号形体信息，会使其在与旅游地的关系中表现出消费、反馈、忠诚等契合行为。由此，本书认为游客的旅游地商业符号感知对契合行为具有重要影响作用，提出以下研究假设：

H6：商业符号感知对游客消费行为（H6–1）、反馈行为（H6–2）、施助行为（H6–3）、支持行为（H6–4）、忠诚行为（H6–5）具有正向影响作用。

（五）旅游地情感符号感知与契合行为

李晶（2020）认为，顾客需要满足能够促使情感体验的产生，并进一步强化消费行为[352]。沈鹏熠等（2016）实证研究发现，顾客的产品情感体验是消费行为的重要影响因素[353]。可以看出，情感体验对消费行为产生影响作用。王明丽等（2020）认为医患之间的沟通有助于积极情感体验的产生[354]。也就是说，沟通、反馈与情感体验有密切关系。研究表明，施助者不仅可获得积极的情感体验[355，356]，同时也会经历消极的情感体验[357，358]。Assor（2005）研究表明，教师的自主支持行为与学生积极情感体验具有紧密联系[359]。关辉国等（2018）研究表示，情感体验是形成品牌忠诚行为的重要因素[360]。游客通过感觉器官获得旅游地情感体验的心理感受，会使其在与旅游地的关系中表现出消费、反馈、支持等契合行为。由此，本书认为游客的旅游地情感符号感知对契合行为具有重要影响作用，提出以下研究假设：

H7：情感符号感知对游客消费行为（H7–1）、反馈行为（H7–2）、施助行为（H7–3）、支持行为（H7–4）、忠诚行为（H7–5）具有正向影响作用。

二、旅游地信任感与契合行为的关系

（一）旅游地信任感与消费行为

游客消费意愿是指消费者发生购买行为的主观概率或可能性[82]。Laroche 等（1996）研究表明，信任度与购买意向存在正相关，信任在购买意愿的预测过程中发挥重要作用[404]。Paul 等（2004）研究认为，消费者对卖家的信任决定了消费者的购买意愿[405]。袁惊柱（2020）通过实验法研究了游客的雾景景观价值感知及其支付意愿的关系。研究表明，游客的雾景景观属性价值感知对其支付意愿具有影响作用[361]。贺爱忠等（2010）研究表明，品牌可靠性和品牌意图对消费者的购买意愿具有重要影响[362]。李颖（2020）研究表明，陌生关系中的制度信任对顾客消费行为意愿的影响最强烈[363]。Hajli 等（2017）探讨了社交网络中的商业信任与购买意愿的关系。研究表明，顾客对供应商的商业信任对网络购买意愿具有影响作用[364]。侯宏等（2020）研究表明，消费者对产品及市场的情感信任会显著影响其购买意愿[365]。本书认为，游客的旅游地符号解释确定性感知越强，游客越有可能愿意付出时间和金钱的成本去换取一次满意的旅游体验。也就是说，游客对旅游地的信任越高，游客购买旅游地产品或服务的可能性就越大。

H8：景观信任（H8–1）、品牌信任（H8–2）、制度信任（H8–3）、商业信任（H8–4）和情感信任（H8–5）对游客消费行为具有正向影响作用。

（二）旅游地信任感与反馈行为

已有研究表明，信任感与反馈行为存在紧密联系。姜尧尧等（2020）研究表明，组织内部的良好信任环境能够促使新入职护士积极寻求反馈，以提高自身能力[366]。王红丽等（2016）探讨了信任者与被信任者的互动模型。研究表明，被信任者的反馈行为受其信任感影响[367]。王传美（2011）研究结果表明，顾客信任所导致的反馈行为包括添加书签、重复访问等行为[368]。王娜等（2020）基于扎根理论方法探索了用户持续性反馈行为的引致因素，其中用户信任是影响持续性反馈行为的关键因素[369]。Wilhelm（2003）指出，信任是公司高层寻求反馈行为的重要驱动力[370]。由此可见，信任是影响反馈行为的重要因素。在旅游领域内，当游客的旅游地符号解释明确性感知较高时，会促使游客做出反馈行为。鉴于此，本文提出以下研究假设：

H9：景观信任（H9–1）、品牌信任（H9–2）、制度信任（H9–3）、商业信任（H9–4）和情感信任（H9–5）对游客反馈行为具有正向影响作用。

（三）旅游地信任感与施助行为

现有研究认为，信任感与帮助行为存在紧密联系[371]。耿喆等（2011）实证结果表明，信任对团队成员间的平等分配具有促进作用。研究认为，成员间的信任程度代表着团队关系的良好程度，而良好关系有利于促进团队成员间的帮助行为[372]。Parasuraman 等（1992）认为组织支持能够为员工带来积极效应，有益于促进组织信任对员工帮助行为的影响[373]。杨志蓉（2006）认为，团队的快速信任是影响帮助行为的重要因素[374]。屠兴勇等（2020）研究表明，认知信任在亲社会动机与帮助行为的影响关系间存在调节效用[375]。郑晓明等（2016）研究认为，领导对员工的信任能够正向预测员工的帮助行为[376]。Hirst（2016）认为团队中的人际信任会影响成员间的帮助行为[377]。Colquitt 等（2007）研究认为，高信任倾向的人更愿意帮助他人[378]。由此可见，信任是影响施助行为的重要前导因素。在旅游领域内，当游客的旅游地符号解释明确性感知较高时，会促使游客做出施助行为。鉴于此，本文提出以下研究假设：

H10：景观信任（H10–1）、品牌信任（H10–2）、制度信任（H10–3）、商业信任（H10–4）和情感信任（H10–5）对游客施助行为具有正向影响作用。

（四）旅游地信任感与支持行为

徐婷等（2015）认为，信任是指信任方对被信任方的可靠性做出判断，并由此做出进一步的支持行为[379]。也就是说，信任是支持行为的重要驱动因素。张艳等（2013）认为，人际间的支持行为是建立在信任的基础上[380]。田敏等（2016）实证表明，消费者信任是消费者支持行为的重要影响因素[381]。王春鑫（2021）以村民为研究对象，实证检验了制度信任对村民参与环境整治意愿和行为的影响[382]。研究表明，制度信任对村民支持乡村环境整治意愿与行为具有重要作用。姜洪涛等（2008）研究表明，积极的情感信任会促使虚拟社区成员自发参与社区活动，为社区发展贡献自身的努力且不求回赠[383]。换言之，情感信任会激发个人的支持行为。在旅游领域内，当游客的旅游地符号解释明确性感知较高时，即旅游地信任较强时，会促使游客做出支持行为。鉴于此，本文提出以下研究假设：

H11：景观信任（H11-1）、品牌信任（H11-2）、制度信任（H11-3）、商业信任（H11-4）和情感信任（H11-5）对游客支持行为具有正向影响作用。

（五）旅游地信任感与忠诚行为

Loureiro 等（2008）研究结果表明，乡村旅游中的信任对游客忠诚具有正向的影响作用[47]。Filieri 等（2015）研究了游客对旅游自媒体（consumer-generated media，CGM）信任的影响因素以及信任的效用。研究结果表明，顾客对自媒体的信任感正向影响其推荐接受和口碑[192]。Su 等（2014）探讨了服务公平、游客情绪、信任与游客行为意愿的关系。结果表明，信任显著正向影响游客的重游意愿和口碑[193]。姚延波等（2013）实证研究表明，游客对目的地的信任感影响游客的重游意愿和推荐意愿[8]。综上所述，本书认为，当游客的旅游地符号解释明确性感知较高时，即旅游地信任感较强时，游客会更愿意做出忠诚行为。鉴于此，本文提出以下研究假设：

H12：景观信任（H12-1）、品牌信任（H12-2）、制度信任（H12-3）、商业信任（H12-4）和情感信任（H12-5）对游客忠诚行为具有正向影响作用。

三、消费行为、反馈行为、施助行为和支持行为与忠诚行为的关系

苏秦等（2007）认为顾客忠诚行为与实际消费行为具有直接影响关系[384]。忠诚行为源于顾客对同一品牌产品的长时间消费和使用[385]。本书认为，游客在旅游地消费旅游产品和服务后，当该旅游产品或服务的质量、价值等与游客自身的旅游需求一致时，游客对该旅游地的忠诚度便得以提高，并进一步实施忠诚行为。鉴于此，本书提出以下假设：

H13-1：游客的消费行为对忠诚行为具有正向影响作用。

Groth（2005）认为反馈行为是顾客公民行为的维度之一[386]。Cheramie（2004）研究结果发现，雇员的反馈行为正向影响组织公民行为[387]。可见，反馈行为是影响公民行为的关键因素。此外，史伟等（2015）研究认为，顾客忠诚行为是顾客公民行为的相关表述[388]，二者具有概念上的一致性。由此可知，反馈行为亦是忠诚行为的影响因素。在旅游领域内，游客向旅游服务人员寻求资助、问询、商议或者提出意见后，且自身需求得以满足时，游客有可能会重复购买旅游服务，甚至开展推荐或者口碑宣传。鉴于此，本书提出以下假设：

H13-2：游客的反馈行为对忠诚行为具有正向影响作用。

Podsakoff 等（1997）对组织公民行为的量表中包含了 7 个帮助行为的测量题项[389]。帮助行为是组织公民行为中研究较多且具有一致结论的关键维度[390]，也就是说帮助行为是组织公民行为中的内涵成分[391]。可以看出，施助行为与组织公民行为具有内在联系。此外，史伟等（2015）研究认为，顾客忠诚行为是顾客公民行为的相关表述[388]，二者具有概念上的一致性。在旅游领域内，游客在旅游地对他人实施帮助行为有利益提高自身的责任感，游客的精神需求得以满足，这有助于游客实施忠诚行为。鉴于此，本书提出以下假设：

H13-3：游客的施助行为对忠诚行为具有正向影响作用。

Smith 等（1983）研究发现，领导的支持行为会影响员工的组织公民行为[392]。Daily 等（2009）研究认为主管对员工的支持行为有利于员工表现出组织公民行为[393]。刘蓉（2020）研究结果表明，企业环境支持行为对消费者的公民行为存在影响作用[394]。Chiaburu 等（2008）实证结果表明，同事的支持行为影响员工的组织公民行为[395]。可以看出，支持行为与公民行为具有内在联系。此外，史伟等（2015）研究认为，顾客忠诚行为是顾客公民行为的相关表述[388]。在旅游领域内，游客在旅游地履行游客义务、遵守旅游地相关规则，这些支持行为提高了游客责任感，有可能促使游客实施忠诚行为。鉴于此，本书提出以下假设：

H13-4：游客的支持行为对忠诚行为具有正向影响作用。

四、旅游地信任感、消费行为、反馈行为、施助行为、支持行为的中介作用

（一）景观信任、消费行为、反馈行为、施助行为、支持行为的中介作用

游客的旅游地景观符号感知可能会通过景观信任、消费行为、反馈行为、施助行为和支持行为的中介作用对忠诚行为产生影响。目前尚未有研究对于该逻辑关系进行全面的阐述，但从相关研究中可以得到支持。例如，魏鸿雁等（2014）研究表明，游客乡村性感知与忠诚度之间存在正相关关系。其中，游客的乡村景观感知显著正向影响游客忠诚度[337]。此外，徐洪（2015）实证结果也表示，游客的乡村景观感知对游客忠诚具有显著的正向影响[396]。罗文斌等（2020）实证结果表明，城市居民对乡村景观的认知会影响游客再次参与乡村旅游的意愿，包括重游、推荐等方面[397]。游客的旅游地景观符号感知是旅游地景观符号形体信息对游客感觉器官产生刺激后所形成的认知与评价。游客对旅游景观符号形体进行解释，并有可能进一步做出行为反应。根据符号互动理论、S–O–R 模型，结合上文中的假设，本书认为景观符号感知可能会通过景观信任分别影响消费行为、反馈行为、施助行为或支持行为，进而对游客的忠诚行为产生影响。鉴于此，本书提出以下假设：

H14–1：景观信任和消费行为在景观符号感知和忠诚行为之间具有链式多重中介作用。

H14–2：景观信任和反馈行为在景观符号感知和忠诚行为之间具有链式多重中介作用。

H14–3：景观信任和施助行为在景观符号感知和忠诚行为之间具有链式多重中介作用。

H14–4：景观信任和支持行为在景观符号感知和忠诚行为之间具有链式多重中介作用。

（二）品牌信任、消费行为、反馈行为、施助行为、支持行为的中介作用

游客的旅游地品牌符号感知可能会通过品牌信任、消费行为、反馈行为、施助行为和支持行为的中介作用对忠诚行为产生影响。目前尚未有研究对于该逻辑进行全面的揭示，但可从相关研究中得到部分支持。例如，Aldas 等（2011）研究表明消费者品牌忠诚度与品牌感知具有相关关系[398] J.</author><author>Ruiz–Mafe，C.</

author><author>Sanz–Blas，S.</author><author>Lassala–Navarre，Carlos</author></authors></contributors><titles><title>Internet banking loyalty：evaluating the role of trust，satisfaction，perceived risk and frequency of use</title><secondary–title>The Service industries journal</secondary–title></titles><periodical><full–title>The Service industries journal</full–title></periodical><pages>1165~1190</pages><volume>31</volume><number>7–8</number><dates><year>2011</year></dates><urls></urls></record></Cite></EndNote>。陈国平等（2018）研究表明，顾客对品牌温暖、能力的感知对品牌忠诚具有直接影响作用[399]。张辉等（2019）实证检验结果表明，展会品牌认知、品牌形象和品牌感知价值对品牌忠诚具有显著的正向作用[400]。游客的旅游地品牌符号感知是旅游地品牌符号形体信息对游客感官产生刺激后所形成的认知与评价。游客对旅游地品牌符号形体进行解释，并有可能进一步做出行为反应。因此，根据符号互动理论、S–O–R 模型，结合上文中的假设，本书认为品牌符号感知可能会通过品牌信任影响消费行为、反馈行为、施助行为或支持行为，进而对游客的忠诚行为产生影响。鉴于此，本书提出以下假设：

H15–1：品牌信任和消费行为在品牌符号感知和忠诚行为之间具有链式多重中介作用。

H15–2：品牌信任和反馈行为在品牌符号感知和忠诚行为之间具有链式多重中介作用。

H15–3：品牌信任和施助行为在品牌符号感知和忠诚行为之间具有链式多重中介作用。

H15–4：品牌信任和支持行为在品牌符号感知和忠诚行为之间具有链式多重中介作用。

（三）制度信任、消费行为、反馈行为、施助行为、支持行为的中介作用

游客的旅游地制度符号感知可能会通过制度信任、消费行为、反馈行为、施助行为和支持行为的中介作用对忠诚行为产生影响。目前尚未有研究对于该逻辑进行全面的揭示，但可从相关研究中得到部分支持。例如，吴玉锋等（2018）认为，农民对城乡居保制度的感知有用性对其制度忠诚具有直接影响作用[346]。也就是说，当居民对表征城乡居保制度符号形体做出解释，即确信该制度有用时，会做出忠诚反应。在旅游领域内，游客对旅游地制度符号感知是旅游地制度符号形体信息对游客感官产生刺激后所形成的认知与评价。游客对旅游地制度符号形体做出解释，并有可能进一步做出行为反应。因此，根据符号互动理论、S-O-R 模型，结合上文中的假设，本书认为制度符号感知可能会通过制度信任影响消费行为、反馈行为、施助行为或支持行为，进而对游客的忠诚行为产生影响。鉴于此，本书提出以下假设：

H16-1：制度信任和消费行为在制度符号感知和忠诚行为之间具有链式多重中介作用。

H16-2：制度信任和反馈行为在制度符号感知和忠诚行为之间具有链式多重中介作用。

H16-3：制度信任和施助行为在制度符号感知和忠诚行为之间具有链式多重中介作用。

H16-4：制度信任和支持行为在制度符号感知和忠诚行为之间具有链式多重中介作用。

（四）商业信任、消费行为、反馈行为、施助行为、支持行为的中介作用

游客的旅游地商业符号感知可能会通过商业信任、消费行为、反馈行为、施助行为和支持行为的中介作用对忠诚行为产生影响。目前尚未有研究对于该逻辑进行全面的揭示，但可从相关研究中得到部分支持。例如，王春秀（2011）认为企业的经营管理状态对员工的忠诚行为具有直接影响作用[401]。本书认为，旅游地商业经营管理会通过一定的商业符号形体展现给游客。从符号学视角来看，当这些商业符号形体信息对游客感官产生刺激后便产生认识与评价。游客会对旅游地商业符号形体做出解释，并有可能进一步做出行为反应。因此，根据符号互动理论、S-O-R 模型，结合上文中的假设，本书认为商业符号感知可能会通过商业信任影响消费行为、反馈行为、施助行为或支持行为，进而对游客的忠诚行为产生影响。鉴于此，本书提出以下假设：

H17-1：商业信任和消费行为在商业符号感知和忠诚行为之间具有链式多重中介作用。

H17-2：商业信任和反馈行为在商业符号感知和忠诚行为之间具有链式多重中介作用。

H17-3：商业信任和施助行为在商业符号感知和忠诚行为之间具有链式多重中介作用。

H17-4：商业信任和支持行为在商业符号感知和忠诚行为之间具有链式多重中介

介作用。

（五）情感信任、消费行为、反馈行为、施助行为、支持行为的中介作用

游客的旅游地情感符号感知可能会通过情感信任、消费行为、反馈行为、施助行为和支持行为的中介作用对忠诚行为产生影响。目前尚未有研究对于该逻辑进行全面的揭示，但可从相关研究中得到部分支持。例如，程风刚（2019）认为良好的情感体验有利于提高用户的忠诚度[402]。李秋成（2014）等认为，游客在景区的情感体验对游客忠诚和重游意愿具有积极影响作用[403]。本书认为，游客对旅游地情感符号感知是旅游地情感符号形体信息对游客感官产生刺激后所形成的认知与评价。游客对旅游地品牌符号形体做出解释，并有可能进一步做出行为反应。因此，根据符号互动理论、S–O–R 模型，结合上文中的假设，本书认为情感符号感知可能会通过情感信任影响消费行为、反馈行为、施助行为或支持行为，进而对游客的忠诚行为产生影响。鉴于此，本书提出以下假设：

H18–1：情感信任和消费行为在情感符号感知和忠诚行为之间具有链式多重中介作用。

H18–2：情感信任和反馈行为在情感符号感知和忠诚行为之间具有链式多重中介作用。

H18–3：情感信任和施助行为在情感符号感知和忠诚行为之间具有链式多重中介作用。

H18–4：情感信任和支持行为在情感符号感知和忠诚行为之间具有链式多重中介作用。

综上所述，本书以 S–O–R 理论模型、符号互动理论、符号三元关系理论、自我决定理论和社会认知理论为基础，提出了研究假设，从符号学视角构建了旅游地符号感知、旅游地信任感、人际互动对游客契合行为的作用机制模型，如图 6.1 所示。

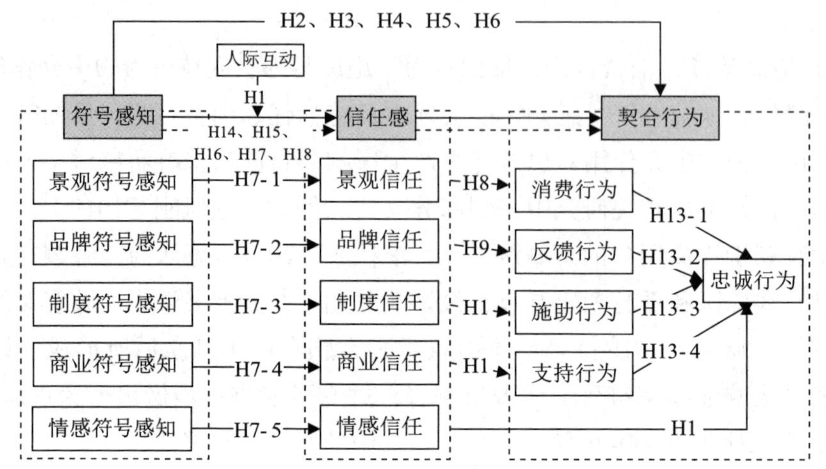

图 6.1 旅游地符号感知、旅游地信任感、人际互动对游客契合行为的作用机制模型

第二节 实证分析与假设检验

一、分析方法

（一）线性回归分析

递归模型指的是结构方程模型中变量间仅有单一方向的因果联系，无直接或者间接的反馈，并且误差间彼此无关[397]。本书构建了旅游地符号感知、旅游地信任感、人际互动与游客契合行为间的关系模型，提出了旅游地符号感知、旅游地信任感与游客契合行为的假设关系，此关系为单一方向，因此使用 SPSS25.0 软件中的线性回归方法对上述假设进行检验。

（二）多重中介效应分析

本书所构建的旅游地符号形体、旅游地信任感对游客契合行为的影响机制模型中，以旅游地符号感知为自变量，包括景观符号感知、品牌符号感知、制度符号感知、商业符号感知和情感符号感知。以游客忠诚行为为因变量。以旅游地信任感，包括景观信任、品牌信任、制度信任、商业信任和情感信任，游客消费行为、反馈行为、施助行为和支持行为等为链式多重中介变量。对模型进行多重中介效应分析时，本书使用 SPSS 中的 PROCESS 插件对变量间的直接效应和中介效应进行检验，该方法不仅可得到路径总的中介效应和特定间接效应，并且能够对比多个中介变量中哪几个中介变量的中介效用更好[404]。

二、总体模型检验

由旅游地符号感知、旅游地信任感、人际互动和契合行为构成递归模型。本书运用 SPSS25.0 软件中的 PROCESS 插件进行变量间的路径分析，将抽样数设置为 5000，偏差校正的置信区间（CI）=95%。结果表示，旅游地符号感知正向影响契合行为（β=0.345，P<0.001），旅游地信任感正向影响契合行为（β=0.457，P<0.001）。

在旅游地符号感知→旅游地信任感→契合行为的中介效应模型中，旅游地符号感知对契合行为的总效应值为 0.728（95%：0.674，0.782）；总间接效应值为 0.382（95%：0.293，0.474），总间接效应占总效应的 52.47%，表明旅游地信感在旅游地符号感知和契合行为之间起着部分中介作用。

三、直接效应检验

由景观符号感知、品牌符号感知、制度符号感知、商业符号感知、情感符号感知、景观信任、品牌信任、商业信任、制度信任、情感信任、施助行为、消费行为、支持行为、反馈行为和忠诚行为等变量构成递归结构方程模型。本书运用 SPSS25.0 软件中的 PROCESS 插件进行变量间的路径分析，假设检验条件设置如下：将抽样数设置为 5000，偏差校正的置信区间（CI）=95%，模型中变量间的直接路径检验结果见表 6.1 至表 6.4。

（一）旅游地符号感知对契合行为的直接影响

由表 6.1 可知，景观符号感知正向影响消费行为（β=0.386，P<0.001）、反馈行为（β=0.389，P<0.001）、施助行为（β=0.474，P<0.001）、支持行为（β=0.486，P<0.001）和忠诚行为（β=0.145，P<0.001），因此假设 H3-1 至假设 H3-5 成立。也就是说，游客对旅游地景观符号形体的感知会促使游客实施购物消费、反馈沟通、帮助他人以及支持当地法律法规等行为，这与王晛（2010）[335]、吴登涛（2021）[336]、魏鸿雁（2014）[337]等研究结论具有逻辑上一致性。

品牌符号感知正向影响消费行为（β=0.458，P<0.001）、反馈行为（β=0.414，P<0.001）、施助行为（β=0.460，P<0.001）、支持行为（β=0.375，P<0.001）、忠诚行为（β=0.535，P<0.001），因此假设 H4–1 至假设 H4–5 成立。换言之，游客对旅游地品牌符号的感知能够刺激游客开展消费、问题反馈、重游和口碑推荐等行为，这与潘煜（2013）[338]、王淑翠（2021）[341]和孙娟（2016）[342]等研究结论具有逻辑上的一致性。

制度符号感知正向影响消费行为（β=0.431，P<0.001）、反馈行为（β=0.389，P<0.001），施助行为（β=0.398，P<0.001）、支持行为（β=0.359，P<0.001）和忠诚行为（β=0.396，P<0.001），因此假设 H5–1 至假设 H5–5 成立。数据结果表明，游客对旅游地制度符号要素的感知可激发其做出购买决策、沟通、反馈等行为，这与陈远（2017）[345]、李希（2011）[347]等的研究观点具有逻辑上的一致性。

商业符号感知正向影响消费行为（β=0.540，P<0.001）、反馈行为（β=0.478，P<0.001）、施助行为（β=0.462，P<0.001）、支持行为（β=0.453，P<0.001）和忠诚行为（β=0.473，P<0.001），因此假设 H6–1 假设 H6–5 成立。数据结果说明，游客对旅游地商业符号感知会驱动游客实施消费购买、沟通反馈等行为，这与刘凤军（2020）[348]和刘汉民（2017）[350]等研究发现相一致。

情感符号感知正向影响消费行为（β=0.513，P<0.001）、反馈行为（β=0.431，P<0.001）、施助行为（β=0.513，P<0.001）、支持行为（β=0.429，P<0.001）和忠诚行为（β=0.544，P<0.001），因此假设 H7–1 至假设 H7–5 成立。数据结果表明，游客对旅游地情感符号的感知能促使游客实施购买决策、重游推荐和口碑传播等行为响应，这与李晶（2020）[352]和 Pullman（2004）等[405]的研究结果一致。

表 6.1　旅游地符号感知对契合行为的直接效应检验结果

假设	路径	标准化路径系数 β	P	BootstraP 95% CI		检验结果
				LLCI	ULCI	
H3–1	景观符号感知→消费行为	0.386	0.000	0.343	0.518	成立
H3–2	景观符号感知→反馈行为	0.389	0.000	0.339	0.509	成立
H3–3	景观符号感知→施助行为	0.474	0.000	0.421	0.578	成立
H3–4	景观符号感知→支持行为	0.486	0.000	0.369	0.539	成立
H3–5	景观符号感知→忠诚行为	0.145	0.000	0.352	0.513	成立

续表

假设	路径	标准化路径系数β	P	BootstraP 95% CI		检验结果
				LLCI	ULCI	
H4-1	品牌符号感知→消费行为	0.458	0.000	0.361	0.508	成立
H4-2	品牌符号感知→反馈行为	0.414	0.000	0.311	0.457	成立
H4-3	品牌符号感知→施助行为	0.460	0.000	0.343	0.481	成立
H4-4	品牌符号感知→支持行为	0.375	0.000	0.241	0.373	成立
H4-5	品牌符号感知→忠诚行为	0.535	0.000	0.409	0.540	成立
H5-1	制度符号感知→消费行为	0.431	0.000	0.377	0.539	成立
H5-2	制度符号感知→反馈行为	0.389	0.000	0.323	0.484	成立
H5-3	制度符号感知→施助行为	0.398	0.000	0.321	0.476	成立
H5-4	制度符号感知→支持行为	0.359	0.000	0.256	0.401	成立
H5-5	制度符号感知→忠诚行为	0.396	0.000	0.316	0.470	成立
H6-1	商业符号感知→消费行为	0.540	0.000	0.506	0.663	成立
H6-2	商业符号感知→反馈行为	0.478	0.000	0.426	0.585	成立
H6-3	商业符号感知→施助行为	0.462	0.000	0.394	0.549	成立
H6-4	商业符号感知→支持行为	0.453	0.000	0.351	0.494	成立
H6-5	商业符号感知→忠诚行为	0.473	0.000	0.402	0.556	成立
H7-1	情感符号感知→消费行为	0.513	0.000	0.442	0.590	成立
H7-2	情感符号感知→反馈行为	0.431	0.000	0.348	0.500	成立
H7-3	情感符号感知→施助行为	0.513	0.000	0.417	0.556	成立
H7-4	情感符号感知→支持行为	0.429	0.000	0.304	0.439	成立
H7-5	情感符号感知→忠诚行为	0.544	0.000	0.443	0.579	成立

（二）旅游地信任感对契合行为的直接影响

由表6.2可知，景观信任（β=0.488，P<0.001）、品牌信任（β=0.538，P<0.001）、制度信任（β=0.422，P<0.001）、商业信任（β=0.526，P<0.001）和情感信任（β=0.560，P<0.001）均正向影响消费行为，因此假设H8-1至假设H8-5成立。数据结果表明，游客对于旅游地的信任感越高，越能驱动游客实施消费和购买等行为，这与袁惊柱（2020）[361]、贺爱忠（2010）[362]、李颖（2020）[363]、Hajli（2017）[364]和侯宏[365]等人的研究发现一致。

景观信任（β=0.388，P<0.001）、品牌信任（β=0.467，P<0.001）、制度信任（β=0.368，P<0.001）、商业信任（β=0.385，P<0.001）和情感信任（β=0.434，P<0.001）正向影响反馈行为，因此假设 H9–1 至假设 H9–5 成立。由此可知，游客对旅游地的品牌信任、制度信任和情感信任是驱动游客做出反馈、沟通等行为的重要因素，这与王传美（2011）[368]、王娜（2020）[369]等研究结果逻辑一致。

景观信任（β=0.540，P<0.001）、品牌信任（β=0.521，P<0.001）、制度信任（β=0.584，P<0.001）、商业信任（β=0.427，P<0.01）和情感信任（β=0.570，P<0.001）均正向影响施助行为，因此假设 H10–1 至假设 H10–5 成立。由此说明，游客对旅游地景观、品牌、制度、商业和情感等方面的信任是促使游客帮助他人的关键因素，这与 De（2007）[371]、Parasuraman（1992）[373]、杨志蓉（2006）[374]、屠兴勇（2020）[375]和 Hirst（2016）[377]等人的研究结论逻辑一致。

景观信任（β=0.496，P<0.001）、品牌信任（β=0.465，P<0.001）、制度信任（β=0.518，P<0.001）、商业信任（β=0.387，P<0.001）和情感信任（β=0.467，P<0.001）正向影响支持行为，因此假设 H11–1 至假设 H115 成立。可以说，游客对旅游地景观、品牌、制度和情感等方面的信任感是激发其做出遵守旅游地法律法规的重要因素，这与张艳（2013）[380]、田敏（2016）[381]、王春鑫（2021）[382]和姜洪涛（2008）[383]等的研究结论逻辑一致。

景观信任（β=0.544，P<0.001）、品牌信任（β=0.545，P<0.001）、制度信任（β=0.481，P<0.001）、商业信任（β=0.450，P<0.001）和情感信任（β=0.582，P<0.001）正向影响忠诚行为，因此假设 H12–1 至假设 H12–5 成立。由此可知，游客对旅游地景观、品牌、制度和情感等方面的信任感是促使游客做出重游、推荐和口碑宣传等行为的重要因素，这与 Loureiro（2008）[47]、Filieri（2015）[192]、Su（2014）[193]和姚延波（2013）[8]等研究结论逻辑一致。

表 6.2 旅游地信任感对契合行为的直接效应检验结果

假设	路径	标准化路径系数 β	P	BootstraP 95% CI		检验结果
				LLCI	ULCI	
H8–1	景观信任→消费行为	0.488	0.000	0.457	0.624	成立
H8–2	品牌信任→消费行为	0.538	0.000	0.510	0.671	成立
H8–3	制度信任→消费行为	0.422	0.000	0.362	0.523	成立

续表

假设	路径	标准化路径系数 β	P	BootstraP 95% CI		检验结果
				LLCI	ULCI	
H8–4	商业信任→消费行为	0.526	0.000	0.485	0.644	成立
H8–5	情感信任→消费行为	0.560	0.000	0.561	0.720	成立
H9–1	景观信任→反馈行为	0.388	0.000	0.334	0.506	成立
H9–2	品牌信任→反馈行为	0.467	0.000	0.418	0.583	成立
H9–3	制度信任→反馈行为	0.368	0.000	0.297	0457	成立
H9–4	商业信任→反馈行为	0.385	0.000	0.321	0.488	成立
H9–5	情感信任→反馈行为	0.434	0.000	0.400	0.570	成立
H10–1	景观信任→施助行为	0.540	0.000	0.488	0.640	成立
H10–2	品牌信任→施助行为	0.521	0.000	0.462	0.616	成立
H10–3	制度信任→施助行为	0.584	0.000	0.510	0.646	成立
H10–4	商业信任→施助行为	0.427	0.000	0.353	0.512	成立
H10–5	情感信任→施助行为	0.570	0.000	0.540	0.689	成立
H11–1	景观信任→支持行为	0.496	0.000	0.400	0.544	成立
H11–2	品牌信任→支持行为	0.465	0.000	0.366	0.513	成立
H11–3	制度信任→支持行为	0.518	0.000	0.402	0.533	成立
H11–4	商业信任→支持行为	0.387	0.000	0.284	0.432	成立
H11–5	情感信任→支持行为	0.467	0.000	0.386	0.534	成立
H12–1	景观信任→忠诚行为	0.544	0.000	0.487	0.637	成立
H12–2	品牌信任→忠诚行为	0.545	0.000	0.484	0.634	成立
H12–3	制度信任→忠诚行为	0.481	0.000	0.398	0.544	成立
H12–4	商业信任→忠诚行为	0.450	0.000	0.373	0.529	成立
H12–5	情感信任→忠诚行为	0.582	0.000	0.549	0.696	成立

（三）消费行为、反馈行为、施助行为和支持行为对忠诚行为的直接影响

由表 6.3 可知，消费行为（β=0.630，P<0.001）、反馈行为（β=0.515，P<0.001）、施助行为（β=0.448，P<0.001）和支持行为（β=0.456，P<0.001）正向影响忠诚行为，因此假设 H13–1 至假设 H13–4 成立。由此可知，游客在旅游地的购买消费、沟通和遵守当地法律法规的行为会刺激其做出重游、推荐和口碑宣传等行为，这与苏秦（2007）[384]、Groth（2005）[386]和 Daily（2009）[393]等研究结论

逻辑一致。

表 6.3　消费行为、反馈行为、施助行为和支持行为对忠诚行为的直接效应检验结果

假设	路径	标准化路径系数 β	P	Bootstrap 95% CI		检验结果
				LLCI	ULCI	
H13–1	消费行为→忠诚行为	0.630	0.000	0.526	0.651	成立
H13–2	反馈行为→忠诚行为	0.515	0.000	0.421	0.563	成立
H13–3	施助行为→忠诚行为	0.448	0.000	0.367	0.520	成立
H13–4	支持行为→忠诚行为	0.456	0.000	0.412	0.579	成立

四、中介效应检验

本书对理论模型进行多重中介效应检验，其中包括特定路径中介效应。因此，拟使用SPSS中的PROCESS3.0程序进行链式多重中介效应检验，模型选择Model 6，置信区间设置为95%，设置bootstrapping的样本数为5000，若检验结果区间包含0，则说明中介效应不显著[406]。

（一）景观信任、消费行为、反馈行为、施助行为、支持行为的中介作用

景观符号感知与忠诚行为间的中介效应检验结果如表6.4所示，结果显示景观信任与消费行为、景观信任与反馈行为、景观信任与施助行为、景观信任与支持行为分别在景观符号感知与忠诚行为之间存在多重中介作用。在景观符号感知→景观信任→消费行为→忠诚行为的中介效应模型中，景观符号感知对忠诚行为的总效应值为0.433（95%：0.352，0.513）。总间接效应值为0.349（95%：0.267，0.435），总间接效应占总效应的80.58%，表明景观信任和消费行为在景观符号感知和忠诚行为之间起着部分中介作用，假设H14–1成立。

在景观符号感知→景观信任→反馈行为→忠诚行为的中介效应模型中，景观信任和反馈行为在景观符号感知和忠诚行为之间的总间接效应值为0.362（95%：0.279，0.446），总间接效应占总效应的83.49%，表明景观信任和反馈行为在景观符号感知和忠诚行为之间起着部分中介作用，假设H14–2成立。

在景观符号感知→景观信任→施助行为→忠诚行为的中介效应模型中，景观信任和施助行为在景观符号感知和忠诚行为之间的总间接效应值为0.321（95%：0.243，0.404），总间接效应占总效应的74.23%，表明景观信任和施助行为在景观

符号感知和忠诚行为之间起着部分中介作用，假设 H14–3 成立。

在景观符号感知→景观信任→支持行为→忠诚行为的中介效应模型中，景观信任和支持行为在景观符号感知和忠诚行为之间的总间接效应值为 0.343（95%：0.262，0.428），总间接效应占总效应的 79.24%，表明景观信任和支持行为在景观符号感知和忠诚行为之间起着部分中介作用，假设 H14–4 成立。

表 6.4　第一组：中介效应与对比分析

效应类型		系数	BootSE	95%CI 置信区间	
				BootLLCI	BootULCI
	总效应：X on Y	0.433	0.041	0.352	0.513
景观符号感知→景观信任→消费行为→忠诚行为	总间接效应（占总效应的比）				
	X on Y（Total）	0.349（80.58%）	0.043	0.267	0.435
	Ind1	0.161（37.14%）	0.033	0.098	0.228
	Ind2	0.078（17.94%）	0.028	0.024	0.135
	Ind3	0.110（25.50%）	0.018	0.077	0.148
	特定间接效应比较				
	C1=Ind1–Ind2	0.083	0.045	–0.005	0.172
	C2=Ind1–Ind3	0.050	0.035	–0.018	0.121
	C3=Ind2–Ind3	–0.033	0.037	–0.105	0.043
注：Ind1：景观符号感知→景观信任→忠诚行为；Ind2：景观符号感知→消费行为→忠诚行为；Ind3：景观符号感知→景观信任→消费行为→忠诚行为					
景观符号感知→景观信任→反馈行为→忠诚行为	总间接效应（占总效应的比）				
	X on Y（Total）	0.362（83.49%）	0.042	0.279	0.446
	Ind1	0.222（51.36%）	0.037	0.152	0.294
	Ind2	0.090（20.88%）	0.023	0.046	0.139
	Ind3	0.049（11.25%）	0.015	0.022	0.083
	特定间接效应比较				
	C1=Ind1–Ind2	0.132	0.045	0.041	0.221
	C2=Ind1–Ind3	0.174	0.040	0.095	0.252
	C3=Ind2–Ind3	0.042	0.029	–0.013	0.099

续表

效应类型		系数	BootSE	95%CI 置信区间	
				BootLLCI	BootULCI
注：Ind1：景观符号感知→景观信任→忠诚行为；Ind2：景观符号感知→反馈行为→忠诚行为；Ind3：景观符号感知→景观信任→反馈行为→忠诚行为					
景观符号感知→景观信任→施助行为→忠诚行为	总间接效应（占总效应的比）				
	X on Y（Total）	0.321（74.23%）	0.041	0.243	0.404
	Ind1	0.226（52.22%）	0.041	0.146	0.308
	Ind2	0.050（11.62%）	0.017	0.020	0.087
	Ind3	0.045（10.42%）	0.014	0.019	0.074
	特定间接效应比较				
	C1=Ind1-Ind2	0.176	0.049	0.080	0.274
	C2=Ind1-Ind3	0.181	0.047	0.089	0.275
	C3=Ind2-Ind3	0.005	0.015	-0.024	0.035
注：Ind1：景观符号感知→景观信任→忠诚行为；Ind2：景观符号感知→施助行为→忠诚行为；Ind3：景观符号感知→景观信任→施助行为→忠诚行为					
	总间接效应（占总效应的比）				
景观符号感知→景观信任→支持行为→忠诚行为	X on Y（Total）	0.343（79.24%）	0.042	0.262	0.428
	Ind1	0.228（52.68%）	0.040	0.153	0.308
	Ind2	0.072（16.63%）	0.022	0.034	0.120
	Ind3	0.043（9.95%）	0.014	0.021	0.073
	特定间接效应比较				
	C1=Ind1-Ind2	0.156	0.051	0.058	0.257
	C2=Ind1-Ind3	0.185	0.047	0.092	0.279
	C3=Ind2-Ind3	0.029	0.021	-0.010	0.072
注：Ind1：景观符号感知→景观信任→忠诚行为；Ind2：景观符号感知→支持行为→忠诚行为；Ind3：景观符号感知→景观信任→支持行为→忠诚行为					

（二）品牌信任、消费行为、反馈行为、施助行为、支持行为的中介作用

品牌符号感知与忠诚行为间的中介效应检验结果如表 6.5 所示，结果显示品牌信任与消费行为、品牌信任与反馈行为、品牌信任与施助行为、品牌信任与支持

行为分别在品牌符号感知与忠诚行为之间存在多重中介作用。在品牌符号感知→品牌信任→消费行为→忠诚行为中介效应模型中，品牌符号感知对忠诚行为的总效应值为 0.475（95%：0.409，0.540）；品牌信任和消费行为在品牌符号感知和忠诚行为之间的总间接效应值为 0.267（95%：0.204，0.334），总间接效应占总效应的 56.23%，表明品牌信任和消费行为在品牌符号感知和忠诚行为之间起着部分中介作用，假设 H15–1 成立。

在品牌符号感知→品牌信任→反馈行为→忠诚行为模型中介效应中，品牌信任和反馈行为在品牌符号感知和忠诚行为之间的总间接效应值为 0.240（95%：0.172，0.315），总间接效应占总效应的 50.51%，表明品牌信任和反馈行为在品牌符号感知和忠诚行为之间起着部分中介作用，假设 H15–2 成立。

在品牌符号感知→品牌信任→施助行为→忠诚行为中介效应模型中，品牌信任和施助行为在品牌符号感知和忠诚行为之间的总间接效应值为 0.221（95%：0.155，0.292），总间接效应占总效应的 46.44%，表明品牌信任和施助行为在品牌符号感知和忠诚行为之间起着部分中介作用，假设 H15–3 成立。

在品牌符号感知→品牌信任→支持行为→忠诚行为中介效应模型中，品牌信任和支持行为在品牌符号感知和忠诚行为之间的总间接效应值为 0.216（95%：0.153，0.285），总间接效应占总效应的 45.41%，表明品牌信任和支持行为在品牌符号感知和忠诚行为之间起着部分中介作用，假设 H15–4 成立。

表 6.5 第二组：中介效应与对比分析

效应类型		系数	BootSE	95%CI 置信区间	
				BootLLCI	BootULCI
	总效应：X on Y	0.475	0.033	0.409	0.540
品牌符号感知→品牌信任→消费行为→忠诚行为	总间接效应（占总效应的比）				
	X on Y（Total）	0.267（56.23%）	0.034	0.204	0.334
	Ind1	0.092（19.43%）	0.027	0.042	0.148
	Ind2	0.082（17.28%）	0.021	0.044	0.125
	Ind3	0.093（19.52%）	0.016	0.064	0.126

续表

效应类型		系数	BootSE	95%CI 置信区间	
				BootLLCI	BootULCI
品牌符号感知→品牌信任→消费行为→忠诚行为	特定间接效应比较				
	C1=Ind1–Ind2	0.010	0.037	–0.061	0.082
	C2=Ind1–Ind3	0.000	0.032	–0.064	0.061
	C3=Ind2–Ind3	–0.011	0.029	–0.069	0.047
注：Ind1：品牌符号感知→品牌信任→忠诚行为；Ind2：品牌符号感知→消费行为→忠诚行为；Ind3：品牌符号感知→品牌信任→消费行为→忠诚行为					
品牌符号感知→品牌信任→反馈行为→忠诚行为	总间接效应（占总效应的比）				
	X on Y（Total）	0.240（50.51%）	0.037	0.172	0.315
	Ind1	0.135（28.32%）	0.029	0.079	0.193
	Ind2	0.055（11.56%）	0.020	0.021	0.096
	Ind3	0.050（10.61%）	0.012	0.029	0.076
	特定间接效应比较				
	C1=Ind1–Ind2	0.080	0.036	0.011	0.152
	C2=Ind1–Ind3	0.084	0.032	0.022	0.150
	C3=Ind2–Ind3	0.005	0.022	–0.037	0.050
注：Ind1：品牌符号感知→品牌信任→忠诚行为；Ind2：品牌符号感知→反馈行为→忠诚行为；Ind3：品牌符号感知→品牌信任→反馈行为→忠诚行为					
品牌符号感知→品牌信任→施助行为→忠诚行为	总间接效应（占总效应的比）				
	X on Y（Total）	0.221（46.44%）	0.035	0.155	0.292
	Ind1	0.152（31.96%）	0.030	0.095	0.213
	Ind2	0.036（7.49%）	0.014	0.012	0.066
	Ind3	0.033（6.99%）	0.012	0.012	0.060
	特定间接效应比较				
	C1=Ind1–Ind2	0.116	0.035	0.051	0.186
	C2=Ind1–Ind3	0.119	0.033	0.054	0.185
	C3=Ind2–Ind3	0.002	0.014	–0.027	0.030
注：Ind1：品牌符号感知→品牌信任→忠诚行为；Ind2：品牌符号感知→施助行为→忠诚行为；Ind3：品牌符号感知→品牌信任→施助行为→忠诚行为					

续表

效应类型		系数	BootSE	95%CI 置信区间	
				BootLLCI	BootULCI
品牌符号感知→品牌信任→支持行为→忠诚行为	总间接效应（占总效应的比）				
	X on Y（Total）	0.216（45.41%）	0.034	0.153	0.285
	Ind1	0.140（29.56%）	0.030	0.083	0.202
	Ind2	0.031（6.46%）	0.015	0.007	0.063
	Ind3	0.045（9.39%）	0.013	0.022	0.074
	特定间接效应比较				
	C1=Ind1–Ind2	0.110	0.034	0.043	0.177
	C2=Ind1 Ind3	0.096	0.036	0.023	0.165
	C3=Ind2–Ind3	–0.014	0.019	–0.053	0.021

注：Ind1：品牌符号感知→品牌信任→忠诚行为；Ind2：品牌符号感知→支持行为→忠诚行为；Ind3：品牌符号感知→品牌信任→支持行为→忠诚行为

（三）制度信任、消费行为、反馈行为、施助行为、支持行为的中介作用

制度符号感知与忠诚行为间的中介效应检验结果如表 6.6 所示，结果显示制度信任与消费行为、制度信任与反馈行为、制度信任与施助行为、制度信任与支持行为分别在制度符号感知与忠诚行为之间存在多重中介作用。在制度符号感知→制度信任→消费行为→忠诚行为中介模型中，制度符号感知对忠诚行为的总效应值为 0.393（95%：0.316，0.470）；制度信任和消费行为在制度符号感知和忠诚行为之间的总间接效应值为 0.324（95%：0.255，0.403），总间接效应占总效应的 82.54%，表明制度信任和消费行为在制度符号感知和忠诚行为之间起着完全中介作用，假设 H16–1 成立。

在制度符号感知→制度信任→反馈行为→忠诚行为中介模型中，制度信任和反馈行为在制度符号感知和忠诚行为之间的总间接效应值为 0.276（95%：0.211，0.347），总间接效应占总效应的 70.15%，表明制度信任和反馈行为在制度符号感知和忠诚行为之间起着部分中介作用，假设 H16–2 成立。

在制度符号感知→制度信任→施助行为→忠诚行为中介模型中，制度信任和施助行为在制度符号感知和忠诚行为之间的总间接效应值为 0.210（95%：0.153，0.275），总间接效应占总效应的 53.49%，表明制度信任和施助行为在制度符号感知

和忠诚行为之间起着部分中介作用，假设 H16–3 成立。

在制度符号感知→制度信任→支持行为→忠诚行为中介模型中，制度信任和支持行为在制度符号感知和忠诚行为之间的总间接效应值为 0.214（95%：0.150，0.287），总间接效应占总效应的 54.43%，表明制度信任和支持行为在制度符号感知和忠诚行为之间起着部分中介作用，假设 H16–4 成立。

表 6.6　第三组：中介效应与对比分析

效应类型		系数	BootSE	95%CI 置信区间	
				BootLLCI	BootULCI
	总效应：X on Y	0.393	0.039	0.316	0.470
制度符号感知→制度信任→消费行为→忠诚行为	总间接效应（占总效应的比）				
	X on Y（Total）	0.324（82.54%）	0.037	0.255	0.403
	Ind1	0.113（28.70%）	0.025	0.066	0.163
	Ind2	0.147（37.30%）	0.025	0.100	0.199
	Ind3	0.065（16.56%）	0.013	0.041	0.092
	特定间接效应比较				
	C1=Ind1–Ind2	–0.034	0.036	–0.104	0.038
	C2=Ind1–Ind3	0.048	0.027	–0.004	0.104
	C3=Ind2–Ind3	0.082	0.029	0.026	0.140
注：Ind1：制度符号感知→制度信任→忠诚行为；Ind2：制度符号感知→消费行为→忠诚行为；Ind3：制度符号感知→制度信任→消费行为→忠诚行为					
制度符号感知→制度信任→反馈行为→忠诚行为	总间接效应（占总效应的比）				
	X on Y（Total）	0.276（70.15%）	0.035	0.211	0.347
	Ind1	0.139（35.37%）	0.026	0.093	0.194
	Ind2	0.098（24.91%）	0.023	0.056	0.147
	Ind3	0.039（9.90%）	0.011	0.019	0.062
	特定间接效应比较				
	C1=Ind1–Ind2	0.041	0.037	–0.031	0.115
	C2=Ind1–Ind3	0.100	0.028	0.050	0.159
	C3=Ind2–Ind3	0.059	0.026	0.012	0.112

续表

效应类型		系数	BootSE	95%CI 置信区间	
				BootLLCI	BootULCI
注：Ind1：制度符号感知→制度信任→忠诚行为；Ind2：制度符号感知→反馈行为→忠诚行为；Ind3：制度符号感知→制度信任→反馈行为→忠诚行为					
制度符号感知→制度信任→施助行为→忠诚行为	总间接效应（占总效应的比）				
	X on Y（Total）	0.210（53.49%）	0.031	0.153	0.275
	Ind1	0.128（32.65%）	0.029	0.077	0.189
	Ind2	0.032（8.22%）	0.013	0.010	0.061
	Ind3	0.050（12.62%）	0.015	0.021	0.080
	特定间接效应比较				
	C1=Ind1–Ind2	0.096	0.036	0.029	0.170
	C2=Ind1–Ind3	0.079	0.037	0.013	0.157
	C3=Ind2–Ind3	–0.017	0.013	–0.045	0.007
注：Ind1：制度符号感知→制度信任→忠诚行为；Ind2：制度符号感知→施助行为→忠诚行为；Ind3：制度符号感知→制度信任→施助行为→忠诚行为					
制度符号感知→制度信任→支持行为→忠诚行为	总间接效应（占总效应的比）				
	X on Y（Total）	0.214（54.43%）	0.035	0.150	0.287
	Ind1	0.125（31.91%）	0.028	0.075	0.182
	Ind2	0.036（9.19%）	0.015	0.011	0.069
	Ind3	0.053（13.36%）	0.015	0.026	0.083
	特定间接效应比较				
	C1=Ind1–Ind2	0.089	0.031	0.026	0.150
	C2=Ind1–Ind3	0.073	0.033	0.011	0.139
	C3=Ind2–Ind3	–0.016	0.017	–0.052	0.016
注：Ind1：制度符号感知→制度信任→忠诚行为；Ind2：制度符号感知→支持行为→忠诚行为；Ind3：制度符号感知→制度信任→支持行为→忠诚行为					

（四）商业信任、消费行为、反馈行为、施助行为、支持行为的中介作用

商业符号感知与忠诚行为间的中介效应检验结果如表 6.7 所示，结果显示商业信任与消费行为、商业信任与反馈行为、商业信任与施助行为、商业信任与支持

行为分别在商业符号感知与忠诚行为之间存在多重中介效应。在商业符号感知→商业信任→消费行为→忠诚行为中介模型中，商业符号感知对忠诚行为的总效应值为0.479（95%：0.402，0.556）；商业信任和消费行为在商业符号感知和忠诚行为之间的总间接效应值为0.333（95%：0.259，0.411），总间接效应占总效应的69.56%，表明商业信任和消费行为在商业符号感知和忠诚行为之间起着部分中介作用，假设H17–1成立。

在商业符号感知→商业信任→反馈行为→忠诚行为中介模型中，商业信任和反馈行为在商业符号感知和忠诚行为之间的总间接效应值为0.291（95%：0.208，0.377），总间接效应占总效应的60.81%，表明商业信任和反馈行为在商业符号感知和忠诚行为之间起着部分中介作用，假设H17–2成立。

在商业符号感知→商业信任→施助行为→忠诚行为中介模型中，商业信任和施助行为在商业符号感知和忠诚行为之间的总间接效应值为0.238（95%：0.159，0.323），总间接效应占总效应的49.71%，表明商业信任和施助行为在商业符号感知和忠诚行为之间起着部分中介作用，假设H17–3成立。

在商业符号感知→商业信任→支持行为→忠诚行为中介模型中，商业信任和支持行为在商业符号感知和忠诚行为之间的总间接效应值为0.252（95%：0.176，0.336），总间接效应占总效应的52.51%，表明商业信任和支持行为在商业符号感知和忠诚行为之间起着部分中介作用，假设H17–4成立。

表6.7 第四组：中介效应与对比分析

效应类型		系数	BootSE	95%CI 置信区间	
				BootLLCI	BootULCI
	总效应：X on Y	0.479	0.039	0.402	0.556
商业符号感知→商业信任→消费行为→忠诚行为	总间接效应（占总效应的比）				
	X on Y（Total）	0.333（69.56%）	0.039	0.259	0.411
	Ind1	0.061（12.63%）	0.033	–0.001	0.126
	Ind2	0.179（37.27%）	0.027	0.126	0.235
	Ind3	0.094（19.67%）	0.019	0.060	0.132

续表

效应类型		系数	BootSE	95%CI 置信区间	
				BootLLCI	BootULCI
商业符号感知→商业信任→消费行为→忠诚行为	特定间接效应比较				
	C1=Ind1–Ind2	–0.118	0.048	–0.208	–0.020
	C2=Ind1–Ind3	–0.034	0.040	–0.113	0.044
	C3=Ind2–Ind3	0.084	0.035	0.013	0.150
注：Ind1：商业符号感知→商业信任→忠诚行为；Ind2：商业符号感知→消费行为→忠诚行为；Ind3：商业符号感知→商业信任→消费行为→忠诚行为					
商业符号感知→商业信任→反馈行为→忠诚行为	总间接效应（占总效应的比）				
	X on Y（Total）	0.291（60.81%）	0.043	0.208	0.377
	Ind1	0.124（25.89%）	0.033	0.061	0.194
	Ind2	0.137（28.52%）	0.029	0.082	0.195
	Ind3	0.031（6.41%）	0.014	0.007	0.061
	特定间接效应比较				
	C1=Ind1–Ind2	–0.013	0.046	–0.102	0.076
	C2=Ind1–Ind3	0.093	0.036	0.024	0.166
	C3=Ind2–Ind3	0.106	0.032	0.046	0.173
注：Ind1：商业符号感知→商业信任→忠诚行为；Ind2：商业符号感知→反馈行为→忠诚行为；Ind3：商业符号感知→商业信任→反馈行为→忠诚行为					
商业符号感知→商业信任→施助行为→忠诚行为	总间接效应（占总效应的比）				
	X on Y（Total）	0.238（49.71%）	0.041	0.159	0.323
	Ind1	0.120（25.05%）	0.034	0.054	0.189
	Ind2	0.083（17.41%）	0.022	0.044	0.130
	Ind3	0.035（7.24%）	0.011	0.015	0.060
	特定间接效应比较				
	C1=Ind1–Ind2	0.037	0.042	–0.044	0.122
	C2=Ind1–Ind3	0.085	0.036	0.015	0.158
	C3=Ind2–Ind3	0.049	0.023	0.007	0.098
注：Ind1：商业符号感知→商业信任→忠诚行为；Ind2：商业符号感知→施助行为→忠诚行为；Ind3：商业符号感知→商业信任→施助行为→忠诚行为					

续表

效应类型		系数	BootSE	95%CI 置信区间	
				BootLLCI	BootULCI
商业符号感知→商业信任→支持行为→忠诚行为	总间接效应（占总效应的比）				
	X on Y（Total）	0.252（52.51%）	0.041	0.176	0.336
	Ind1	0.125（26.14%）	0.034	0.064	0.196
	Ind2	0.097（20.21%）	0.025	0.051	0.149
	Ind3	0.030（6.18%）	0.012	0.009	0.056
	特定间接效应比较				
	C1=Ind1–Ind2	0.028	0.045	–0.059	0.117
	C2=Ind1–Ind3	0.096	0.035	0.030	0.166
	C3=Ind2–Ind3	0.067	0.027	0.019	0.125

注：Ind1：商业符号感知→商业信任→忠诚行为；Ind2：商业符号感知→支持行为→忠诚行为；Ind3：商业符号感知→商业信任→支持行为→忠诚行为

（五）情感信任、消费行为、反馈行为、施助行为、支持行为的中介作用

情感符号感知与忠诚行为间的中介效应检验结果如表 6.8 所示，结果显示情感信任与消费行为、情感信任与反馈行为、情感信任与施助行为、情感信任与支持行为分别在情感符号感知与忠诚行为之间存在多重中介作用。在情感符号感知→情感信任→消费行为→忠诚行为中介模型中，情感符号感知对忠诚行为的总效应值为 0.511（95%：0.443，0.579）；情感信任和消费行为在情感符号感知和忠诚行为之间的总间接效应值为 0.344（95%：0.274，0.423），总间接效应占总效应的 67.32%，表明情感信任和消费行为在情感符号感知和忠诚行为之间起着部分中介作用，假设 H18–1 成立。

在情感符号感知→情感信任→反馈行为→忠诚行为中介模型中，情感信任和反馈行为在情感符号感知和忠诚行为之间的总间接效应值为 0.318（95%：0.246，0.394），总间接效应占总效应的 62.19%，表明情感信任和反馈行为在情感符号感知和忠诚行为之间起着部分中介作用，假设 H18–2 成立。

在情感符号感知→情感信任→施助行为→忠诚行为中介模型中，情感信任和施助行为在情感符号感知和忠诚行为之间的总间接效应值为 0.276（95%：0.201，0.352），总间接效应占总效应的 53.93%，表明情感信任和施助行为在情感符号感知

和忠诚行为之间起着部分中介作用，假设 H18–3 成立。

在情感符号感知→情感信任→支持行为→忠诚行为中介模型中，情感信任和支持行为在情感符号感知和忠诚行为之间的总间接效应值为 0.289（95%：0.219，0.366），总间接效应占总效应的 56.61%，表明情感信任和支持行为在情感符号感知和忠诚行为之间起着部分中介作用，假设 H18–4 成立。

表 6.8　第五组：中介效应与对比分析

效应类型		系数	BootSE	95%CI 置信区间	
				BootLLCI	BootULCI
	总效应：X on Y	0.511	0.035	0.443	0.579
情感符号感知→情感信任→消费行为→忠诚行为	总间接效应（占总效应的比）				
	X on Y（Total）	0.344（67.32%）	0.039	0.274	0.423
	Ind1	0.154（30.18%）	0.032	0.093	0.221
	Ind2	0.092（17.95%）	0.021	0.053	0.134
	Ind3	0.098（19.22%）	0.017	0.067	0.134
	特定间接效应比较				
	C1=Ind1–Ind2	0.063	0.040	–0.015	0.143
	C2=Ind1–Ind3	0.056	0.038	–0.020	0.133
	C3=Ind2–Ind3	–0.007	0.029	–0.063	0.051
注：Ind1：情感符号感知→情感信任→忠诚行为；Ind2：情感符号感知→消费行为→忠诚行为；Ind3：情感符号感知→情感信任→消费行为→忠诚行为					
情感符号感知→情感信任→反馈行为→忠诚行为	总间接效应（占总效应的比）				
	X on Y（Total）	0.318（62.19%）	0.038	0.246	0.394
	Ind1	0.207（40.41%）	0.035	0.138	0.275
	Ind2	0.065（12.80%）	0.019	0.033	0.105
	Ind3	0.046（8.96%）	0.014	0.021	0.076
	特定间接效应比较				
	C1=Ind1–Ind2	0.141	0.043	0.058	0.223
	C2=Ind1–Ind3	0.161	0.041	0.079	0.237
	C3=Ind2–Ind3	0.020	0.023	–0.027	0.065

续表

效应类型		系数	BootSE	95%CI 置信区间	
				BootLLCI	BootULCI
注：Ind1：情感符号感知→情感信任→忠诚行为；Ind2：情感符号感知→反馈行为→忠诚行为；Ind3：情感符号感知→情感信任→反馈行为→忠诚行为					
情感符号感知→情感信任→施助行为→忠诚行为	总间接效应（占总效应的比）				
	X on Y（Total）	0.276（53.93%）	0.039	0.201	0.352
	Ind1	0.226（44.19%）	0.036	0.158	0.299
	Ind2	0.023（4.54%）	0.014	0.000	0.053
	Ind3	0.027（5.21%）	0.014	0.000	0.056
	特定间接效应比较				
	C1=Ind1–Ind2	0.203	0.041	0.123	0.283
	C2=Ind1–Ind3	0.199	0.042	0.115	0.283
	C3=Ind2–Ind3	–0.003	0.010	–0.025	0.016
注：Ind1：情感符号感知→情感信任→忠诚行为；Ind2：情感符号感知→施助行为→忠诚行为；Ind3：情感符号感知→情感信任→施助行为→忠诚行为					
情感符号感知→情感信任→支持行为→忠诚行为	总间接效应（占总效应的比）				
	X on Y（Total）	0.289（56.61%）	0.037	0.219	0.366
	Ind1	0.213（41.62%）	0.037	0.141	0.290
	Ind2	0.037（7.24%）	0.014	0.013	0.067
	Ind3	0.040（7.75%）	0.013	0.017	0.070
	特定间接效应比较				
	C1=Ind1–Ind2	0.176	0.041	0.096	0.257
	C2=Ind1–Ind3	0.173	0.041	0.092	0.254
	C3=Ind2–Ind3	–0.003	0.016	–0.036	0.027
注：Ind1：情感符号感知→情感信任→忠诚行为；Ind2：情感符号感知→支持行为→忠诚行为；Ind3：情感符号感知→情感信任→支持行为→忠诚行为					

第三节　本章小结

一、研究结论

本章采用 SPSS25.0 软件和 PROCESS 程序对理论模型和研究假设进行验证。具体来说，使用 SPSS25.0 软件和 PROCESS 程序（Model 6）对研究模型中的直接路径、多重中介效应进行检验。数据结果显示，本书大部分假设得到了支持。本章主要结论如下：

旅游地符号形体是驱动游客契合行为的重要因素。其中，游客旅游地符号形体要素的感知涉及景观符号、品牌符号、制度符号、商业符号和情感符号等要素类别，这些符号形体会促使游客产生消费、反馈、施助、支持和忠诚等契合行为响应。实证结果表明，景观符号感知正向驱动游客的消费行为、反馈行为、施助行为、支持行为和忠诚行为，这与王晛（2010）[335]、吴登涛等（2021）[336]和魏鸿雁（2014）[337]等研究结论具有逻辑上一致性，即旅游地景观符号形体要素会促使游客开展购物消费、遵守当地政策法规和重购、推荐等行为表现。实证结果也表明，品牌符号感知正向驱动游客的消费行为、反馈行为、施助行为、支持行为和忠诚行为，这与潘煜（2013）[338]、王淑翠（2021）[341]和孙娟（2016）[342]等研究结论具有逻辑上的一致性，这表明旅游地品牌符号感知能够促进游客开展购买消费、问题反馈、重游和口碑推荐等行为表现。实证研究结果还表明，制度符号感知正向影响消费行为、反馈行为、施助行为、支持行为和忠诚行为，这与陈远（2017）[345]、李希（2011）[347]等的研究观点具有逻辑上的一致性，即旅游地制度符号要素感知能够激发游客购买决策、问题反馈、沟通反馈和重游推荐等行为响应。实证结果表明，商业符号感知正向影响消费行为、反馈行为、施助行为、支持行为和忠诚行为，说明游客对旅游地商业符号感知的增强会刺激游客实施消费购买、协作支持、沟通反馈、重游推荐等行为表现，这与刘凤军（2020）[348]和刘汉民（2017）[350]等研究发现相一致。此外，情感符号感知正向影响游客的消费行为、反馈行为、施助行为、支持行为和忠诚行为。这表明，游客对旅游地情感符号的感知能促使游客实施购买决策、重游推荐和口碑传播等行为响应，这与李晶（2020）[352]和Pullman（2004）等[405]的研究结果一致。

旅游地信任感正向驱动游客契合行为。其中，景观信任正向影响消费行为、施助行为、反馈行为、支持行为和忠诚行为，说明游客对旅游地景观符号解释的明确性感知增强时，有利于促进其开展消费活动、帮助他人、积极反馈、参与和遵守旅游地法律法规等支持行为和推荐、重游等忠诚行为，这与范水生（2016）[407]、Parasuraman等（1992）[373]、王春鑫（2021）[382]和Su（2014）[193]等研究结果一致。品牌信任显著正向影响消费行为、反馈行为、施助行为、支持行为和忠诚行为。这说明游客对旅游地品牌符号解释具有较高的明确性感知，有利于促使游客实施购买、反馈、帮助他人、遵守当地法规、推荐、重游等行为，这与张海洋（2019）[408]、王红丽（2016）[367]、De（2007）[371]等研究观点一致。制度信任显著正向影响消费行为、反馈行为、施助行为、支持行为和忠诚行为，说明游客对旅游地制度符号解释的明确性感知较高，有利于促使游客实施购买、沟通、帮助、遵守、推荐和重游等行为，这与李颖（2020）[363]、耿喆（2011）[372]和王春鑫（2021）[382]的研究观点一致。商业信任显著正向作用于消费行为、施助行为、反馈行为、支持行为和忠诚行为，说明游客对旅游地商业符号解释具有较高的明确性感知，既能够促进游客实施消费行为，这与侯宏（2020）[365]的研究观点一致，也能引导其表现出协作沟通、反馈施助和重游推荐等行为表现。情感信任显著正向影响游客的消费行为、反馈行为、施助行为、支持行为和忠诚行为，说明游客对旅游地情感符号解释的明确性感知增强，有利于刺激游客更愿意实施消费、反馈、施助、支持和忠诚等行为，这与侯宏（2020）[365]、耿喆（2011）[372]和姜洪涛（2008）[383]的研究观点一致。游客契合行为方面，消费行为、反馈行为、施助行为和支持行为分别正向影响忠诚行为，说明游客的购买、反馈和遵守等行为会进一步趋向忠诚行为，这与李云海（2009）[385]、Cheramie（2004）[387]和Daily（2009）[393]等研究观点一致。

景观信任、消费行为、反馈行为、施助行为、支持行为的中介作用检验表明：①景观符号感知→景观信任→消费行为→忠诚行为的多重链式中介作用显著，三条特定中介变量的作用路径是显著的，中介作用效应值为正。其中，景观信任单独作为中间变量的特定中介路径影响最强，此路径的中介效应系数最大，占比最大；其次是景观信任和消费行为同时作为中介的效应值；消费行为单独作为中间变量的特定中介效应系数最小，占比最小。②景观符号感知→景观信任→反馈行为→忠诚行为的多重链式中介作用显著，三条特定中介变量的作用路径是显著的，中介作用效应值为正。其中，景观信任单独作为中间变量的特定中介路径影响最强，此路径的中介效应系数最大，占比最大；其次是反馈行为单独作为中间变量的特定中介效应；景观信任和反馈行为同时作为中介的效应值系数最小，占比最小。③景观符号感知→景观信任→施助行为→忠诚行为的多重链式中介作用显著，三条特定中介变量的作用路径是显著的，中介作用效应值为正。其中，景观信任单独作为中间变量的特定中介路径影响最强，此路径的中介效应系数最大，占比最大；其次是施助行为单独作为中间变量的特定中介效应；景观信任和施助行为同时作为中介的效应值系数最小，占比最小。④景观符号感知→景观信任→支持行为→忠诚行为的多重链式中介作用显著，三条特定中介变量的作用路径是显著的，中介作用效应值为正。其中，景观信任单独作为中间变量的特定中介路径影响最强，此路径的中介效应系数最大，占比最大；其次是支持行为单独作为中间变量的特定中介效应；景观信任和支持行为同时作为中介的效应值系数最小，占比最小。

品牌信任、消费行为、反馈行为、施助行为、支持行为的中介作用检验表明：①品牌符号感知→品牌信任→消费行为→忠诚行为的多重链式中介作用显著，三条特定中介变量的作用路径是显著的，中介作用效应值为正。其中，品牌信任和消费行为同时作为中介的效应值系数最大，占比最大；其次是品牌信任单独作为中间变量的特定中介路径；消费行为单独作为中间变量的特定中介效应系数最小，占比最小。②品牌符号感知→品牌信任→反馈行为→忠诚行为的多重链式中介作用显著，三条特定中介变量的作用路径是显著的，中介作用效应值为正。其中，品牌信任单独作为中间变量的特定中介路径影响最强，此路径的中介效应系数最大，占比最大；其次是品牌信任和反馈行为同时作为中介的效应值；反馈行为单独作为中间变量的特定中介效应系数最小，占比最小。③品牌符号感知→品牌信任→施助行为→忠诚行为的多重链式中介作用显著，三条特定中介变量的作用路径是显著的，中介作用效应值为正。其中，品牌信任单独作为中间变量的特定中介路径影响最强，此路径的中介效应系数最大，占比最大；其次是品牌信任和施助行为同时作为中介的效应值；施助行为单独作为中间变量的特定中介效应系数最小，占比最小。④品牌符号感知→品牌信任→支持行为→忠诚行为的多重链式中介作用显著，三条特定中介变量的作用路径是显著的，中介作用效应值为正。其中，品牌信任单独作为中间变量的特定中介路径影响最强，此路径的中介效应系数最大，占比最大；其次是品牌信任和支持行为同时作为中介的效应值；支持行为单独作为中间变量的特定中介效应系数最小，占比最小。

制度信任、消费行为、反馈行为、施助行为、支持行为的中介作用检验表明：①制度符号感知→制度信任→消费行为→忠诚行为的多重链式中介作用显著，三条特定中介变量的作用路径是显著的，中介作用效应值为正。其中，消费行为单独作为中间变量的特定中介效应系数最大，占比最大；其次是制度信任单独作为中间变量的特定中介路径；制度信任和消费行为同时作为中介的效应值系数最小，占比最小。②制度符号感知→制度信任→反馈行为→忠诚行为的多重链式中介作用显著，三条特定中介变量的作用路径是显著的，中介作用效应值为正。其中，制度信任单独作为中间变量的特定中介路径影响最强，此路径的中介效应系数最大，占比最大；其次是反馈行为单独作为中间变量的特定中介效应；制度信任和反馈行为同时作为中介的效应值系数最小，占比最小。③制度符号感知→制度信任→施助行为→忠诚行为的多重链式中介作用显著，三条特定中介变量的作用路径是显著的，中介作用效应值为正。其中，制度信任单独作为中间变量的特定中介路径影响最强，此路径的中介效应系数最大，占比最大；其次是制度信任和施助行为同时作为中介的效应值；施助行为单独作为中间变量的特定中介效应系数最小，占比最小。④制度符号感知→制度信任→支持行为→忠诚行为的多重链式中介作用显著，三条特定中介变量的作用路径是显著的，中介作用效应值为正。其中，制度信任单独作为中间变量的特定中介路径影响最强，此路径的中介效应系数最大，占比最大；其次是制度信任和支持行为同时作为中介的效应值；支持行为单独作为中间变量的特定中介效应系数最小，占比最小。

商业信任、消费行为、反馈行为、施助行为、支持行为的中介作用检验表明：①商业符号感知→商业信任→消费行为→忠诚行为的多重链式中介作用显著，三条特定中介变量的作用路径是显著的，中介作用效应值为正。其中，消费行为单独作为中间变量的特定中介效应系数最大，占比最大；其次是商业信任和消费行为同时作为中介路径；商业信任单独作为中间变量的特定中介效应值系数最小，占比最小。②商业符号感知→商业信任→反馈行为→忠诚行为的多重链式中介作用显著，三条特定中介变量的作用路径是显著的，中介作用效应值为正。其中，反馈行为单独作为中间变量的特定中介路径影响最强，此路径的中介效应系数最大，占比最大；

其次是商业信任单独作为中间变量的特定中介效应；商业信任和反馈行为同时作为中介的效应值系数最小，占比最小。③商业符号感知→商业信任→施助行为→忠诚行为的多重链式中介作用显著，三条特定中介变量的作用路径是显著的，中介作用效应值为正。其中，商业信任单独作为中间变量的特定中介路径影响最强，此路径的中介效应系数最大，占比最大；其次是施助行为单独作为中间变量的特定中介效应；商业信任和施助行为同时作为中介的效应值系数最小，占比最小。④商业符号感知→商业信任→支持行为→忠诚行为的多重链式中介作用显著，三条特定中介变量的作用路径是显著的，中介作用效应值为正。其中，商业信任单独作为中间变量的特定中介路径影响最强，此路径的中介效应系数最大，占比最大；其次是支持行为单独作为中间变量的特定中介效应；商业信任和支持行为同时作为中介的效应值系数最小，占比最小。

情感信任、消费行为、反馈行为、施助行为、支持行为的中介作用检验表明：①情感符号感知→情感信任→消费行为→忠诚行为的多重链式中介作用显著，三条特定中介变量的作用路径是显著的，中介作用效应值为正。其中，消费行为单独作为中间变量的特定中介效应系数最大，占比最大；其次是情感信任和消费行为同时作为中介路径；情感信任单独作为中间变量的特定中介效应值系数最小，占比最小。②情感符号感知→情感信任→反馈行为→忠诚行为的多重链式中介作用显著，三条特定中介变量的作用路径是显著的，中介作用效应值为正。其中，情感信任单独作为中间变量的特定中介路径影响最强，此路径的中介效应系数最大，占比最大；其次是反馈行为单独作为中间变量的特定中介效应；情感信任和反馈行为同时作为中介的效应值系数最小，占比最小。③情感符号感知→情感信任→施助行为→忠诚行为的多重链式中介作用显著，三条特定中介变量的作用路径是显著的，中介作用效应值为正。其中，情感信任单独作为中间变量的特定中介路径影响最强，此路径的中介效应系数最大，占比最大；其次是情感信任和施助行为同时作为中介的效应值；施助行为单独作为中间变量的特定中介效应系数最小，占比最小。④情感符号感知→情感信任→支持行为→忠诚行为的多重链式中介作用显著，三条特定中介变量的作用路径是显著的，中介作用效应值为正。其中，情感信任单独作为中间变量的特定中介路径影响最强，此路径的中介效应系数最大，占比最大；其次是情感信任和支持行为同时作为中介的效应值；支持行为单独作为中间变量的特定中介效应系数最小，占比最小。

本章研究厘清了旅游地符号感知、旅游地信任感、人际互动和游客契合行为间的关系，为认识旅游地符号感知对旅游地信任感的影响作用、旅游地信任感对契合行为影响作用等内容提供了重要的参考依据。本章在一定程度上了解了旅游地信任感结构、影响因素和效用。

二、理论贡献

探索并验证了旅游地符号感知、旅游地信任感对游客契合行为的影响机制，为契合行为相关研究提供理论基础。本书在 S–O–R 理论模型、符号三元关系理论、自我决定理论、符号互动理论和社会认知理论等理论和相关研究的基础上，从符号学视角构建了旅游地符号感知、旅游地信任感、人际互动对游客契合行为的作用机制模型。实证分析结果证实了旅游地符号感知、旅游地信任感、人际互动对游客契合行为的影响作用，总体上符合 S–O–R 理论模型的规律。旅游地符号感知作为刺激因素，旅游地信任作为机体的心理感知，游客契合行为作为机体反应，并据此建构了“符号感知—旅游地信任感—契合行为”的影响机制模型。旅游地符号感知、旅游地信任感对游客契合行为发挥着积极作用，这为认识旅游地信任感的效用、游客契合行为的影响因素提供了实证依据和理论基础。总体来说，本章节以 S–O–R 理论模型为总体分析框架，同时结合符号三元关系理论、自我决定理论、符号互动理论和社会认知理论等理论和相关成果，建构了旅游地符号感知、旅游地信任感、人际互动对游客契合行为的作用机制模型，既是对上述理论模型做出了一定的创新和拓展，更为科学认知旅游地符号的信任机制和契合导向机制提供了实证证据和理论依据。

第七章　旅游地信任感影响游客契合行为的治理路径

第六章的研究结论表明，旅游地信任感对游客的契合行为具有显著的、多层次影响。因此，建立科学的调控路径、发挥信任感的积极作用，对于提升游客的契合行为具有重要作用。本章主要运用多变量交互作用的模糊集定性比较方法分析旅游地信任感组态对游客契合行为的影响路径。研究以游客对旅游地的景观信任、制度信任、商业信任、品牌信任和情感信任为前因变量，契合行为为结果变量，探索影响游客契合行为的单项与组合路径。本章研究有助于明确信任感影响契合行为的关键路径，为游客契合行为的调控与治理提供路径基础和策略依据。

第一节　研究方法

一、模糊集定性比较方法

定性比较分析方法（Qualitative Comparative Analysis，QCA）是一种融合定性与定量优点的研究方法，能够解决多因素因果现象，并解释结果发生的复杂性[409]。该方法将每个案例作为一系列条件变量的组态[410]，通过对多因素条件进行组合并分析其与结果变量的因果关系，适合大样本（大于100）案例研究[411-413]。本书拟探索旅游地信任感对游客契合行为的影响作用。通过模糊集定性比较分析方法，能够充分挖掘旅游地信任感的不同维度，即景观信任、制度信任、商业信任、品牌信任和情感信任的协同组态对游客契合行为（包括消费行为、反馈行为、支持行为、施助行为和忠诚行为）的影响机制。

二、分析指标

模糊集定性比较分析呈现三种不同的结果类型，包括复杂解（complex solution）、中间解（intermediate solution）和简约解（parsimonious solution）。复杂解的分析标准比较严格，结论较为复杂，普适性较差；简约解较为简单，该结果不检测逻辑余项的合理性[414]。中间解具有较强的解释力、覆盖率，故而被较多学者采纳。当模糊集比较结果未出现简约解时，学者建议采用一致性或者 PIR 的自然中断，以此为门槛值对组态进行筛选[411]。现有研究采用一致性和覆盖率作为判断标准，对上述结果类型进行比较分析。一致性是指前因变量（条件）对结果变量影响的一致性程度，其数值一般大于临界值 0.75，见公式（1）；覆盖率是指多前因变量（条件）组合路径的解释力[409]，见公式（2）。

$$Consistency(X_i \leqslant Y_i) = \frac{\Sigma \min(X_i, Y_i)}{\Sigma X_i} \tag{1}$$

式中：X_i为条件组合中的隶属分数，Y_i为结果中的隶属分数，Consistency数值范围为（0，1）。

$$Coverage(X_i \leqslant Y_i) = \frac{\Sigma \min(X_i, Y_i)}{\Sigma X_i} \tag{2}$$

式中：X_i、Y_i含义同公式（1），Coverage数值范围为（0，1）。

三、变量校准

变量校准是将变量转换为集合的过程，目的是使案例集合具有隶属度[415]。本书使用李克特 5 分量表进行数据收集，问卷题项均为正向的呈现方式。由于在量表设计之初已经区分了变量的水平，因此在校准时使用最大分值（5）、中间分值（3）和最小分值（1）作为三个临界点，分别表示完全隶属、交叉点和完全不隶属[412, 416, 417]。校准后的集合隶属度在 0 至 1。通过设定阈值，使用 fsQCA 软件得到上述值的模糊分值，变量的校准锚点如表 7.1 所示。

表 7.1 变量的校准锚点

研究变量		锚点		
		完全不隶属	交叉点	完全隶属
条件变量	景观信任	1	3	5
	品牌信任	1	3	5
	商业信任	1	3	5
	制度信任	1	3	5
	情感信任	1	3	5
结果变量	消费行为	1	3	5
	施助行为	1	3	5
	反馈行为	1	3	5
	支持行为	1	3	5
	忠诚行为	1	3	5

根据本书数据分析结果整理。

第二节 单变量的必要性、模糊集定性比较与条件路径分析

一、契合行为的单变量条件必要性分析

（一）消费行为的单变量影响因素必要性分析

根据研究者建议，分析条件组态之前、变量校准之后，需要对条件进行必要性检验[418]。一般根据前因变量对结果变量的一致性与覆盖率进行两者之间关系的判断。研究对游客消费行为的单项因素是否能成为结果变量的充分必要条件进行检验。通过表 7.2 可知，景观信任、制度信任、商业信任、品牌信任和情感信任 5 个条件的一致性均高于临界值 0.9。由此表明，这 5 个条件是解释游客消费行为的必要条件。

表 7.2　消费行为的单项因素一致性与覆盖率

变量	一致性（Consistency）	覆盖率（Coverage）
景观信任	0.955313	0.884912
品牌信任	0.938823	0.902517
商业信任	0.942511	0.899483
制度信任	0.952780	0.876427
情感信任	0.957413	0.889579

根据本书数据分析结果整理。

（二）施助行为的单变量影响因素必要性分析

研究对游客施助行为的单项因素是否能成为结果变量的充分必要条件进行检验。通过表 7.3 可知，景观信任、制度信任、商业信任、品牌信任和情感信任 5 个条件的一致性均高于临界值 0.9。由此表明，这 5 个条件是解释游客施助行为的必要条件。

表 7.3　施助行为的单项因素一致性与覆盖率

变量	一致性（Consistency）	覆盖率（Coverage）
景观信任	0.935219	0.943809
品牌信任	0.909599	0.952662
商业信任	0.909601	0.945746
制度信任	0.942790	0.944833
情感信任	0.937639	0.949157

根据本书数据分析结果整理。

（三）反馈行为的单变量影响因素必要性分析

研究对游客反馈行为的单项因素是否能成为结果变量的充分必要条件进行检验。通过表 7.4 可知，景观信任、制度信任、商业信任、品牌信任和情感信任 5 个条件的一致性均高于临界值 0.9。由此表明，这 5 个条件是解释游客反馈行为的必要条件。

表 7.4　反馈行为的单项因素一致性与覆盖率

变量	一致性（Consistency）	覆盖率（Coverage）
景观信任	0.941228	0.900353
品牌信任	0.926648	0.919921
商业信任	0.925062	0.911678
制度信任	0.943512	0.896261
情感信任	0.943510	0.905306

根据本书数据分析结果整理。

（四）支持行为的单变量影响因素必要性分析

研究对游客支持行为的单项因素是否能成为结果变量的充分必要条件进行检验。通过表 7.5 可知，景观信任、制度信任和情感信任 3 个条件的一致性均高于临界值 0.9。由此表明，这 3 个条件是解释游客支持行为的必要条件。品牌信任和商业信任的一致性尚未达到 0.9 的临界值，这两个条件不能构成游客支持行为影响因素的充分必要条件。

表 7.5　支持行为的单项因素一致性与覆盖率

变量	一致性（Consistency）	覆盖率（Coverage）
景观信任	0.922210	0.959251
品牌信任	0.893842	0.964896
商业信任	0.897425	0.961729
制度信任	0.930833	0.961487
情感信任	0.919838	0.959721

根据本书数据分析结果整理。

（五）忠诚行为的单变量影响因素必要性分析

研究对游客忠诚行为的单项因素是否能成为结果变量的充分必要条件进行检验。通过表 7.6 可知，景观信任、制度信任、商业信任、品牌信任和情感信任 5 个条件的一致性均高于临界值 0.9。由此表明，这 5 个条件是解释游客忠诚行为的必要条件。

表 7.6　忠诚行为的单项因素一致性与覆盖率

变量	一致性（Consistency）	覆盖率（Coverage）
景观信任	0.945960	0.931733
品牌信任	0.922360	0.942838
商业信任	0.919785	0.933378
制度信任	0.941699	0.921086
情感信任	0.948079	0.936687

根据本书数据分析结果整理。

二、契合行为的条件模糊集定性比较分析

（一）消费行为的单变量影响因素模糊集定性比较分析

本书根据中间解所展示的结果进行消费行为的单变量影响因素模糊集定性比较分析，通过分析条件变量的路径组合，共计输出 32 种可能路径，满足条件的路径组合共 8 条。从表 7.7 可以看出，8 条路径组合的阈值达到一致性标准，说明上述路径组合能够构成游客消费行为影响因素的充分必要条件。原始覆盖率浮动于 0.197895~0.910602，说明以上条件组合可以解释的个案数占总个案数的 19.79% 至 91.06%，由此可以看出，所有路径组合中不存在可以解释所有个案的单个路径。净覆盖率介于 0.00102431~0.0135468，解释该组合最高可达 1.35%，由此可知，任何一条路径组合都不可成为结果变量的充分必要条件。也就是说，总是能够用其他路径组合解释结果变量，即多种条件组合影响着游客消费行为。

表 7.7　消费行为的单变量影响因素模糊集定性比较分析结果

序号	组合	原始覆盖率	净覆盖率	一致性
1	~品牌信任 * 商业信任 * 情感信任	0.273309	0.00135726	0.965096
2	景观信任 * 商业信任 * 制度信任	0.903305	0.0135468	0.933918
3	景观信任 * 制度信任 * 情感信任	0.910602	0.00550562	0.928533
4	商业信任 * 制度信任 * 情感信任	0.902357	0.00950098	0.935439
5	景观信任 * 品牌信任 *~ 商业信任 *~ 制度信任	0.197895	0.00153655	0.984208
6	品牌信任 *~ 商业信任 *~ 制度信任 * 情感信任	0.199099	0.00158769	0.98194

续表

序号	组合	原始覆盖率	净覆盖率	一致性
7	景观信任 * 品牌信任 * 情感信任	0.902664	0.00143385	0.933603
8	景观信任 * 商业信任 * 情感信任	0.902613	0.00102431	0.939021
总体一致性：0.907403				
总体覆盖率：0.957567				

注：* 代表变量间的链接符号，代表“且”的交集关系；~ 代表“非”，表示“不存在”。

（二）施助行为的单变量影响因素模糊集定性比较分析

本书根据中间解所展示的结果进行施助行为的单变量影响因素模糊集定性比较分析，通过分析条件变量的路径组合，共计输出 32 种可能路径，满足条件的路径组合共 6 条。从表 7.8 可以看出，6 条路径组合的阈值达到一致性标准，说明上述路径组合能够构成游客施助行为影响因素的充分必要条件。原始覆盖率浮动于 0.217558~0.900737，说明以上条件组合可以解释的个案数占总个案数的 21.76%~90.07%，由此可以看出，所有路径组合中不存在可以解释所有个案的单个路径。净覆盖率介于 0.00133973~0.0342916，解释该组合最高可达 3.43%，由此可知，任何一条路径组合都不可成为结果变量的充分必要条件。也就是说，总是能够用其他路径组合解释结果变量，即多种条件组合影响着游客施助行为。

表 7.8　施助行为的单变量影响因素模糊集定性比较分析结果

序号	组合	原始覆盖率	净覆盖率	一致性
1	景观信任 *~ 制度信任	0.217558	0.00133973	0.970739
2	~ 制度信任 * 情感信任	0.223739	0.00420725	0.971128
3	景观信任 * 商业信任	0.880924	0.00780362	0.967625
4	景观信任 * 情感信任	0.900737	0.0342916	0.966314
5	商业信任 * 情感信任	0.881723	0.00770956	0.968753
6	品牌信任 * 商业信任 * 制度信任	0.854529	0.0027737	0.976105
总体一致性：0.94953				
总体覆盖率：0.949392				

注：* 代表变量间的链接符号，代表“且”的交集关系；~ 代表“非”，表示“不存在”。

（三）反馈行为的单变量影响因素模糊集定性比较分析

本书根据中间解所展示的结果进行反馈行为的单变量影响因素模糊集定性比较分析，通过分析条件变量的路径组合，共计输出 32 种可能路径，满足条件的路径组合共 6 条。从表 7.9 可以看出，6 条路径组合的阈值达到一致性标准，说明上述路径组合能够构成游客反馈行为影响因素的充分必要条件。原始覆盖率浮动于 0.219258~0.89027，说明以上条件组合可以解释的个案数占总个案数的 21.93%~89.03%，由此可以看出，所有路径组合中不存在可以解释所有个案的单个路径。净覆盖率介于 0.000991881~0.0149528，解释该组合最高可达 1.50%，由此可知，任何一条路径组合都不可成为结果变量的充分必要条件。也就是说，总是能够用其他路径组合解释结果变量，即多种条件组合影响着游客反馈行为。

表 7.9　反馈行为的单变量影响因素模糊集定性比较分析结果

序号	组合	原始覆盖率	净覆盖率	一致性
1	景观信任 *~ 品牌信任 *~ 商业信任	0.219258	0.000991881	0.980375
2	~ 品牌信任 *~ 商业信任 * 情感信任	0.222853	0.003546	0.980151
3	景观信任 * 品牌信任 * 制度信任	0.88598	0.0145316	0.944063
4	景观信任 * 制度信任 * 情感信任	0.89027	0.0149528	0.937463
5	景观信任 * 品牌信任 * 商业信任 * 情感信任	0.864927	0.00947237	0.955276
6	品牌信任 * 商业信任 * 制度信任 * 情感信任	0.863242	0.00741464	0.954511
总体一致性：0.927672				
总体覆盖率：0.932822				

注：* 代表变量间的链接符号,代表“且”的交集关系；~ 代表“非”,表示“不存在”。

（四）支持行为的单变量影响因素模糊集定性比较分析

本书根据中间解所展示的结果进行支持行为的单变量影响因素模糊集定性比较分析，通过分析条件变量的路径组合，共计输出 32 种可能路径，满足条件的路径组合共 6 条。从表 7.10 可以看出，6 条路径组合的阈值达到一致性标准，说明上述路径组合能够构成游客支持行为影响因素的充分必要条件。原始覆盖率浮动于 0.209321~0.250416，说明以上条件组合可以解释的个案数占总个案数的 20.93%~25.04%，由此可以看出，所有路径组合中不存在可以解释所有个案的单个路径。净覆盖率介于0~0.0288476，解释该组合最高可达2.88%，由此可知，任何一条路径组合都不可成为结果变量的充分必要条件。也就是说，总是能够用其他路径组合解释结果变量，即多种条件组合影响着游客支持行为。

表7.10 支持行为的单变量影响因素模糊集定性比较分析结果

序号	组合	原始覆盖率	净覆盖率	一致性
1	景观信任 *~ 商业信任	0.250416	0.0288476	0.987056
2	~ 制度信任 * 情感信任	0.219082	0.0142301	0.980106
3	~ 景观信任 * 情感信任	0.225558	0.00355741	0.977661
4	景观信任 * 制度信任 *~ 情感信任	0.226402	0.000775307	0.989535
5	品牌信任 * 商业信任 * 制度信任 *~ 情感信任	0.219606	0	0.991761
6	~ 景观信任 * 品牌信任 * 商业信任 * 制度信任	0.209321	0	0.991681
总体一致性：0.969915				
总体覆盖率：0.335247				

注：* 代表变量间的链接符号，代表“且”的交集关系；~ 代表“非”，表示“不存在”。

（五）忠诚行为的单变量影响因素模糊集定性比较分析

本书根据中间解所展示的结果进行忠诚行为的单变量影响因素模糊集定性比较分析，通过分析条件变量的路径组合，共计输出32种可能路径，满足条件的路径组合共3条。从表7.11可以看出，3条路径组合的阈值达到一致性标准，说明上述路径组合能够构成游客忠诚行为影响因素的充分必要条件。原始覆盖率浮动于0.22811~0.260164，说明以上条件组合可以解释的个案数占总个案数的22.81%~26.02%，由此可以看出，所有路径组合中不存在可以解释所有个案的单个路径。净覆盖率介于0.0184709~0.039543，解释该组合最高可达3.95%，由此可知，任何一条路径组合都不可成为结果变量的充分必要条件。也就是说，总是能够用其他路径组合解释结果变量，即多种条件组合影响着游客忠诚行为。

表7.11 忠诚行为的单变量影响因素模糊集定性比较分析结果

序号	组合	原始覆盖率	净覆盖率	一致性
1	景观信任 *~ 商业信任	0.259899	0.039543	0.970068
2	~ 制度信任 * 情感信任	0.228110	0.0184709	0.966334

续表

序号	组合	原始覆盖率	净覆盖率	一致性
3	~品牌信任 * 商业信任 * 情感信任	0.260164	0.0363883	0.976852
总体一致性：0.899272				
总体覆盖率：0.986009				

注：* 代表变量间的链接符号,代表“且”的交集关系；~代表“非”,表示“不存在”。

三、契合行为的影响条件路径分析

（一）消费行为影响路径分析

游客消费行为影响因素的总体覆盖率为 0.957567，由此说明该 8 种条件组合路径能够有效解释 95.76% 的案例（见表 7.7）。由图 7.1 所示，路径 1 围绕“~品牌信任 * 商业信任 * 情感信任”发挥作用，原始覆盖率为 0.273309，净覆盖率为 0.00135726，由此说明该路径能够解释 27.33% 的案例，1.36% 的案例只能被该条路径解释。路径 2 围绕“景观信任 * 商业信任 * 制度信任”发挥作用，原始覆盖率为 0.903305，展示出最高净覆盖率，即 0.0135468，由此说明该路径能够解释 90.33% 的案例，1.35% 的案例只能被该条路径解释。路径 3 围绕“景观信任 * 制度信任 * 情感信任”发挥作用，展示出最高的原始覆盖率，即 0.910602，净覆盖率为 0.00550562，由此说明该路径能够解释 91.06% 的案例，0.55% 的案例只能被该条路径解释。路径 4 围绕“商业信任 * 制度信任 * 情感信任”发挥作用，原始覆盖率为 0.902357，净覆盖率为 0.00950098，由此说明该路径能够解释 90.24% 的案例，0.95% 的案例只能被该条路径解释。路径 5 围绕“景观信任 * 品牌信任 *~商业信任 *~制度信任”发挥作用，原始覆盖率为 0.197895，净覆盖率为 0.00153655，由此说明该路径能够解释 19.79% 的案例，0.15% 的案例只能被该条路径解释。路径 6 围绕“品牌信任 *~商业信任 *~制度信任 * 情感信任”发挥作用，原始覆盖率为 0.199099，净覆盖率为 0.00158769，由此说明该路径能够解释 19.91% 的案例，0.16% 的案例只能被该条路径解释。路径 7 围绕“景观信任 * 品牌信任 * 情感信任”发挥作用，原始覆盖率为 0.902664，净覆盖率为 0.00143385，由此说明该路径能够解释 90.27% 的案例，0.14% 的案例只能被该条路径解释。路径 8 围绕“景观信任 * 商业信任 * 情感信任”发挥作用，原始覆盖率为 0.902613，净覆盖率为 0.00102431，由此说明该路径能够解释 90.26% 的案例，0.10% 的案例只能被该条路径解释。原始覆盖率大于 90% 的 5 条路径中，路径 3 和路径 4 包含制度信任和情感信任两个维度，路径 2 和路径 4 包含商业信任和制度信任两个维度，路径 2 和路径 8 包含景观信任和商业信任两个维度，路径 4 和路径 8 包含商业信任和情感信任，路径 3 和路径 8 包含景观信任和情感信任两个维度。此外，路径 5 和路径 7 包含景观信任和品牌信任两个维度。从以上路径所包含的条件变量来看，情感信任、景观信任和商业信任在路径组合中的重要作用。

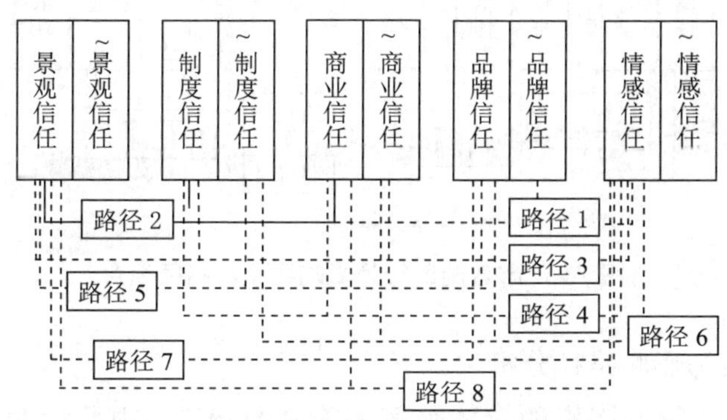

图 7.1　游客消费行为影响要素与路径组合

（二）施助行为影响路径分析

游客施助行为影响因素的总体覆盖率为 0.949392，由此说明该 6 种条件组合路径能够有效解释 94.94% 的案例（见表 7.8）。由图 7.2 所示，路径 1 围绕“景观信任 *~ 制度信任”发挥作用，原始覆盖率为 0.217558，净覆盖率为 0.00133973，由此说明该路径能够解释 21.76% 的案例，0.13% 的案例只能被该条路径解释。路径 2 围绕“~ 制度信任 * 情感信任”发挥作用，原始覆盖率为 0.223739，净覆盖率为 0.00420725，由此说明该路径能够解释 22.37% 的案例，0.42% 的案例只能被该条路径解释。路径 3 围绕“景观信任 * 商业信任”发挥作用，原始覆盖率为 0.880924，净覆盖率为 0.00780362，由此说明该路径能够解释 88.09% 的案例，0.78% 的案例只能被该条路径解释。路径 4 围绕“景观信任 * 情感信任”发挥作用，展示出最高的原始覆盖率和净覆盖率，由此说明该路径能够解释 90.07% 的案例，3.43% 的案例只能被该条路径解释。路径 5 围绕“商业信任 * 情感信任”发挥作用，原始覆盖率为 0.881723，净覆盖率为 0.00770956，由此说明该路径能够解释 88.17% 的案例，

0.77% 的案例只能被该条路径解释。路径 6 围绕“品牌信任 * 商业信任 * 制度信任”发挥作用，原始覆盖率为 0.854529，净覆盖率为 0.0027737，由此说明该路径能够解释 85.45% 的案例，0.28% 的案例只能被该条路径解释。路径 1、路径 3 和路径 4 包含景观信任维度，路径 3、路径 5 和路径 6 包含商业信任维度，路径 4 和路径 5 包含情感信任。可以看出，情感信任、商业信任和景观信任在路径组合中的重要作用。

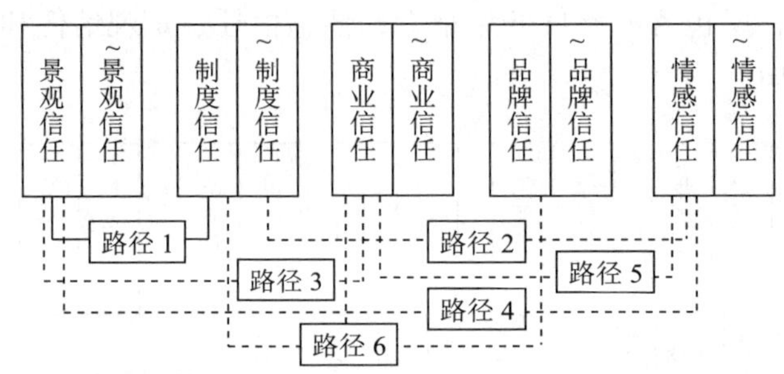

图 7.2　游客施助行为影响要素与路径组合

（三）反馈行为影响路径分析

游客反馈行为影响因素的总体覆盖率为 0.932822，由此说明该 6 种条件组合路径能够有效解释 93.28% 的案例（见表 7.9）。由图 7.3 所示，路径 1 围绕“景观信任 *~ 品牌信任 *~ 商业信任”发挥作用，原始覆盖率为 0.219258，净覆盖率为 0.000991881，由此说明该路径能够解释 21.93% 的案例，0.10% 的案例只能被该条路径解释。路径 2 围绕“~ 品牌信任 *~ 商业信任 * 情感信任”发挥作用，原始覆盖率为 0.222853，净覆盖率为 0.003546，由此说明该路径能够解释 22.29% 的案例，0.35% 的案例只能被该条路径解释。路径 3 围绕“景观信任 * 品牌信任 * 制度信任”发挥作用，原始覆盖率为 0.88598，净覆盖率为 0.0145316，由此说明该路径能够解释 88.60% 的案例，1.45% 的案例只能被该条路径解释。路径 4 围绕“景观信任 * 制度信任 * 情感信任”发挥作用，展示出最高的原始覆盖率和净覆盖率，由此说明该路径能够解释 89.03% 的案例，1.50% 的案例只能被该条路径解释。路径 5 围绕“景观信任 * 品牌信任 * 商业信任 * 情感信任”发挥作用，原始覆盖率为 0.864927，净覆盖率为 0.00947237，由此说明该路径能够解释 86.49% 的案例，0.95% 的案例只能被该条路径解释。路径 6 围绕“品牌信任 * 商业信任 * 制度信任 * 情感信任”发挥作用，原始覆盖率为 0.863242，净覆盖率为 0.00741464，由此说明该路径能够解释 86.32% 的案例，0.74% 的案例只能被该条路径解释。路径 1、路径 3、路径 4 和路径 5 包含景观信任，路径 3 和路径 5 包含品牌信任，路径 5 和路径 6 包含商业信任和情感信任，路径 4 和路径 6 包含制度信任和情感信任，可以看出，景观信任、品牌信任、制度信任、商业信任和情感信任在路径组合中的重要作用。

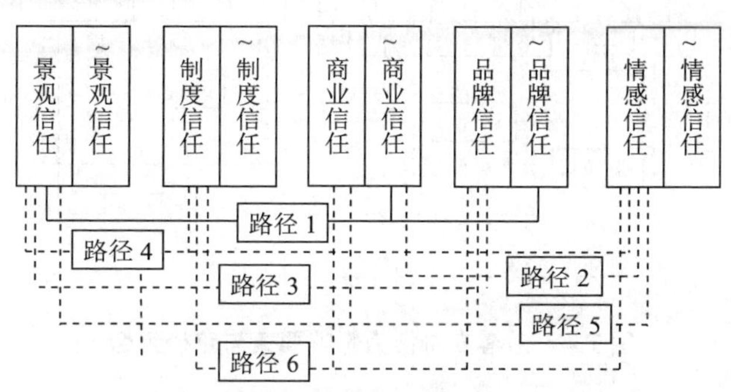

图 7.3　游客反馈行为影响要素与路径组合

（四）支持行为影响路径分析

游客支持行为影响因素的总体覆盖率为 0.335247，由此说明该 6 种条件组合路径能够有效解释 33.52% 的案例（见表 7.10）。由图 7.4 所示，路径 1 围绕“景观信任 *~ 商业信任”发挥作用，展示出最高的原始覆盖率和净覆盖率，由此说明该路径能够解释 25.04% 的案例，2.88% 的案例只能被该条路径解释。路径 2 围绕“~ 制度信任 * 情感信任”发挥作用，原始覆盖率为 0.219082，净覆盖率为 0.0142301，由此说明该路径能够解释 21.91% 的案例，1.42% 的案例只能被该条路径解释。路径 3 围绕“~ 景观信任 * 情感信任”发挥作用，原始覆盖率为 0.225558，净覆盖率为 0.00355741，由此说明该路径能够解释 22.56% 的案例，0.36% 的案例只能被该条路径解释。路径 4 围绕“景观信任 * 制度信任 *~ 情感信任”发挥作用，原始覆盖率为 0.226402，净覆盖率为 0.000775307，由此说明该路径能够解释 22.64% 的案例，0.08% 的案例只能被该条路径解释。路径 5 围绕“品牌信任 * 商业信任 * 制度信任 *~ 情感信任”发挥作用，原始覆盖率为 0.219606，净覆盖率为 0，由此说明该路径能够解释 21.96% 的案例。路径 6 围绕“~ 景观信任 * 品牌信任 * 商业信任 * 制度信任”发挥作用，原始覆盖率为 0.209321，净覆盖率为 0，由此说明该路径能够解释 20.93% 的案例。路径 1 和路径 4 包含景观信任，路径 2 和路径 3 包含情感信任，路径 4 和路径 5 包含制度信任，路径 5 和路径包含商业信任、品牌信任和制度信任三个维度，由此看出，上述条件变量在组合中的重要作用。

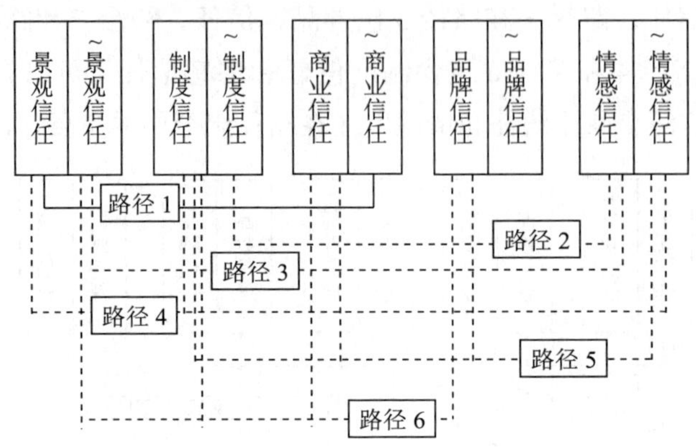

图 7.4　游客支持行为影响要素与路径组合

（五）忠诚行为影响路径分析

游客忠诚行为影响因素的总体覆盖率为 0.986009，由此说明该 3 种条件组合路径能够有效解释 98.60% 的案例（见表 7.11）。由图 7.5 所示，路径 1 围绕“景观信任 *~ 商业信任”发挥作用，原始覆盖率为 0.259899，具有最高的净覆盖率，即 0.039543，由此说明该路径能够解释 25.99% 的案例，3.95% 的案例只能被该条路径解释。路径 2 围绕“~ 制度信任 * 情感信任”发挥作用，原始覆盖率为 0.22811，净覆盖率为 0.0184709，由此说明该路径能够解释 22.81% 的案例，1.85% 的案例只能被该条路径解释。路径 3 围绕“~ 品牌信任 * 商业信任 * 情感信任”发挥作用，具有最高的原始覆盖率，即 0.260164，净覆盖率为 0.0363883，由此说明该路径能够解释 26.02% 的案例，3.64% 的案例只能被该条路径解释。路径 2 和路径 3 包含情感信任，由此说明该条件变量在组合中的重要作用。

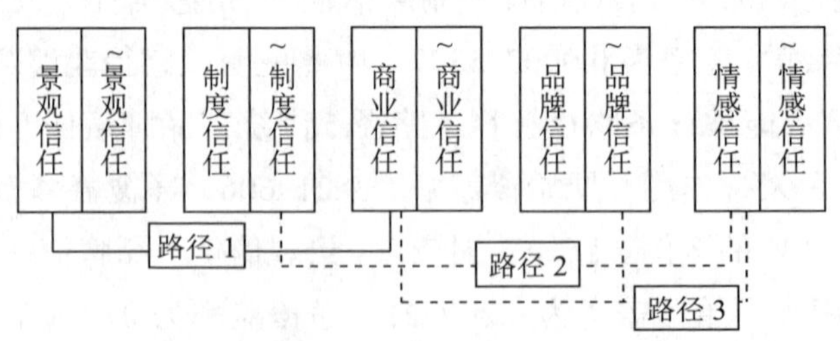

图 7.5　游客忠诚行为影响要素与路径组合

第三节　本章小结

一、研究结论

本书从游客契合行为的影响因素出发，采用模糊集定性比较分析方法，探索旅游地信任感，即景观信任、商业信任、品牌信任、制度信任和情感信任等条件变量组合对游客契合行为（包括消费行为、反馈行为、施助行为、支持行为和忠诚）的影响作用，明确了信任感影响契合行为的关键路径。研究表明：

（1）对于条件因素来说，景观信任、商业信任、品牌信任、制度信任和情感信任等一致性程度高，但并非所有前因条件变量都是契合行为的充分必要条件，可以对条件变量进行路径组合分析。

（2）通过模糊集定性比较方法对条件变量进行路径组合分析，5 个游客信任感单因素所组成的条件组合中，产生 8 条满足条件且能够解释游客消费行为的路径组合，6 条满足条件且能够解释游客施助行为的路径组合，6 条满足条件且能够解释游客反馈行为的路径组合，6 条满足条件且能够解释游客支持行为的路径组合，3 条满足条件且能够解释游客忠诚行为的路径组合。

（3）景观信任、商业信任和情感信任等条件变量分别在影响游客消费行为、施助行为、反馈行为和支持行为的路径组合中具有重要作用。景观信任、品牌信任、制度信任、商业信任和情感信任等条件变量在影响游客反馈行为和支持行为的路径组合中具有重要作用（见表 7.12）。

（4）据此，可以采用的关键治理路径包括：第一，重视游客对旅游地的景观信任、商业信任和情感信任，以期促使游客实施消费行为、施助行为、反馈行为和支持行为。旅游地要注重景观打造和商业运营的有效配合，在确保游客基本旅游需求得以满足的基础上，向游客传递准确、清晰的旅游地符号价值与意义，增强游客对旅游地的满意度、期望值与依赖性，建立游客与旅游地的情感联系，以提高游客情感体验的方式来激发游客实施消费行为、施助行为、反馈行为和支持行为。第二，重视游客对旅游地的景观信任、品牌信任、制度信任、商业信任和情感信任，提高旅游地信任感对反馈行为和支持行为的影响。旅游地应充分认识自身的历史文化和环境特征，整合旅游资源并进行合理开发，将其作为旅游地符号推广给游客，提高游客对旅游地品牌的认同感和信任感。与此同时，完善旅游地制度法规，降低旅游地商业化程度，提供质优价廉的旅游产品与服务，增强游客旅游地的认同感，最大化实现旅游地信任感对反馈行为和支持行为的影响效果。

表 7.12　游客契合行为的条件变量在路径中的作用

条件变量	结果变量														
	消费行为								施助行为						
	①	②	③	④	⑤	⑥	⑦	⑧	①	②	③	④	⑤	⑥	–
景观信任		●	●		·		·	●	●		·	●			
商业信任	●	●		●	⊗	⊗		●			·		·	●	
品牌信任	⊗				●	●	·							·	
制度信任			●	●	⊗	⊗			⊗	⊗				●	
情感信任	●	·	●	●		·	·	·		●		●	·		
一致性	0.965	0.934	0.929	0.935	0.984	0.982	0.934	0.001	0.971	0.971	0.008	0.034	0.882	0.976	
覆盖度	0.273	0.903	0.911	0.902	0.198	0.199	0.903	0.903	0.218	0.224	0.881	0.901	0.008	0.855	
唯一覆盖度	0.001	0.014	0.006	0.010	0.002	0.002	0.001	0.939	0.001	0.004	0.968	0.966	0.969	0.003	–
解的一致性	0.907								0.950						
解的覆盖度	0.958								0.949						

续表

条件变量	结果变量														
	反馈行为						支持行为						忠诚行为		
	①	②	③	④	⑤	⑥	①	②	③	④	⑤	⑥	①	②	③
景观信任	●		●	●	●		●		⊗	·		⊗	●		
商业信任	○	⊗			●	●	⊗				·	·	⊗		·
品牌信任	○	⊗	●		●	●					·	·			⊗
制度信任			●	●		●		⊗		·	●	●		⊗	
情感信任		●		●	·	●		●	●	⊗	⊗			●	●
一致性	0.980	0.980	0.944	0.937	0.955	0.955	0.987	0.980	0.978	0.990	0.992	0.992	0.970	0.966	0.977
覆盖度	0.219	0.223	0.886	0.890	0.865	0.863	0.250	0.219	0.226	0.226	0.220	0.209	0.260	0.228	0.260
解的一致性	0.928						0.970						0.96		
解的覆盖度	0.933						0.335						0.34		

注：黑色大点（●）指核心条件存在；带叉圈（⊗）指核心条件不存在；黑色小点（·）指边缘条件存在；空心圆（○）指边缘条件缺失；“空白”指该条件出现与否不重要。

二、理论贡献

探索并揭示了多变量协同组态对契合行为的影响机制，有利于为游客契合行为的调控提供路径依据。本书采用模糊集定性比较方法探索旅游地信任感不同维度的协同组态对游客契合行为的影响作用。研究结果表明，旅游地信任感的维度不仅可以以单个条件对游客契合行为产生积极影响，还以多条件组合的形式对游客契合行为发挥作用。单项条件或多条件组态在不同路径中对契合行为的作用存在差异。本书不仅再次证明了以往单项要素对契合行为的作用，而且更深入发现了这些单项条件在不同路径组合中的意义。本书结果为解释旅游地信任感与游客契合行为的关系提供理论基础，同时为最大化促进游客契合行为提供了治理路径。

第八章 结论与展望

本章全面回顾本书的整个过程、研究内容，总结本书的主要研究结论与研究发现，对研究结论进行延伸并讨论。在此基础上，提出本书的理论贡献与管理启示。最后，分析本书的研究不足和研究局限，对未来可能探索的研究方向进行展望。

第一节 主要研究结论与发现

第一，本书界定了核心概念，查找中英文研究文献并梳理，厘清符号学、信任研究领域的知识脉络，找出本书的研究点。阐述相关理论理论，并解释其在本书研究中的适用性。第二，搜集质性分析材料，包括游客的半结构化访谈、网络游记等文本材料。进一步扎根理论，构建旅游地符号系统，分析旅游地符号形体，并且从第一系统、第二系统分析旅游地符号解释，进而得到有关旅游地信任感的旅游地符号解释。分析旅游地符号感知与旅游地信任感的相关关系。基于S–O–R模型理论、符号互动理论、自我决定理论和社会认知理论等理论，构建了旅游地符号形体、旅游地符号解释、人际互动和游客契合行为的关系模型。第三，在文献分析和质性研究的基础上，根据严格程序进行问卷设计，对旅游地符号感知、旅游地信任感、游客契合行为和人际互动等变量进行测量和数据检验。第四，使用结构方程模型检验旅游地符号感知、旅游地信任感、人际互动对游客契合行为的作用机制模型。第五，采用组态分析揭示旅游地信任感对游客契合行为的影响过程。第六，根据研究数据结果，开展旅游地信任感的建构与调控策略研析。通过上述研究分析过程，本书的主要研究结论如下：

一、旅游地符号系统具有多构成要素

本书搜集了国内知名旅游网站的32篇游记，采访了20位拥有旅游经历的受访者，将访谈语音转化为文字材料。根据扎根理论的步骤，对游记文本和访谈文本进行开放性编码、主轴性编码和选择性编码。研究认为：旅游地符号分为旅游地景观符号、旅游地品牌符号、旅游地制度符号、旅游地商业符号和旅游地情感符号。其中，旅游地景观符号属于旅游地像似符号，旅游地品牌符号、旅游地制度符号和旅游地商业符号属于旅游地指索符号，旅游地情感符号属于旅游地象征符号，该结果与Pierce的符号分类结果相符[83]。

（一）旅游地符号形体

旅游地符号能够被感知的部分为再现体，即旅游地符号形体。通过扎根分析，本书认为旅游地符号形体包括景观符号形体、品牌符号形体、制度符号形体、商业符号形体和情感符号形体。其中，旅游地景观符号形体包括人文景观、自然景观和地方风貌等方面。品牌符号形体包括品牌宣导、品牌价值和品牌口碑等方面。制度符号形体包括协同合作、安全保障、公共服务和旅游政策等方面。商业符号形体包括经营管理、商业氛围和产品服务等方面。情感符号形体包括愉悦体验、轻松体验、温暖体验和新鲜体验等方面。

（二）旅游地符号解释

根据符号理论，旅游地符号解释是旅游地符号形体的意指结果。因此，游客的旅游地符号解释应包括景观符号解释、品牌符号解释、商业符号解释、制度符号解释和情感符号解释。本书认为，旅游地信任感与游客对旅游地符号意指存在紧密联系。换句话说，旅游地信任感源自旅游地符号意指，即旅游地信任感是旅游地符号形体意指的旅游地符号解释。研究进一步对旅游地符号解释进行第一系统、第二系统的分析，认为旅游地信任感属于旅游符号第二系统解释。

二、旅游地信任感的内涵与结构维度

本书基于符号理论，将旅游地信任感定义为游客对旅游地符号意指的确定性感知。研究认为，旅游地信任感包括景观信任、品牌信任、商业信任、制度信任和情感信任五个维度。景观信任是指游客对旅游地景观符号意指的确定性感知。品牌信任是指游客对旅游地品牌符号意指的确定性感知。制度信任是指游客对旅游地制度符号意指的确定性感知。商业信任是指游客对旅游地商业符号意指的确定性感知。情感信任是指游客对旅游地情感符号意指的确定性感知。

三、旅游地信任感的形成过程与行为影响

本书基于 S–O–R 模型理论、符号互动理论、自我决定理论和社会认知理论等理论，构建了旅游地符号感知、旅游地信任感、人际互动对游客契合行为的作用机制模型（见图 8.1），对旅游地符号感知和旅游地信任感与契合行为的关系，人际互动对旅游地符号感知与旅游地信任感关系的调节作用，旅游地信任感、消费行为、反馈行为、施助行为和支持行为的中介作用进行假设推理。运用 SmartPLS3.0 软件、SPSS25.0 软件和 PROCESS 程序检验了问卷信效度、相关性与区分度、模型拟合度、直接效应、多重中介效应和调节效应等。

（一）旅游地信任感的形成过程

本书根据 Pierce 在符号三元关系理论中提出的符号形体与符号解释的意指关系，探讨了旅游地符号感知与旅游地信任感的关系。同时，根据符号互动理论，以人际互动为调节变量，验证了人际互动在旅游地符号意指过程中的调节作用，研究结果如下：

1. 旅游地符号感知是促进旅游地信任感的重要推力

文章假设旅游地符号感知会显著正向影响旅游地信任感。因为游客感知到旅游地符号形体后，会对旅游地符号形体所传达的信息进行解读，也就是进行旅游地符号解释。游客对旅游地符号意指做出了明确性感知的解释后，信任感便产生了。也就是说，当旅游地符号感知越高，旅游地信任感越强。具体结果如下：①景观符号感知显著正向作用于景观信任。该结论得到刁宗广（2005）[40]的支持，该研究表明，游客对景观、景点的感知会正向影响游客的信任感。本书认为，旅游地景观通过一定的形式展现了该地自然、文化或地方风貌，游客对景观符号形体的感知致使其做出相应的符号解释，而游客对景观符号意指的明确性感知解释就是游客对旅游地的景观信任，景观符号感知越高，景观信任越强。②品牌符号感知显著正向作用于品牌信任。该结论与 Lau（1999）[278]、范丽先等（2018）[329]的研究结论一致，研究表示，品牌感知会正向影响信任感。本书认为，游客对旅游地品牌符号形体的感知致使其做出相应的符号解释，品牌符号感知越高，游客对品牌符号意指的明确性感知越强，即品牌信任就越强。③制度符号感知显著正向作用于制度信任。该结

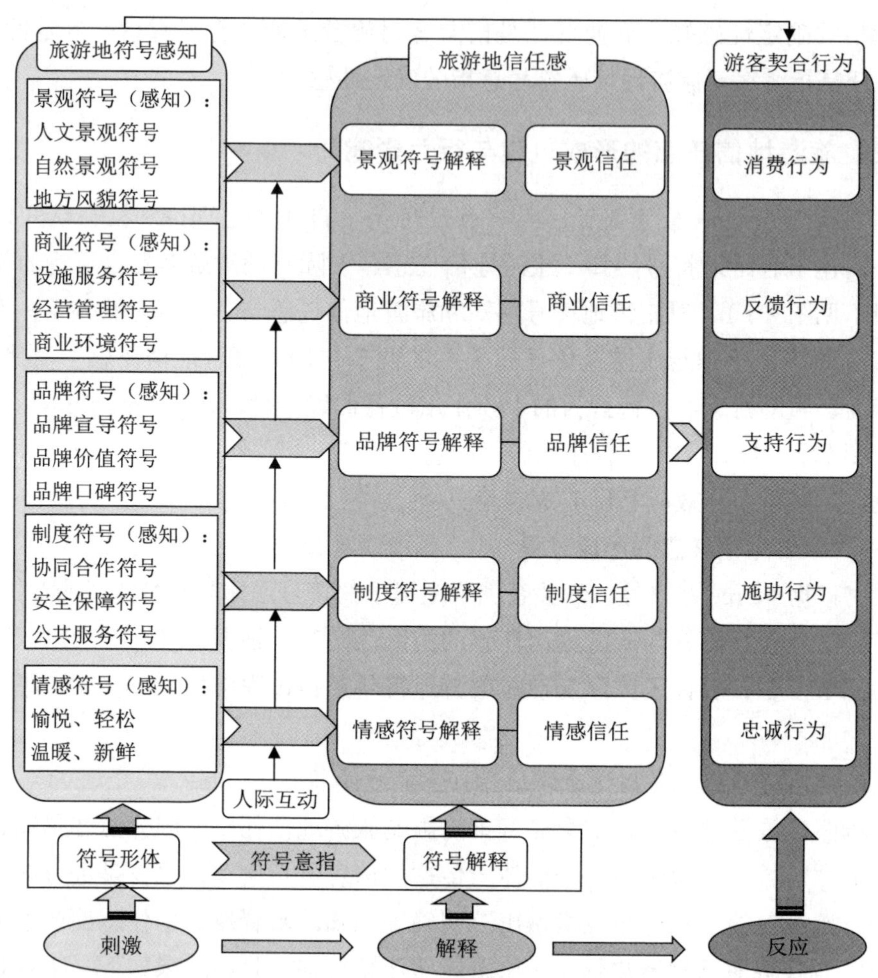

图 8.1 旅游地符号感知、旅游地信任感、人际互动对游客契合行为的作用机制模型

论得到徐彪等（2020）的研究支持，该研究结果表明，公众对防疫制度的感知正向影响其对防疫制度的信任感[331]。本书认为，游客对旅游地旅游制度符号形体感知越高，游客会做出更明确的制度符号解释，制度符号信任也就越强。④商业符号感知显著正向作用于商业信任。该结论与 McKnight（2002）的研究结果一致，该研究结果表明，顾客对在线商业氛围的感知会提高其信任水平[332]。本书认为，游客对旅游地商业符号感知的增强会使游客做出对商业符号意指的明确性感知，即商业信任增强。⑤情感符号感知显著正向作用于情感信任。该结论得到 Yi 等（2009）研究结果支持，该研究认为，食品供应商提高顾客对企业的情感感知，可修复其对食品供应商的信任感[334]。本书认为，游客对旅游地旅游情感符号感知越高，游客对旅游地情感符号意指的明确性感知越强，即情感信任越强。

异于以往研究的是，本书除了检验旅游地符号感知与旅游地信任感的关系，更是从符号学视角定量检验了符号形体与符号解释之间的意指关系。实证结果表明，旅游地符号感知显著正向影响旅游地信任感，说明旅游地符号形体与旅游地符号解释之间确实存在意指关系。换言之，旅游地信任感是游客感知旅游地符号形体后所做出的符号解释。我们认为这些结论是从新的视角理解旅游地信任感，也是再一次证明了旅游地符号形体与旅游地符号解释之间存在意指关系。

2. 人际互动在旅游地符号感知与旅游地信任感关系中具有重要作用

实证分析结果表明，人际互动在旅游地符号感知与旅游地信任感关系中具有促进作用，说明随着人际互动的提高，旅游地符号感知对旅游地信任感的正向影响会显著增强。具体来说，人际互动在品牌符号感知和品牌信任关系中具有显著的正向调节作用，说明人际互动的提高，品牌符号感知对品牌信任的正向影响作用会显著增强。人际互动在商业符号感知和商业信任关系中具有显著的正向调节作用，说明随着人际互动的提高，商业符号感知对商业信任的正向影响作用会显著增强。人际互动在情感符号感知和情感信任关系中具有显著的正向调节作用，说明随着人际互动的提高，情感符号感知对情感信任的正向影响作用会显著增强。我们认为这些结论证明了符号互动论中个人对符号的解释或意义解读是在互动中形成并不断修正的观点。

（二）旅游地信任感的行为影响

1. 旅游地信任感是影响契合行为的重要驱动力

研究检验了旅游地信任感对契合行为的影响作用，结果发现：①旅游地信任感显著正向影响游客消费行为。该结论与 Laroche 等（1996）[419]、Pavlou 等（2004）的研究结果一致[420]。本书认为，游客对旅游地的景观信任、品牌信任、制度信任、商业信任和情感信任越高，越能激发游客的消费意愿，游客发生购买旅游地产品或服务的可能性就越大。该结论再次验证并丰富了前人关于“信任影响消费行为”的研究结论。②旅游地信任感显著正向作用于反馈行为。具体来说，品牌信任、制度信任、景观信任、商业信任和情感信任分别显著正向影响反馈行为。该结论得到姜尧尧（2020）[366]、Wilhelm（2003）[370]等人的支持，他们认为，信任是影响反馈行为的重要因素。本书认为，游客对旅游地品牌、景观、商业、制度和情感等符号形体的明确性感知能够激发游客对旅游活动中需求的追逐，进而向管理者或服务人员反馈自身的要求或已达到的旅游目标。③旅游地信任感显著正向作用于施助行为。该结论与耿喆等（2011）研究结果一致，该研究结果表明，良好的信任能够提高员工的帮助行为[372]。本书认为，旅游地信任感是游客对旅游地符号意指的明确性感知，游客对旅游地的信任感会影响到游客与他人的关系程度，当游客与他人的关系处于良好状态时，游客对帮助他人的意愿也就越强。④旅游地信任感显著正向作用于支持行为。该结论得到田敏（2016）[381]、王春鑫（2021）[382]等人的研究支持。本书认为，游客对旅游地景观、品牌、商业、制度、情感等符号意指的明确性感知增强时，会激发旅游者作为游客的责任感，致使游客履行相关义务，进一步做出支持行为。⑤旅游地信任感显著正向作用于忠诚行为。这个结果与 Loureiro（2008）[36]、Filieri（2015）[23]、Su（2014）[203]等研究结果一致。研究认为，游客对旅游地信任度越高，游客会趋向于重游、推荐、宣传和持续关注该旅游地。

2. 消费行为、反馈行为和施助行为是影响忠诚行为的重要因素

研究对游客契合行为中不同行为间的关系进行了分析，结果表示：①消费行为显著正向作用于忠诚行为。该结论得到苏秦等（2007）研究支持，研究结果表明，顾客的继续消费意愿显著正向影响其忠诚行为[384]。游客购买旅游地的旅游产品或服务后，其价值或功能等符合游客的期望，为其带来良好的旅游体验，这会刺激游客做出重复购买、推荐等忠诚行为。②反馈行为显著正向作用于忠诚行为。做出反馈行为的游客会评估其反馈信息的效用，当游客反馈的信息得到重视时，其自身得到了旅游地管理者或服务人员的重视，认为有义务对旅游地忠诚。③施助行为显著正向影响忠诚行为，该结论得到田立法（2015）[391]的研究支持。游客的施助对象是旅途中的旅伴和其他陌生的旅游者，通过施助行为建立了游客间的人际关系，使游客对旅游体验产生了积极的感受，可能激发游客对旅游地的忠诚行为意愿。④支持行为显著正向作用于忠诚行为。该结论得到刘蓉（2020）[394]、Chiaburu（2008）[395]等研究支持。游客遵守旅游地规则、履行游客义务，有助于提高游客对旅游地发展的责任感，进一步促使游客忠诚行为的产生。

3. 旅游地信任感、消费行为、反馈行为、施助行为和支持行为的中介作用

本书分析了旅游地信任感分别与消费行为、反馈行为、施助行为和支持行为组成的链式多重中介在旅游地符号感知和忠诚行为间的作用，结果表明：①景观信

任和消费行为、景观信任和反馈行为、景观信任和施助行为、景观信任和支持行为分别在景观符号感知和忠诚行为的关系中具有部分中介作用。②品牌信任和消费行为、品牌信任和反馈行为、品牌信任和施助行为、品牌信任和支持行为分别在品牌符号感知和忠诚行为的关系中具有部分中介作用。③制度信任和消费行为、制度信任和反馈行为、制度信任和施助行为、制度信任和支持行为分别在制度符号感知和忠诚行为的关系中具有部分中介作用。④商业信任和消费行为、商业信任和反馈行为、商业信任和施助行为、商业信任和支持行为分别在商业符号感知和忠诚行为的关系中具有部分中介作用。⑤情感信任和消费行为、情感信任和反馈行为、情感信任和施助行为、情感信任和支持行为分别在情感符号感知和忠诚行为的关系中具有部分中介作用。

四、游客契合行为的影响路径

（1）旅游地信任感的不同维度不仅可单独影响游客契合行为，还能以条件组态对游客契合行为发挥作用。研究发现，对于条件因素来说，景观信任、商业信任、品牌信任、制度信任和情感信任等一致性程度高，但并非所有前因条件变量都是游客契合行为的充分必要条件。也就是说，可以将上述信任条件变量进行路径组合来解释游客契合行为的发生。

（2）存在多条可解释游客契合行为发生的条件组合路径。通过模糊集定性比较方法对条件变量进行路径组合分析，5 个游客信任感单因素所组成的条件组合中，产生 8 条满足条件且能够解释游客消费行为的路径组合，6 条满足条件且能够解释游客施助行为的路径组合，6 条满足条件且能够解释游客反馈行为的路径组合，6 条满足条件且能够解释游客支持行为的路径组合，3 条满足条件且能够解释游客忠诚行为的路径组合。

（3）单项条件或多条件组态在不同路径中的作用存在差异。情感信任、景观信任和商业信任等条件变量在影响游客消费行为的路径组合中具有重要作用。情感信任、商业信任和景观信任等条件变量在影响游客施助行为的路径组合中具有重要作用。景观信任、品牌信任、制度信任、商业信任和情感信任等条件变量在影响游客反馈行为的路径组合中具有重要作用。景观信任、品牌信任、制度信任、商业信任和情感信任等条件变量在影响游客支持行为的路径组合中具有重要作用。情感信任条件变量在影响游客忠诚行为的路径组合中具有重要作用。研究再一次印证了以往单项要素的作用，更深入发现了这些单项条件在不同路径组合中的意义。同时，为游客的旅游地信任构建与管理提供了理论支撑。

第二节　可能的理论贡献与管理启示

一、可能的理论贡献

（一）探索并构建了旅游地信任感的内容结构要素

本书是对符号学在旅游领域中信任研究的应用与扩展，从符号学视角理解旅游地信任感含义。研究使用扎根分析方法，探索旅游地信任感维度，具有重要的理论意义。研究对旅游地符号进行了分析，从旅游地符号形体和旅游地符号解释描述旅游地符号意指过程。结果发现，游客对旅游地符号感知主要表现在游客对景观符号形体、品牌符号形体、制度符号形体、商业符号形体和情感符号形体等承载信息的理解，这是对旅游地符号形体的进一步认知。根据符号理论，本书认为旅游地信任感是旅游地符号形体所蕴含的意义，即旅游地符号解释。研究发现，旅游地信任感主要包括景观信任、品牌信任、制度信任、商业信任和情感信任等内容。研究对旅游地符号进行了符号形体和符号解释等方面的分析，并且根据符号内涵系统来理解旅游地信任感，拓展了符号学在旅游信任研究领域的运用，也从新的视角理解和阐释旅游地信任感。

（二）揭示了旅游地信任感的形成机制

研究首次从符号学视角理解旅游地信任感，通过使用符号学理论实现了对旅游地符号形体与旅游地符号解释之间意指关系的理解，证实了旅游地符号感知与旅游地信任感的关系。理论贡献主要表现在：

（1）本书以 Pierce 提出的符号三元关系理论为基础，根据符号形体与符号解释的意指关系，对旅游地符号感知与旅游地信任感的关系提出假设并验证，是对旅游地符号的拓展性研究，也是对符号学在旅游领域内游客信任的拓展性研究。本书认为，旅游地信任感是游客对旅游地符号意指的明确性感知，属于旅游地符号内涵系统中第二系统解释，即旅游地符号解释。通过对旅游地符号形体、旅游地信任感的测量和数据分析，研究结果表明，旅游地符号感知正向显著影响旅游地信任感。具体来说，景观符号感知会显著正向影响景观信任，品牌符号感知会显著正向影响品牌信任，商业符号感知会显著正向影响商业信任、情感符号感知会显著正向影响情感信任。上述结果表明，旅游地符号形体与符号解释之间存在意指关系，旅游地符号感知是影响旅游地信任感的关键因素。

（2）本书考察了人际互动在旅游地符号意指关系中的作用，为旅游地符号形体与旅游地符号解释的关系提供一个较为全面的理论视角。根据符号互动理论，人们对符号的理解受到人际互动的影响，并且会在具体的情境中对意义进行修正。然而，对人际互动在旅游地符号形体与符号解释关系中的影响作用尚未得到系统验证。本书发现，人际互动对旅游地符号感知与旅游地信任感间的关系具有促进作用，这表明随着人际互动的提高，旅游地符号感知对旅游地信任感的正向影响会显著增强。具体来说，人际互动分别在游客的品牌符号感知与品牌信任、商业符号感知与商业信任、情感符号感知和情感信任的关系中具有显著的正向调节作用。由此说明，人际互动对旅游地符号感知与旅游地信任感的关系具有影响作用。

（三）考察了旅游地信任感对游客契合行为的影响机制

（1）研究构建了旅游地符号感知、旅游地信任感、人际互动对游客契合行为的作用机制理论模型，厘清了游客契合行为的前因机制，为契合行为相关研究提供理论基础。本书以 S–O–R 理论模型为总体分析框架，同时结合符号三元关系理论、自我决定理论、符号互动理论和社会认知理论等理论和相关成果，建构了旅游地符号感知、旅游地信任感、人际互动对游客契合行为的作用机制模型，研究验证了旅游地符号感知、旅游地信任感、人际互动与游客契合行为间的关系，揭示了旅游地符号感知、旅游地信任感、人际互动在游客契合行为形成机制中的协同作用，建构了“符形—信任—契合”的复杂影响模型，既是对上述理论模型做出了一定的创新和拓展，更为科学认知旅游地符号的信任机制和契合导向机制提供了实证证据和理论依据。

（2）本书验证了旅游地符号感知与游客忠诚行为之间的多重中介作用，进一步拓展了符号理论在旅游研究中的运用。研究结果表明，旅游地信任感分别与消费行为、反馈行为、施助行为和支持行为在旅游地符号感知和忠诚行为之间存在多重中介作用。由此可见，旅游地符号感知不仅会显著正向影响旅游地信任感，而且会进一步影响消费行为、反馈行为、施助行为和支持行为，这种累计效应最终影响游客忠诚行为。这为理解旅游地符号感知、旅游地信任感与游客契合行为之间的关系提供了理论支撑。

（3）本书通过多变量交互作用的模糊集定性比较方法分析旅游地信任感组态对契合行为的影响作用。研究结果表明，景观信任、商业信任、品牌信任、制度信任和情感信任等条件变量的协同组态能够对契合行为发挥作用。单项条件或多条件变量在不同路径中所产生的影响力存在差异。该结论不仅再次证明了以往单项要素对契合行为的作用，而且更深入发现了这些单项条件在不同路径组合中的意义。本书结果为解释旅游地信任感与游客契合行为的关系提供理论基础，同时，为最大化促进游客契合行为建构了治理路径。

二、管理启示

本书系统地分析了旅游地符号意指过程，验证了旅游地符号感知、旅游地信任感、人际互动对游客契合行为的影响机制，从组态视角分析游客契合行为的影响路径。研究有益于旅游地符号建设与管理，提供满足游客需求的旅游产品与服务以增强旅游地信任感，进而实现旅游地经济效益、环境效益、社会效益。建议如下：

（1）目的地应规范旅游地符号建设，树立细节意识。消费社会下，旅游是一种体验符号的过程，旅游地的符号性消费凸显[421]。因此，旅游地主管部门应重视本地旅游符号的构建与修正，从旅游地像似符号、旅游地指索符号和旅游地象征符号等方面进行细致打造。具体而言：第一，旅游地像似符号是最直接、最基础的符号类型，其符号形体与符号意义的联系较为密切。因此，旅游地管理部门应在规划、组织、技术、舆论、物质、资金等方面提供保障，制定融入旅游地地域特色的景观规划，积极做好旅游地景观符号建设的引导，规范旅游地的景观符号建设。第二，旅游地指索符号是游客前往旅游地前或刚抵达旅游地时最先被吸引的旅游地符号。因此，旅游地主管部门应重视旅游地品牌符号、旅游地制度符号和旅游地商业符号的建设。在旅游地品牌推广过程中，应根据不同的目标市场进行品牌宣传，同时保证品牌宣传内容口径统一。旅游地应针对特定群体提供旅游优惠政策，提高安全保障、秩序维护和公共服务等方面的管理水平。旅游地发展过程中应重视商业发展适度原则，管理部门应及时做好引导与干预，努力做到既满足游客的消费需求，也满足旅游地的经营效益。第三，旅游情感符号是游客在目的地对精神世界的追求与体验。消费社会下，游客除了关注旅游商品或服务的质量，更在意精神慰藉和心理认同。游客对旅游地像似符号、旅游地指索符号的感知与解释过程中会倾入自身的真情实感。因此，旅游主管部门在建设其他旅游地符号的同时，应考虑游客的情感体验，提供符合游客情感需求的产品或服务。综上所述，旅游地符号建设是一个复杂的过程，只有当符号形体感知与符号意义解读统一时，游客才能产生对旅游地符号意指的明确性感知，即产生信任感，进一步影响游客行为和体验质量。

（2）旅游地应重视互动氛围的营造，促使游客完成对自我的区分以及对目的地的认同。本书认为，旅游地信任感是游客对旅游地符号意指的明确性感知，属于符号内涵系统中第二系统的符号解释。同时，游客在旅游地的人际互动对旅游地符号感知与符号解释的关系具有调节作用。由此可知，人际互动是游客对旅游地符号形体所意指的符号意义解读的有利推手。因此，旅游地主管部门应引导和监督旅游企业、社区居民的参与。旅游企业应恪守自身职责，为游客提供符合市场规律、游客需求、质量有保障的旅游地产品和服务，致力提升游客对旅游地品牌符号意指的明确性感知，增强游客的品牌信任。旅游服务人员应树立服务意识、提升业务能力与专业素养，协助游客顺利完成旅游活动，为游客带来更多良好的旅游体验感和满意度，提升游客对旅游地的商业符号意指的明确性感知，增强游客的商业信任。当地居民应主动关心、积极支持管理部门和旅游企业的发展规划，与管理部门、旅游企业保持通畅的沟通。向游客展示友好态度和行为，协同相关部门共同营造良好的游览环境与氛围，提升游客对旅游地情感符号意指的明确性感知，增强游客的情感信任。

（3）旅游地应帮助游客提高符号解读能力。游客通常会根据所处环境、社会规范、旅游经历等对旅游地符号形体进行认知、总结和提炼，进而对旅游地符号形体所携带的讯息进行解读。面对交互重叠的旅游地符号，游客对旅游吸引物会产生不一样的符号感知与解释。旅游管理部门应根据游客自身素养和知识水平，将游客需求和旅游地符号有效融合，以提升游客的旅游地符号感知能力，促使游客产生旅游地符号意指的明确性感知，增强旅游地信任感。

（4）目的地应细分旅游地信任感并根据其类型特点进行信任感建构。旅游地管理部门应根据自身旅游资源进行景观规划和开发，突出旅游景观的典型性，提高景观吸引力。同时，注重旅游景观的观赏性和游览价值。通过向游客提供质量较好的景观，使其产生景观信任。旅游地管理部门应提供友好、可靠并有效的安全保障、公共服务、卫生政策。通过向游客提供完善的制度支持，使其产生制度信任。旅游地管理部分应重视目的地商业发展，注重地方特色与旅游商品的融合，向游客提供地域内涵浓厚的旅游商品。监督并引导旅游企业提高服务水平，重视商业信誉的维护和积累。通过向游客提供良好的商业环境，使其产生商业信任。旅游地管理部门应重视目的地形象塑造及品牌宣传，在向游客提供旅游产品和服务过程中应言行一致，做到兑现承诺，服务真诚，使游客产生品牌信任。旅游地管理部门应重视游客的情感追寻，通过向游客提供无形体验性项目，使其精神世界得以丰富、心灵得以慰藉，促使游客对目的地产生精神寄托，产生情感信任。

（5）旅游地应竭力促使游客忠诚行为。旅游地管理部门应保证景观质量，塑造积极的旅游地品牌形象，完善旅游地公共卫生、服务和安全保障等制度建设。同时，旅游地应合理发展商业，为游客提供价格公道、质量上乘、品质达标、技术一流的旅游产品或服务，提高游客消费、反馈和支持的意愿或倾向。竭力维护并保持游客与旅游地的良好关系，使游客对旅游地产生信任感。通过增强旅游地信任感，提高游客重游目的地概率，降低选择替代目的地的可能性。通过维护好游客与旅游地的关系，使游客长期关注旅游地并进行口碑宣传与推荐，有利于旅游地维护现有客源市场，稳步扩展新兴客源市场。

（6）旅游地可根据客观实际选择要素组合，最大化地驱动游客契合行为，促进游客与旅游地的价值共创。以增强游客对旅游地的情感信任为核心，增强游客对旅游地的满意度、期望值与依赖性，建立并维护好游客与旅游地的情感联系，以提高游客情感体验的方式来激发游客实施契合行为。旅游地应确保游客旅游需求得以满足，提供高质量的景观，完善设施设备和法律法规，为游客开展旅游活动、实施旅游行为提供条件，最大效用地促进游客契合行为。旅游地要注重旅游品牌的塑造和维护，充分认识自身的历史文化和环境特征，整合旅游资源并进行合理开发，提高游客对旅游地品牌的认同感和信任感，加强景观信任、制度信任、商业信任和情感信任的配合，使组合路径发挥最大效用。综上，旅游地管理部门不应只通过提高游客的某一项信任感来促进其契合行为，更应该选择不同的信任路径组合，最大限度地促使游客的契合行为，进而实现游客与旅游地双方获益。

第三节　研究局限和展望

梳理国内外研究发现，目前有关目的地信任的研究内容主要集中在旅游地信任含义[7，28，172]、旅游地信任测量[7，28，30，31]、旅游地信任维度划分[19，38，176]、影响因素和作用影响等方面，且已存在一定的成果。但是，作为一个多维度、多层次的研究概念，从符号学视角分析旅游地信任感的研究还相对较少。此外，本书涉及社会学、符号学和管理学等多学科的理论知识，多学科领域的交织以及本人知识能力、时间和现实环境等因素的限制，使得本书在理论与实践层面的问题分析中不可避免地存在一定局限，未来研究需要进一步的深化与改进。具体来看：

（1）在旅游地信任感内涵与维度的质性研究部分，本书对游客进行了半结构化访谈，在旅游网站上抓取游记文本，对访谈内容和网络游记文本进行扎根分析，构建了旅游地信任感的结构维度以及测量指标，达到本书的研究需要和研究目的。虽然本书对游客进行了线上访谈，也对网络游记进行了分析，但是与旅游地游客面对面访谈相比，准确性存在一定差异。因此，未来研究可增添旅游地实地访谈，进一步丰富文本材料，探索是否存在新的内容。

（2）本书的数据采用横向方式获取，搜集的数据在揭示变量之间关系方面不如动态方式（即采用跨时间纵向研究方式）的可靠性高。此外，本书的访谈对象和数据发放对象仅限于国人，质性研究的归纳、量化研究的数据会存在一定局限。此外，本书仅选择具有旅游经历的游客作为研究对象，未具体对某一类型旅游地的游客进行问卷调研。因此，进一步的研究可对不同国家背景的游客进行采访和问卷调查。同时，采用分时段发放、收集问卷，实行跨时间纵向研究。选取多个具体案例地进行抽样调查，以扩大研究样本的时间范围和区域范围。

（3）本书将符号学理论应用于旅游信任研究，具有价值的地方是根据 Pierce 符号三元关系理论，围绕符号形体、符号对象和符号解释，根据符号内涵系统推演出旅游地信任感，并且实证旅游地符号形体与符号解释的意指关系。但是，在符号三元关系理论中，符号形体处于核心地位，它除了与符号意义具有直接的意指关系，与符号对象之间还存在直接的指称关系。同时，符号意义与符号对象之间存在媒介，即符号形体。换言之，若没有符号形体就不存在能够反映符号对象的符号意义。可见，这一关系是间接的。本书尚未探讨符号对象与符号形体的指称关系、符号意义与符号对象间的间接反映关系等内容。以上几点是值得后续研究继续探讨的方向。

参考文献

[1] 约瑟夫·派恩，詹姆斯·吉尔摩．体验经济[M]．北京：机械工业出版社，2016：1–32.

[2] 刘丹萍，保继刚．旅游者“符号性消费”行为之思考——由“雅虎中国”的一项调查说起[J]．旅游科学，2006（1）：28–33.

[3] 彭丹．旅游符号学的理论述评和研究内容[J]．旅游科学，2014，28（5）：79–94.

[4] Culler J. Semiotics of Tourism [J]. American Journal of Semiotics，1981，1（1）：127–140.

[5] Jiang P，Jones D B，Javie S. How Third-Party Certification Programs Relate to Consumer Trust in Online Transactions：An Exploratory Study [J]. Psychology & Marketing，2008，25（9）：839–858.

[6] 刘卫梅，林德荣．基于信任的旅游目的地口碑推荐机制研究[J]．旅游学刊，2018，33（10）：63–74.

[7] 曹文萍，许春晓．旅游目的地信任与趋近行为意向关系研究——以韶山为例[J]．北京第二外国语学院学报，2014，36（9）：45–53.

[8] 姚延波，陈增祥，贾玥．游客对目的地的信任：维度及其作用[J]．旅游学刊，2013，28（4）：48–56.

[9] 方雅贤，李振坤．旅游目的地信任研究进展及未来展望[J]．2015（7）：146–147.

[10] Rotter J B. A new scale for the measurement of interpersonal trust [J]. Journal of Personality，1967，35（4）：651–665.

[11] Hosmer L T. Trust：The connecting link between organizational theory and philosophical ethics [J]. Academy of management Review，1995，20（2）：379–403.

［12］姚延波，张丹，何蕾．旅游企业诚信概念及其结构维度——基于扎根理论的探索性研究［J］．南开管理评论，2014，17（1）：113–122.

［13］Axelrod R. The Evolution of Cooperation［M］. New York：Basic Book，1984.

［14］Arrow K E. The Limits of Organization［M］. Norton，1974.

［15］Mayer R C，Davis J H，Schoorman F D. An integrative model of organizational trust［J］. Academy of management review，1995，20（3）：709–734.

［16］徐菲菲，何云梦．论旅游活动中的多重信任关系［J］．东南大学学报（哲学社会科学版），2016，18（3）：39–45.

［17］王治国．旅游业游客信任体系的建构［J］．学术交流，2014（5）：140–143.

［18］王亮．旅游地顾客信任及其对顾客忠诚的影响［D］：湖南师范大学，2009.

［19］胡田，郭英之．旅游消费者在线购买旅游产品的信任度、满意度及忠诚度研究［J］．旅游科学，2014，28（6）：40–50.

［20］Chang K. Examining the Effect of Tour Guide Performance，Tourist Trust，Tourist Satisfaction，and Flow Experience on Tourists' Shopping Behavior［J］. Asia Pacific Journal of Tourism Research，2014，19（2）：219–247.

［21］Abubakar A M，Ilkan M，Al–Tal R M，et al. eWOM，revisit intention，destination trust and gender［J］. Journal of Hospitality and Tourism Management，2017，31：220–227.

［22］Abubakar A M. Does eWOM influence destination trust and travel intention：a medical tourism perspective［J］. Economic Research–Ekonomska Istrazivanja，2016，29（1）：598–611.

［23］Filieri R，Alguezaui S，McLeay F. Why do travelers trust TripAdvisor? Antecedents of trust towards consumer–generated media and its influence on recommendation adoption and word of mouth［J］. Tourism Management，2015，51：174–185.

［24］周慧之．符号信任：消费社会的关系维持［J］．社会，2002（7）：22–23.

［25］关新华，谢礼珊，皮平凡．负面报道对旅游目的地的影响及信任修复研

究［J］. 经济管理，2017，39（8）：146–158.

［26］刘晶 . 基于公共治理视野下的旅游信任危机治理研究［J］. 辽宁经济管理干部学院辽宁经济职业技术学院学报，2016（5）：16–18.

［27］石群 . 旅游信任危机及破解对策［J］. 牡丹江大学学报，2016，25（8）：6–8，28.

［28］Su L，Lian Q，Huang Y. How do tourists' attribution of destination social responsibility motives impact trust and intention to visit? The moderating role of destination reputation［J］. Tourism Management，2020，77：173907.

［29］Liu J，Wang C，Fang S，et al. Scale development for tourist trust toward a tourism destination［J］. Tourism Management Perspectives，2019，31（1）：383–397.

［30］Choi M，Law R，Heo C Y. Shopping destinations and trust – Tourist attitudes：Scale development and validation［J］. Tourism Management，2016，54：490–501.

［31］谢礼珊，彭家敏，王帅 . 旅游预订网站顾客所感知的关系利益对顾客忠诚感的影响——兼论替代者吸引力的调节作用［J］. 旅游科学，2009，23（5）：50–58.

［32］Sparks B A，Browning V. The impact of online reviews on hotel booking intentions and perception of trust［J］. Tourism Management，2011，32（6）：1310–1323.

［33］Kim M J，Chung N，Lee C K. The effect of perceived trust on electronic commerce：Shopping online for tourism products and services in South Korea［J］. Tourism Management，2011，32（2）：256–265.

［34］Marinao Artigas E，Yrigoyen C C，Moraga E T，et al. Determinants of trust towards tourist destinations［J］. Journal of Destination Marketing & Management，2017，6（4）：327–334.

［35］黎洁，吕镇 . 论旅游目的地形象与旅游目的地形象战略［J］. 商业经济与管理，1996（6）：62–65.

［36］Loureiro S M C，Gonzalez F J M. The Importance of Quality，Satisfaction，Trust，and Image in Relation to Rural Tourist Loyalty［J］. Journal of Travel & Tourism Marketing，2008，25（2）：117–136.

［37］Chiang C–F，Jang S S. The Effects of Perceived Price and Brand Image on Value and Purchase Intention：Leisure Travelers' Attitudes Toward Online Hotel

Booking［J］. Journal of Hospitality & Leisure Marketing，2007，15（3）：49-69.

［38］龚金红，谢礼珊，彭家敏. 旅行社服务不诚信行为如何影响顾客信任——心理契约违背与企业声誉的作用［J］. 旅游学刊，2014，29（4）：55-68.

［39］Kim T T，Kim W G，Kim H. The effects of perceived justice on recovery satisfaction，trust，word-of-mouth，and revisit intention in upscale hotels［J］. Tourism Management，2009，30（1）：51-62.

［40］刁宗广. 观光性旅游的旅游者信任因素实证研究［J］. 桂林旅游高等专科学校学报，2005，16（5）：69-71.

［41］Nunkoo R，Ramkissoon H，Gursoy D. Public trust in tourism institutions［J］. Annals of Tourism Research，2012，39（3）：1538-1564.

［42］Nunkoo R，Ramkissoon H. Power，trust，social exchange and community support［J］. Annals of Tourism Research，2012，39（2）：997-1023.

［43］谢礼珊，李健仪. 导游服务质量、游客信任感与游客行为意向关系研究［J］. 旅游科学，2007（4）：43-48.

［44］Weiler B，Walker K. Enhancing the visitor experience：Reconceptualising the tour guide's communicative role［J］. Journal of Hospitality and Tourism Management，2014，21：90-99.

［45］Glaser，Barney，G. The Future of Grounded Theory［J］. Grounded Theory Review，2010，9（6）：836-845.

［46］陈向明. 扎根理论的思路和方法［J］. 教育研究与实验，1999（4）：58-63.

［47］Jones M，Alony I. Guiding the Use of Grounded Theory in Doctoral Studies – An Example from the Australian Film Industry［J］. International Journal of Doctoral Studies，2011，6：114-150.

［48］陈向明. 质的研究方法与社会科学研究［M］. 教育科学出版社，2001：12.

［49］Mehrabian A，Russell J A. An approach to environmental psychology［M］. the MIT Press，1974.

［50］Dedeoglu B B，Bilgihan A，Ye B H，et al. The impact of servicescape on hedonic value and behavioral intentions：The importance of previous experience［J］. International Journal of Hospitality Management，2018，72：10-20.

［51］Su L，Swanson S R. The effect of destination social responsibility on tourist environmentally responsible behavior：Compared analysis of first–time and repeat tourists［J］. Tourism Management，2017，60（jun.）：308–321.

［52］Belk，Russell W. Situational Variables and Consumer Behavior［J］. Journal of Consumer Research，1975，2（3）：157–164.

［53］李悦，贾明霞．共享单车用户规范使用行为的形成机制研究——整合S–O–R 理论和自我决定理论［J］. 情报探索，2021（8）：61–70.

［54］粟路军，何学欢，胡东滨，等．服务质量对旅游者抵制负面信息意愿的影响机制研究——基于 Stimulus–Organism–Response（S–O–R）分析框架［J］. 旅游科学，2017，31（6）：30~51.

［55］陈素平，成慕敦．基于 S–O–R 模型系统的单身女性休闲旅游消费行为分析［J］. 贵州社会科学，2016（3）：154–162.

［56］刘雷，史小强．新冠肺炎疫情背景下体育旅游消费行为影响机制——基于 S–O–R 框架的 MOA–TAM 整合模型的实证分析［J］. 旅游学刊，2021，36（8）：52~70.

［57］Cheng W，Tsai H，Chuang H，et al. How Can Emerging Event Sustainably Develop in the Tourism Industry? From the Perspective of the SOR Model on a Two–Year Empirical Study［J］. Sustainability，2020，12（23）：10075.

［58］S. P C. Collected Papers［M］. Cambirdge，Mass：Harvard University Press，1931–1935. 6.

［59］沃尔夫，马乐绿．布鲁默的”象征互动论”［J］. 国外社会科学文摘，1985（7）：44–45.

［60］Blumer H. Symbolic interactionism：perspective and method［M］. Symbolic interactionism：perspective and method，1986. 2.

［61］李金云．符号互动论述评［J］. 徐州工程学院学报：社会科学版，2020（4）：80–86.

［62］李莎，陈志钢，范玉强．基于社交媒体建构的旅游演艺品牌符号研究——以《长恨歌》为例［J］. 资源开发与市场，2021，37（4）：478–483.

［63］张骁鸣，王骏川．节庆形象概念的皮尔士符号学分析——广州“波罗诞”案例［J］. 旅游学刊，2018，33（10）：97–106.

［64］胡兵，熊元斌，王红．旅游地品牌的象征性意义与情感性品牌依恋——基于符号互动论视角［J］．经济管理，2015，37（3）：120–129.

［65］邹诗洁，王晞．基于符号互动论视角乡村民宿主客互动过程体验探析——以桂林阳朔县为例［J］．桂林航天工业学院学报，2020，25（3）：374–380.

［66］Yang I C M，French J A，Lee C，et al. The symbolism of international tourism in national identity［J］. Annals of Tourism Research，2020，83 102966.

［67］Deci E L，Ryan R M. Intrinsic motivation and self–determination in human behavior［M］. New York：Plenum，1985.

［68］Deci E L，Ryan R M. The Empirical Exploration of Intrinsic Motivational Processes 1［J］. Advances in Experimental Social Psychology，1980，13（8）：39–80.

［69］Ryan R M，Deci E L. Intrinsic and Extrinsic Motivations：Classic Definitions and New Directions［J］. Contemp Educ Psychol，2000，25：54–67.

［70］LaCaille R A，Hooker S A，LaCaille L J. Using self–determination theory to understand eating behaviors and weight change in emerging adults［J］. Eating Behaviors，2020，39：101433.

［71］段正梁，彭振，贺小荣．旅游者生态价值观对其环境责任行为的影响——以岳麓山风景区为例［J］．地域研究与开发，2021，40（1）：132–137，167.

［72］Cole S，Zhang Y，Wang W，et al. The influence of accessibility and motivation on leisure travel participation of people with disabilities［J］. Journal of Travel & Tourism Marketing，2019，36（1）：119–130.

［73］Bandura A. Social cognitive theory：An agentic perspective［J］. Annual review of psychology，2001，52（1）：1–26.

［74］杨振宏，李盼，王文杰．基于社会认知理论的事故体验对矿工不安全行为影响研究［J］．安全与环境学报，2021，21（4）：1607–1614.

［75］Alnemer H A. Predicting start–up intention among the females of Saudi Arabia using social cognitive theory［J］. World Journal of Entrepreneurship，Management and Sustainable Development，2021，17（4）：889–906.

［76］张成琳，董林峰，乔琳．旅游情景中网站特征对旅游行为意向的影响研究——基于心流体验的中介效应［J］．资源开发与市场，2020，36（1）：101–105，112.

［77］Wang J，Song Y，Jin M，et al. EMPIRICAL RESEARCH ON KNOWLEDGE SHARING FACTORS IN TRAVEL ONLINE COMMUNITY［J］. Pakistan Journal of Statistics，2014，30（5）：815–826.

［78］俞建章，叶舒宪 . 符号：语言与艺术［M］. 符号：语言与艺术，1988：12.

［79］费尔迪南・德・索绪尔，索绪尔，高名凯 . 普通语言学教程［M］. 普通语言学教程，1980：102.

［80］黄华新，陈宗明 . 符号学导论［M］. 郑州：河南人民出版社，2016：6.

［81］罗兰・巴特著，董学文，王葵 . 符号学美学［M］. 符号学美学，1987：35.

［82］卡西尔 . 符号形式的哲学（第 1 卷）［M］. 柏林，1923–1929：109.

［83］皮尔斯，李斯卡，赵星植 . 皮尔斯：论符号［M］. 四川大学出版社，2014：72.

［84］Peirce C S. Collected Papers［M］. Cambrige Mass：Harvard University Press，1931–1958. 362.

［85］Sebeok T A. Encyclpedic Dictonary of Semiotics［M］. U.S.A.：Mouton de Gruyter，2010. 328.

［86］赵毅衡 . 符号学原理与推演［M］. 符号学原理与推演，2016：36–38.

［87］罗兰・巴尔特，李幼蒸 . 符号学原理［M］. 北京：中国人民大学出版社，2008：69–72.

［88］Hopkins J. Signs of the Post–Rural：Marketing Myths of a Symbolic Countryside［J］. Geografiska Annaler Series B Human Geography，1998，80（2）：65–81.

［89］Graburn N H H. The anthropology of tourism［J］. Annals of Tourism Research，1983，10（1）：9–33.

［90］Vinci–Booher S，James T W，James K H. Visual–motor contingency during symbol production contributes to short–term changes in the functional connectivity during symbol perception and long–term gains in symbol recognition［J］. NeuroImage，2021，227：117554.

［91］Teichner W H，Reilly R，Sadler E. Effects of density on identification and discrimination in visual symbol perception［J］. Journal of Experimental Psychology，1961，61（6）：494–500.

［92］黄雨水．生态位与感知符号：新媒介生态下电视广告的传播优势［J］．中国广播电视学刊，2013（7）：62–64.

［93］J U. The tourist gaze（Theory，cuture and society series）［M］. London：Sage Publication Ltd.，1990. 45–58.

［94］武媚．符号旅游视角下寻根旅游发展探析——以河南省为例［J］．经济论坛，2010（7）：129–131.

［95］明庆忠，熊剑峰．土著知识旅游及其生态化发展研究［J］．云南师范大学学报（哲学社会科学版），2010，42（6）：123–129.

［96］曾智林，金憓，杨乾明．以溯源岭南狮形象探析纪念品设计思维方法［J］．包装工程，2013，34（22）：108–111.

［97］王峰，明庆忠，熊剑峰．旅游符号学研究框架体系的建构［J］．旅游论坛，2013，6（3）：11–15.

［98］孟芷卉，柳光露．基于符号情景构建的旅游产品设计探析——以鞍山地区为例［J］．现代商业，2018（20）：158–159.

［99］彭丹．"旅游人"的符号学分析［J］．旅游科学，2008（4）：23–27.

［100］严澍．旅游信息传播的媒体选择研究［D］：四川大学，2007.

［101］钟玉锋，张汶伊．基于 TIS 的旅游地形象塑造研究——以重庆磁器口古镇为例［J］．安徽农业科学，2010，38（18）：9808–9810，9844.

［102］李巧玲，王学军．丝绸之路申遗宁夏固原段旅游形象设计与推广策略研究［J］．甘肃社会科学，2010（2）：252–255.

［103］刘德豪，刘辉，谢利华，等．鄱阳湖经济区生态旅游品牌营销策划［J］．中国市场，2010（45）：77–80.

［104］巫宁．信息传播：旅游目的地营销与服务的关键环节［J］．旅游学刊，2007，22（10）：67–70.

［105］单文盛，甘甜．符号学视阈下湖南城市形象宣传片视觉传播策略分析［J］．湖南师范大学社会科学学报，2016，45（3）：145–153.

［106］曾楠．符号学视域下娄底旅游宣传片文化传播研究［J］．湖南人文科技学院学报，2019，36（1）：69–73，84.

［107］陈胜容．符号学视角下的旅游地竞争力解读——以清东陵为例［J］．旅游论坛，2014，7（1）：79–83.

［108］王艳平，程玉，乐洪发 . 基于网络游记分析的文化旅游地元素性符号组成——以南京夫子庙秦淮风光带为例［J］. 无锡商业职业技术学院学报，2016，16（2）：27–32.

［109］李贵清，邓漫英，王玉珊，等 . 广东珠玑古巷文化旅游符号传播提升研究［J］. 边疆经济与文化，2019（1）：67–72.

［110］王罡 . 旅游地形象设计中的符号表达［J］. 艺术百家，2009，25（S2）：154–156.

［111］陈岗 . 旅游吸引物符号的三种形态及其研究展望［J］. 旅游科学，2013，27（3）：26–36.

［112］唐文跃 . 地方性与旅游开发的相互影响及其意义［J］. 旅游学刊，2013，28（4）：9–11.

［113］隋春花 . 旅游符号传播效果提升研究［J］. 合作经济与科技，2018（8）：98–101.

［114］孙小龙，林璧属 . 基于网络文本分析的旅游商业化符号表征研究——以西江苗寨为例［J］. 旅游学刊，2017，32（12）：28–36.

［115］李成龙，杨金华 . 文旅融合背景下乡村旅游吸引物符号化体系建构［J］. 合作经济与科技，2021（7）：76–78.

［116］高飞，董培海，李伟 . 边境旅游吸引物的符号学解读［J］. 云南师范大学学报（哲学社会科学版），2019，51（4）：99–107.

［117］Picazo P，Moreno–Gil S，Gursoy D. Analysis of the projected image of tourism accommodations：a methodological proposal［J］. International Journal of Contemporary Hospitality Management，2019，31（8）：3325–3351.

［118］Gorp B V，Béneker T. Holland as other place and other time：alterity in projected tourist images of the Netherlands［J］. GeoJournal，2007，68（4）：293–305.

［119］Palmer C. Tourism and the symbols of identity［J］. Tourism Management，1999，20 313–321.

［120］Ateljevic I，Doorne S. Representing New Zealand：Tourism Imagery and Ideology［J］. Annals of Tourism Research，2002，29（3）：648–667.

［121］Hunter W C. A typology of photographic representations for tourism：Depictions of groomed spaces［J］. Tourism Management，2008，29（2）：354–365.

[122] Bratt J. Return to the east：Tourism promotion as legitimation in Qiandongnan，China [J]. Tourist Studies，2018，18（1）：21–40.

[123] 王宁. 消费社会学 [M]. 北京：社会科学文献出版社，2001.

[124] 彭兆荣. 现代旅游中的符号经济 [J]. 江西社会科学，2005（10）：28–34.

[125] 董培海，施江义，李伟. 关于旅游产品符号价值的解读 [J]. 北京第二外国语学院学报，2010，32（9）：33–40.

[126] 李贵清，刘伟娜，戴辉粮，等. 符号视角下连南千年瑶寨旅游营销研究 [J]. 合作经济与科技，2019（20）：89–91.

[127] Balo Me Nou N，Garrod B. Photographs in tourism research：Prejudice，power，performance and participant-generated images [J]. Tourism Management，2019，70（FEB.）：201–217.

[128] 谢彦君，彭丹. 旅游，旅游体验和符号 [J]. 旅游科学，2005，19（4）：2–5，181.

[129] Soulard J，McGehee N G，Stern M J，et al. Transformative tourism：Tourists' drawings，symbols，and narratives of change [J]. Annals of Tourism Research，2021，87：103141.

[130] 谢彦君. 旅游体验研究：一种现象学的视角 [M]. 天津：南开大学出版社，2006：188–230.

[131] 陈兴. "虚拟真实" 原则指导下的旅游体验塑造研究——基于人类学视角 [J]. 旅游学刊，2010，25（11）：13–19.

[132] 杨骏，席岳婷. 符号感知下的旅游体验真实性研究 [J]. 北京第二外国语学院学报，2015，37（7）：34–39，49.

[133] 彭兆荣. 旅游人类学 [M]. 北京：民族出版社，2004：179–184，185–224.

[134] 马晓京. 旅游象征消费对云南石林商品开发的启示 [M] // 张晓萍. 民族旅游的人类学透视. 昆明：云南大学出版社，2005：192–207.

[135] 丁雨莲. 徽州楹联文化旅游符号的隐喻及重构研究——以黟县西递村为例 [J]. 安徽农业大学学报（社会科学版），2014，23（6）：120–124.

[136] Zhang X，Sheng J. A Peircean semiotic interpretation of a social sign [J].

Annals of Tourism Research，2017，64（May）：163–173.

［137］马秋芳，孙根年．基于符号学的秦俑馆名牌景点形成研究［J］．旅游学刊，2009，24（8）：66–70.

［138］马秋芳．旅游地媒体符号的内容分析——以陕西省为例［J］．旅游科学，2011，25（3）：35–44.

［139］吴佩谕，黄远水．旅游照片的符号属性对旅游意向的影响研究——以微信朋友圈旅游照片为例［J］．资源开发与市场，2019，35（7）：993–1000.

［140］郭慧云，丛杭青，朱葆伟．信任论纲［J］．哲学研究，2012（6）：3–12，111，127.

［141］陈晨，陈志钢．旅游者商业化符号感知与体验真实性研究——以西安回民街为例［J］．浙江大学学报（理学版），2021，48（2）：249–260.

［142］唐叶摇，乔秋敏．基于符号感知的白鹿洞书院形象塑造［J］．旅游纵览（下半月），2018（2）：140–142.

［143］张冠群．旅游地符号感知水平与旅游体验的耦合关系研究［J］．旅游研究，2020，12（4）：1–10.

［144］黎洁，赵西萍．美国游客对西安的感知研究［J］．北京第二外国语学院学报，2000（1）：51–56.

［145］白凯，马耀峰，游旭群．基于旅游者行为研究的旅游感知和旅游认知概念［J］．旅游科学，2008，22（1）：22–28.

［146］席美尔，陈戎女．货币哲学［M］．北京：华夏出版社，2002：111.

［147］彼得·什托姆普卡，程胜利．信任：一种社会学理论［M］．中华书局，2005：2.

［148］翟学伟，薛天山．社会信任：理论及其应用［M］．北京：中国人民大学出版社，2014：3–4.

［149］Deutsch M. Trust and suspicion［J］. Journal of conflict resolution，1958，2（4）：265–279.

［150］Hamilton A S. The Relationships among Adult Attachment General Self–Discourse，and Perceived Organizational Trust［D］. Blacksburg，Virginia：Virginia Polytechnic Institute and State University，2004.

［151］Erikson E H. Childhood and society［M］. Hamondsworth：Penguin，1973.

259–260.

［152］Lewicki R，Bunker B. Developing and Maintaining Trust in Working Relations［M］. Thousand Oaks：Sage Publications，1996.

［153］Lewis J D，Weigert A. Trust as a Social Reality［J］. Social Forces，1985，63（4）：967–985.

［154］Rempel J K，Holmes J G，Zanna M D. Trust in close relationships［J］. Journal of Personality & Social Psychology，1985，49.

［155］Wiliamson O E. Markets and hierarchies：antitrust ananlysis and implications［M］. New York：The Free Press，1975. 255.

［156］Luhmann N. Trust and power［M］. John Wiley & Sons Ltd，1979.

［157］安东尼·吉登斯，田禾. 现代性的后果［M］. 南京：译林出版社，2000.

［158］弗朗西斯·福山，彭志华. 信任——社会美德与创造经济繁荣［M］. 海口：海南出版社，2001：13，350.

［159］岳瑨，田海平. 信任研究的学术理路——对信任研究的若干路径的考查［J］. 南京社会科学，2004（6）：19–24.

［160］Rotter，G. S. An Experimental Evaluation of Group Attractiveness as a Determinant of Conformity［J］. Human Relations，1967，20（3）：273–281.

［161］Colquitt J A，Scott B A，LePine J A. Trust，trustworthiness，and trust propensity：A meta-analytic test of their unique relationships with risk taking and job performance［J］. Journal of applied psychology，2007，92（4）：909.

［162］Susan D，Holmes J G. The dynamics of interpersonal trust：Resolving uncertainty in the face of risk［J］. Cooperation and prosocial behaviour，1991，190–211.

［163］张辉华，黄婷婷. 情绪智力对绩效的作用机制——以团队信任感知和朋友网络中心为连续中介［J］. 南开管理评论，2015，18（3）：141–150.

［164］McKnight D H，Chervany N L. What trust means in e-commerce customer relationships：An interdisciplinary conceptual typology［J］. International journal of electronic commerce，2001，6（2）：35–59.

［165］何立华. 信任及其影响因素—基于中国社会的多维度考察［M］. 北京：科学出版社，2017：22–23.

［166］Rousseau D M，Sitkin S B，Burt R S，et al. Not So Different After All：A Cross–Discipline View Of Trust［J］. Academy of Management Review，1998，23（3）：393–404.

［167］翟学伟 . 信任的本质及其文化［J］. 社会，2014，34（1）：1–26.

［168］彭泗清 . 关系与信任：中国人人际信任的一项本土研究［M］. 北京：社会科学文献出版社，2000.

［169］肯尼斯·纽顿 . 社会资本与现代欧洲民主发展［A］. 李惠斌，杨学东 . 社会资本与社会发展［C］. 北京：社会科学文献出版社，2000：39.

［170］翟学伟 . 社会流动与关系信任——也论关系强度与农民工的求职策略［J］. 社会学研究，2003，18（1）：1–11.

［171］Lewicki R J，Bunker B B. Trust in relationships：A model of development and decline［M］. Conflict，cooperation，and justice：Essays inspired by the work of Morton Deutsch. Hoboken，NJ，US；Jossey–Bass/Wiley. 1995：133–173.

［172］张维迎 . 信息、信任与法律［M］. 北京：生活·读书·新知三联书店，2003.

［173］杨中芳，彭泗清 . 中国人人际信任的概念化：一个人际关系的观点［J］. 社会学研究，1999（2）：3–23.

［174］Sirdeshmukh D，Singh J，Sabol B. Consumer trust，value，and loyalty in relational exchanges［J］. Journal of marketing，2002，66（1）：15–37.

［175］Fukuyama F. Social capital，civil society and development［J］. Third world quarterly，2001，22（1）：7–20.

［176］Knack S. Social capital and the quality of government：Evidence from the United States［M］. The World Bank，1999.

［177］Uslaner E M. The moral foundations of trust［M］. Cambridge University Press，2002.

［178］Zmerli S. Applying the concepts of bonding and bridging social capital to empirical research［J］. European Political Science，2003，2（3）：68–75.

［179］马克·E.沃伦，吴辉. 民主与信任［M］. 北京：华夏出版社，2004：270–288.

［180］Grayson K，Johnson D，Chen D–F R. Is firm trust essential in a trusted environment? How trust in the business context influences customers [J] . Journal of Marketing Research，2008，45（2）：241–256.

[181] Luhmann，N.. Trust and Power. New York：Wiley，1979.

[182] Kramer R M，R T T. Trust in organizations：Frontiers of theory and research [J] . Administrative Science Quarterly，1996，43（1）：186–188.

[183] Oh H. Transaction evaluations and relationship intentions [J] . Journal of Hospitality & Tourism Research，2002，26（3）：278–305.

[184] Sako，M.. Price，Quality and Trust：Inter–firm Relations in Britain and Japan. Cambridge：Cambridge University Press，1992.

[185] Clark M S，Mills J. Interpersonal attraction in exchange and communal relationships [J] . Journal of personality and social psychology，1979，37（1）：12.

[186] Shapiro D L，Sheppard B H，Cheraskin L. Business on a handshake [J] . Negotiation journal，1992，8（4）：365–377.

[187] Mcallister D J. Affect– and Cognition–Based Trust as Foundations for Interpersonal Cooperation in Organizations [J] . Academy of Management Journal，1995，38（1）：24–59.

[188] Simmel G. The Sociology of Georg Simmel（K. H. Wolff，trans.）[M] . New York：Free Press，1964.

[189] Gefen D. E–commerce：the role of familiarity and trust [J] . Omega，2000，28（6）：725–737.

[190] 姚唐，郑秋莹，邱琪，等 . 网络旅游消费者参与心理与行为的实证研究 [J] . 旅游学刊，2014，29（2）：66–74.

[191] Getz D. Event tourism：Definition，evolution，and research [J] . Tourism Management，2008，29（3）：403–428.

[192] 马明 . 熟悉度对旅游目的地形象影响研究——以泰山为例 [J] . 旅游科学，2011，25（2）：30–38.

[193] Veasna S，Wu W Y，Huang C H. The impact of destination source credibility on destination satisfaction：The mediating effects of destination attachment and destination image [J] . Tourism Management，2013，36（jun.）：511–526.

[194] Ruzicka J，Wheeler N J. The puzzle of trusting relationships in the Nuclear

Non–Proliferation Treaty［J］. International Affairs，2010，86（1）：69–85.

［195］Pennings J M，Woiceshyn J. A typology of organizational control and its metaphors.In M. B. Bacharach，& N. Ditomaso（Eds.）［M］. CT：JAI Press，1989. 73–104.

［196］Tussyadiah I P，Zach F J，Wang J. Do travelers trust intelligent service robots?［J］. Annals of Tourism Research，2020，81：102886.

［197］Park S. Multifaceted trust in tourism service robots［J］. Annals of Tourism Research，2020，81：102888.

［198］粟路军，黄福才. 服务质量对乡村旅游者忠诚的影响机制研究——以长沙市为中心［J］. 四川师范大学学报（社会科学版），2011，38（2）：58–68.

［199］林巧，戴维奇. 旅游目的地网络口碑信任度影响因素研究［J］. 北京第二外国语学院学报，2008（7）：21–28.

［200］Wu J，Chang Y. Towards understanding members' interactivity，trust，and flow in online travel community［J］. Industrial Management and Data Systems，2005，105（7）：937–954.

［201］Ladhari R，Michaud M. eWOM effects on hotel booking intentions，attitudes，trust，and website perceptions［J］. International Journal of Hospitality Management，2015，46：36–45.

［202］Abubakar A M，Ilkan M. Impact of online WOM on destination trust and intention to travel：A medical tourism perspective［J］. Journal of Destination Marketing & Management，2016，5（3）：192–201.

［203］Su L，Hsu M K，Marshall K P. Understanding the relationship of service fairness，emotions，trust，and tourist behavioral intentions at a city destination in China［J］. Journal of Travel & Tourism Marketing，2014，31（8）：1018–1038.

［204］陆林，刘莹莹，吕丽. 旅游地旅游者忠诚度机制模型及实证研究——以黄山风景区为例［J］. 2011，26（9）：1475–1483.

［205］Marinao E，Chasco C，Torres E. Trust in tourist destinations. The role of local inhabitants and institutions［J］. Academia Revista Latinoamericana de Administración，2012（51）：27–47.

［206］Johnson D，Grayson K. Cognitive and affective trust in service relationships［J］. Journal of Business research，2005，58（4）：500–507.

［207］粟路军．关系营销策略、关系质量与旅游者忠诚关系研究［J］．四川师范大学学报（社会科学版），2012，39（4）：141–150.

［208］刘卫梅，林德荣．旅游者目的地信任：形成机制及溢出效应［J］．经济管理，2019，41（7）：121–135.

［209］van Doorn J，Lemon K N，Mittal V，et al. Customer Engagement Behavior：Theoretical Foundations and Research Directions［J］. Journal of Service Research，2010，13（3）：253–266.

［210］Kumar V，Aksoy L，Donkers B，et al. Undervalued or Overvalued Customers：Capturing Total Customer Engagement Value［J］. Journal of Service Research，2010，13（3）：297–310.

［211］Vivek S D，Beatty S E，Morgan R M. Customer Engagement：Exploring Customer Relationships Beyond Purchase［J］. Journal of Marketing Theory & Practice，2012，20（2）：122–146.

［212］Bowden J L–H. The Process of Customer Engagement：A Conceptual Framework［J］. Journal of Marketing Theory & Practice，2009，17（1）：63–74.

［213］Brodie R J，Hollebeek L D，Juric B，et al. Customer engagement：conceptual domain，fundamental propositions，and implications for research［J］. Journal of Service Research，2011，14（3）：252–271.

［214］So K，King C，Sparks B. Customer Engagement With Tourism Brands Scale Development and Validation［J］. Journal of Hospitality & Tourism Research，2012，38（3）：304–329.

［215］刘小燕，黄其新．文化遗产旅游中的游客契合、目的地关系质量与游客忠诚——游客文化智力的调节效应［J］．企业经济，2019，38（11）：72–79.

［216］Pansari A，Kumar V. Customer engagement：the construct，antecedents，and consequences［J］. Journal of the Academy of Marketing Science，2017，45（3）：1–18.

［217］Venkatesan R. Executing on a customer engagement strategy［J］. Journal of the Academy of Marketing Science，2017，45（3）：289–293.

［218］Technology N I o S a. 2009–2010 Criteria for Performance Excellence［M］.

Gaithersburg；Baldrige National Quality Program. 2009.

［219］Romero J. Exploring customer engagement in tourism：Construct proposal and antecedents［J］. Journal of Vacation Marketing，2015，24（4）：293–306.

［220］Ryu G，Feick L. A Penny for Your Thoughts：Referral Reward Programs and Referral Likelihood［J］. Journal of Marketing，2007，71（1）：84–94.

［221］田娇．新媒体时代顾客契合行为浅析［J］．商场现代化，2015，800（25）：39–41.

［222］王高山，于涛，张新．电子服务质量对用户持续使用的影响：顾客契合的中介效应［J］．管理评论，2014，26（10）：126–137.

［223］Verleye K，Gemmel P，Rangarajan D. Managing Engagement Behaviors in a Network of Customers and Stakeholders：Evidence From the Nursing Home Sector［J］. Journal of Service Research，2014，17（1）：68–84.

［224］李晓明，张辉．顾客品牌契合行为的心理机制研究：自我决定理论视角［J］．旅游学刊，2017，32（7）：57–68.

［225］吴晓雨，陆敏．酒店服务接触对顾客契合行为的影响——以感知面子为中介［J］．常州工学院学报，2021，34（1）：68–75.

［226］韩小芸，田甜，孙本纶．旅游虚拟社区成员“感知—认同—契合行为”模式的实证研究［J］．旅游学刊，2016，31（8）：61–70.

［227］韩小芸，花莲莲，陈舒萍，等．虚拟社区质量、关系质量与顾客契合行为研究［J］．长安大学学报（社会科学版），2019，21（3）：16–31.

［228］Harmeling C M，Moffett J W，Arnold M J，et al. Toward a theory ofcustomer engagement marketing［J］. Journal of the Academy of Marketing Science，2016，45（3）：1–24.

［229］曲颖，李天元．国外近十年旅游目的地游客忠诚研究综述［J］．旅游学刊，2010，25（1）：86–94.

［230］邵炜钦．旅游目的地游客忠诚机制模式构建［J］．旅游科学，2005（3）：44–47，69.

［231］Sarkar A，S S. Examination of the roles played by brand love and jealousy in shaping customer engagement［J］. Journal of Product and Brand Management，2014，23（1）：24–32.

［232］Verhoef P C，Reinartz W J，Krafft M. Customer engagement as a new perspective in customer management［J］. Journal of Service Research 2010，13（3）：247–252.

［233］肖阳，林舒怡. 顾客品牌契合的研究述评与模型构建［J］. 物流工程与管理，2016，38（6）：154–157.

［234］Cvijikj I P，Michahelles F. Online engagement factors on Facebook brand pages［J］. Social Network Analysis&Mining，2013，3（4）：843–861.

［235］Calder B J，Malthouse E C，Schaedel U. An Experimental Study of the Relationship between Online Engagement and Advertising Effectiveness［J］. Journal of Interactive Marketing，2009，23（4）：321–331.

［236］Thakur R. Understanding Customer Engagement and Loyalty：A Case of Mobile Devices for Shopping［J］. Journal of Retailing & Consumer Services，2016，32（sep.）：151–163.

［237］赵红梅. 个人—组织契合度对组织公民行为及关系绩效影响的实证研究［J］. 管理学报，2009，6（3）：342–347.

［238］徐颖，姜思博，郭雯君. 虚拟社区 CSR 共创中顾客契合对知识共享行为的影响研究［J］. 情报科学，2019，37（4）：130–136.

［239］陈明红，潘子璇，曾庆彬. 政务微信用户持续使用行为及用户契合的调节作用研究［J］. 现代情报，2020，40（11）：85–98.

［240］王生斌. 民族地区旅游业个人—组织契合对服务导向公民行为的影响研究［J］. 商业研究，2018，495（7）：33–39.

［241］王甫园. 旅游者契合对目的地忠诚的作用机理研究［D］. 湖南师范大学，2015.

［242］刘祯，徐梅鑫. 个人与组织契合对反生产力工作行为、员工的创造力和公司的财务绩效之影响［J］. 管理学家（学术版），2012，90（2）：67–79.

［243］Song H J，Lee C K，Kim M，et al. Investigating relationships among festival quality，satisfaction，trust，and support：the case of an oriental medicine festival［J］. Journal of Travel & Tourism Marketing，2014，31（2）：211–228.

［244］Namkung Y，Jang S C. Effects of perceived service fairness on emotions，and behavioral intentions in restaurants［J］. European Journal of Marketing，2010，44

(9–10): 1233–1259.

[245] 杨学成，涂科．信任氛围对用户契合的影响——基于共享经济背景下的价值共创视角［J］．管理评论，2018，30（12）：164–174.

[246] 廖化化，颜爱民．情绪劳动的内涵［J］．管理学报，2015，12(2)：306–312.

[247] 周军杰．虚拟社区内不同群体的知识贡献行为：一项对比研究［J］．管理评论，2015，27（2）：55–66，110.

[248] A B. Social Foundations of Thought and Action：A Social Cognitive Theory［M］. Englewood Cliffs：Prentice–Hall，1986.

[249] Silveira S L，Cederberg K L，Jeng B，et al. Do physical activity and social cognitive theory variable scores differ across symptom cluster severity groups in multiple sclerosis?［J］. Disability and Health Journal，2021，14（4）：101163.

[250] Glaser B G，Strauss A L. The Discovery of Grounded Theory：Strategies for Qualitative Research［J］. Social Forces，1967，46（4）：555.

[251] Cowley H S. Developing a grounded theory approach：a comparison of Glaser and Strauss［J］. International Journal of Nursing Studies，2004，41（2）：141–150.

[252] Anselm S，Juliet C. Basics of qualitative research：Grounded theory procedures and techniques［J］. Modern Language Journal，2006，77（2）：235–236.

[253] 何雨，石德生．社会调查中的“扎根理论”研究方法探讨［J］．调研世界，2009（5）：46–48.

[254] Strauss A L. Qualitative analysis for social scientists［M］. Cambridge University Press，1987.

[255] Corbin J，Strauss A. Grounded theory research：Procedures，canons，and evaluative criteria［J］. Qualitative Sociology，1990，19（6）：418–427.

[256] 刘海燕，郭晶晶．基于扎根理论的大学生心理安全感结构特点探究［J］．中国特殊教育，2012（4）：75–79.

[257] 秦萧，甄峰，熊丽芳，等．大数据时代城市时空间行为研究方法［J］．地理科学进展，2013，32（9）：1352–1361.

[258] 严敏，张亚娟，严玲．项目治理视角下 BT 项目投资控制关键问题研究：

以某地铁项目为例［J］. 土木工程学报，2015，48（8）：118–128.

［259］Wilson H S，Hutchinson S A. Triangulation of Qualitative Methods：Heideggerian Hermeneutics and Grounded Theory［J］. Qualitative Health Research，1991，1（2）：263–276.

［260］Fielding N G，Fielding J L. Linking data：the articulation of qualitative andquantitative methods in social research［M］. Beverly Hills（CA）：Sage，1986.

［261］Patton M Q. How to use qualitative methods in evaluation［M］. Inc.，Newsbury Park，London，NewDehli：Sage Publications Inc，1987.

［262］刘宏盈，张娟，朱娜 . 网络游记与出境游客行为特征研究——以中国大陆游客赴泰国苏梅岛为例［J］. 广西民族大学学报（哲学社会科学版），2015，37（1）：124–128.

［263］王新亮 . 从网络游记分析当代旅游者追求——以淮南八公山旅游区网络游记为例［J］. 六盘水职业技术学院学报，2009（1）：46–47.

［264］肖玉琴 . 基于扎根理论的网络行为广告作用机制研究［J］. 广告大观（理论版），2020（2）：37–44.

［265］罗瑾琏，孙彩霞，朱盼盼，等 . 职业价值观与自我效能感：如何驱动企业女性高管职业成长［J］. 中国人力资源开发，2013（19）：36–44.

［266］费小冬 . 扎根理论研究方法论：要素、研究程序和评判标准［J］. 公共行政评论，2008（3）：23–43，197.

［267］邓津 . 定性研究（第 3 卷）：经验资料收集与分析的方法［M］. 重庆大学出版社，2007：837.

［268］Glaser B G. Doing Grounded Theory：Issues and Discussions［M］. Mill Valley：Sociology Press，1998.

［269］Partington D. Building Grounded Theories of Management Action［J］. British Journal of Management，2003，11（2）：91–102.

［270］吴毅，吴刚，马颂歌 . 扎根理论的起源、流派与应用方法述评——基于工作场所学习的案例分析［J］. 远程教育杂志，2016，35（3）：32–41.

［271］孙晓娥 . 扎根理论在深度访谈研究中的实例探析［J］. 西安交通大学学报（社会科学版），2011，31（6）：87–92.

［272］范明林，吴军 . 质性研究［M］. 上海：格致出版社，上海人民出版

社，2009.

［273］于晓宇，赵红丹，范丽先，等．管理研究设计与方法［M］．机械工业出版社，2019.

［274］陈晓萍，徐淑英，樊景立．组织与管理研究的实证方法（第二版）［M］．北京大学出版社，2012.

［275］隋丽娜，程圩．三类不同开放程度景区游客感知差异研究［J］．人文地理，2014，29（4）：126–133.

［276］夏凌云，于洪贤，王洪成，等．湿地公园生态教育对游客环境行为倾向的影响——以哈尔滨市 5 个湿地公园为例［J］．湿地科学，2016，14（1）：72–81.

［277］林雅军，黄德，谭武斌．符号学视阈下我国民族品牌激活的动态匹配模型研究［J］．河南社会科学，2020，28（7）：112–119.

［278］Lau G T，Lee S H. Consumers' Trust in a Brand and the Link to Brand Loyalty［J］. Journal of Market–Focused Management，1999，4（4）：341–370.

［279］Chaudhuri A，Holbrook M B. The Chain of Effects from Brand Trust and Brand Affect to Brand Perfor［J］. Journal of Marketing，2001，65（2）：81–93.

［280］何可，张俊飚，张露，等．人际信任、制度信任与农民环境治理参与意愿——以农业废弃物资源化为例［J］．管理世界，2015，26（5）：75–88.

［281］周光友，罗素梅．互联网金融资产的多目标投资组合研究［J］．金融研究，2019（10）：135–151.

［282］田里，牟红．旅游经济学［M］．北京：清华大学出版社，2007：180–184.

［283］杜炜．旅游消费行为学［M］．天津：南开大学出版社，2009：36–39.

［284］Spears N，Singh S N. Measuring Attitude toward the Brand and Purchase Intentions［J］. Journal of Current Issues & Research in Advertising，2004，26（2）：53–66.

［285］Groth M，Mertens D P，Murphy R O. Handbook of organizational citizenship behavior［M］. D. L.Turnipseed ed. Hauppauge，NY：Nova Science Publishers.，2004. 411–430.

［286］Yi Y，Gong T. Customer value co–creation behavior：Scale development and validation［J］. Journal of Business Research，2013，66（9）：1279–1284.

［287］高昉，余明阳．顾客忠诚从何而来？——顾客忠诚影响因素的研究综

述［J］. 市场营销导刊，2008（4）：26–30.

［288］Oliver R L. Satisfaction：A Behavioral Perspective on the Consumer［M］. New York：NY：Irwin– McGraw– Hill，1997. 13.

［289］Gallarza M G，Saura I G. Value dimensions，perceived value，satisfaction and loyalty：an investigation of university students' travel behaviour［J］. Tourism Management，2006，27（3）：437–452.

［290］Nambisan S，Baron R A. Virtual Customer Environments：Testing a Model of Voluntary Participation in Value Co–Creation Activities［J］. Journal of Product Innovation Management，2009，26（4）：388–406.

［291］王阿敏，吴晋峰，王君怡 . 非特定目的地旅游经验对目的地形象的影响研究［J］. 旅游学刊，2018，33（7）：79–90.

［292］Beerli A，Martín J D. Factors influencing destination image［J］. Annals of Tourism Research，2004，31（3）：657–681.

［293］Weaver P A，Weber K，Mccleary K W. Destination Evaluation：The Role of Previous Travel Experience and Trip Characteristics［J］. Journal of Travel Research，2007，45（3）：333–344.

［294］Pearce P L，Caltabiano M L. Inferring Travel Motivation from Travelers' Experiences［J］. Journal of Travel Research，2016，22（2）：16–20.

［295］Scarinci J，Pearce P. The perceived influence of travel experiences on learning generic skills［J］. Tourism Management，2012，33（2）：380–386.

［296］Hong Y，Huang N，Burtch G，et al. Culture，Conformity and Emotional Suppression in Online Reviews［J］. Journal of the Association for Information Systems，2016，17（11）：737–758.

［297］Gao B，Li X，Liu S，et al. How power distance affects online hotel ratings：The positive moderating roles of hotel chain and reviewers' travel experience［J］. Tourism Management，2018，65 176–186.

［298］洪亮，任秋圜，梁树贤 . 国内电子商务网站推荐系统信息服务质量比较研究——以淘宝、京东、亚马逊为例［J］. 图书情报工作，2016，60（23）：97–110.

［299］卢纹岱 . SPSS for Windows 统计分析［M］. 电子工业出版社，2000.

［300］Bagozzi R P. Evaluating Structural Equation Models with Unobservable

Variables and Measurement Error：A Comment［J］. Journal of Marketing Research，1981，18（3）：375–381.

［301］Churchill G A. A Paradigm for Developing Better Measures of Marketing Constructs［J］. Journal of Marketing Research，1979，16（1）：12–27.

［302］Nunnally J. Psychometric theory（2nd ed.）New York：McGraw–Hill［M］. 1978：67–96.

［303］薛海平，胡咏梅. 国际教育竞争力的比较研究［J］. 教育科学，2006（1）：80–84.

［304］胡咏梅，薛海平. 我国教育竞争力的区域划分——与吴玉鸣博士等商榷［J］. 教育与经济，2003（1）：1–6.

［305］Podsakoff P M，Mackenzie S B，Podsakoff N. Sources of Method Bias in Social Science Research and Recommendations on How to Control It［J］. Annual Review of Psychology，2012，63，539–569.

［306］Podsakoff P M，MacKenzie S B，Lee J–Y，et al. Common method biases in behavioral research：a critical review of the literature and recommended remedies［J］. J Appl Psychol，2003，88（5）：879–903.

［307］Shiau W L，Yuan Y，Pu X，et al. Understanding fintech continuance：perspectives from self–efficacy and ECT–IS theories［J］. Industrial Management & Data Systems，2020，120（9）：1659–1689.

［308］Podsakoff P M，Organ D W. Self–Report in Organizational Research［J］. Journal of Management，1986，12（4）：531–544.

［309］Harman H H. Modern factor analysis 3rd ed. revised［J］. Chicago Illinois the University of Chicago Press，1976.

［310］李贞贞. 智能手机用户信息安全意指和行为研究［D］. 武汉：武汉大学，2018.

［311］Chin W W. The partial least squares approach to structural equation modeling［J］. Modern methods for business research，1998，295（2）：295–336.

［312］Lowry P B，Gaskin J. Partial Least Squares（PLS）Structural Equation Modeling（SEM）for Building and Testing Behavioral Causal Theory：When to Choose It and How to Use It［J］. IEEE Transactions on Professional Communication，2014，57

（2）：123–146.

［313］Henseler J，Ringle C M，Sinkovics R R. The use of partial least squares path modeling in international marketing［M］. Emerald Group Publishing Limited，2009

［314］Hair J F，Risher J J，Sarstedt M，et al. When to use and how to report the results of PLS–SEM［J］. European business review，2019，31（1）：2–24.

［315］Hair J F，Ringle C M，Sarstedt M. PLS–SEM：Indeed a Silver Bullet［J］. Journal of marketing theory and practice，2011，19（2）：139–152.

［316］Hair J F，Sarstedt，Marko，et al. Partial least squares structural equation modeling（PLS–SEM）：An emerging tool in business research［J］. European Business Review，2014，26（2）：106–121.

［317］Fornell C，Larcker D F. Evaluating Structural Equation Models with Unobservable Variables and Measurement Error［J］. Journal of Marketing Research，1981，24（2）：337–346.

［318］Hair J F，Hult G，Ringle C M，et al. A Primer on Partial Least Squares Structural Equation Modeling（PLS–SEM），2nd edition［M］. 2016

［319］徐国伟．驾乘体验对消费者新能源汽车购买意愿影响机理及干预策略研究［D］. 中国科学技术大学，2021.

［320］Wetzels M，Odekerken–Schrder G. Using PLS Path Modeling for Assessing Hierarchical Construct Models：Guidelines and Empirical Illustration［J］. MIS Quarterly，2009，33（1）：177–195.

［321］Henseler J，Dijkstra T K，Sarstedt M，et al. Common Beliefs and Reality About PLS：Comments on Rnkk and Evermann（2013）［J］. Organizational Research Methods，2015，17（2）：182–209.

［322］Ridings C M，Gefen D，Arinze B. Some antecedents and effects of trust in virtual communities［J］. The Journal of Strategic Information Systems，2002，11（3）：271–295.

［323］张桂平．职场排斥对员工亲组织性非伦理行为的影响机制研究［J］. 管理科学，2016，29（4）：104–114.

［324］Gendel–Guterman H，Levy S. Consumer response to private label brands' negative publicity：a relational effect on retailer's store image［J］. Journal of Product &

Brand Management，2017，26（2）：204–222.

［325］Kim M J，Chung N，Lee C K. The effect of perceived trust on electronic commerce：Shopping online for tourism products and services in South Korea［J］. Tourism Management，2011，32（2）：256–265.

［326］Nunkoo R，Ramkissoon H. Power，trust，social exchange and community support［J］. Annals of Tourism Research，2012，39（2）：997–1023.

［327］孙凤芝，贾衍菊．旅游社区居民感知视角下政府信任影响因素——社会交换理论的解释［J］. 北京理工大学学报（社会科学版），2020，22（4）：90–99.

［328］卢晓龙．女性旅游者心理与行为对森林公园品牌质量影响研究［D］. 中南林业科技大学，2016.

［329］范丽先，李昕璐．品牌情感依恋与品牌信任：基于品牌熟悉度的调节作用［J］. 工业工程与管理，2018，23（4）：186–193.

［330］廖鹏飞．手机品牌个性对消费者—品牌关系的影响［D］. 兰州财经大学，2018.

［331］徐彪，张士伟，郭宏骞，等．公众疫情防控制度感知对遵从行为的影响机理研究——基于新冠肺炎疫情的理论和实证分析［J］. 公共管理评论，2020，2（4）：24–49.

［332］高霖晗，王大洲．中国 P2P 网络借贷中的制度信任研究［J］. 金融理论与实践，2016（6）：39–45.

［333］张劲松，郑攀，周林缝．消费者对共享出行平台和服务方的信任机制研究［J］. 首都经济贸易大学学报，2020，22（2）：101–112.

［334］Yi X，Peng S. How to Repair Customer Trust After Negative Publicity：The Roles of Competence，Integrity，Benevolence，and Forgiveness［J］. Psychology and Marketing，2009，26（7）：572–589.

［335］王晛．游戏衍生品符号化感知对使用意愿的影响——有调节的中介效应分析［J］. 系统工程，2010，28（2）：106–111.

［336］吴登涛，殷红梅，李瑞，等．旅游者原真性感知对旅游支持行为意向的影响研究——地方依恋的中介效应［J］. 资源开发与市场，2021，37（10）：1231–1238.

［337］魏鸿雁，陶卓民，潘坤友．基于乡村性感知的乡村旅游地游客忠诚度研

究——以南京石塘人家为例［J］. 农业技术经济，2014（3）：108–116.

［338］潘煜，罗莉娟，刘丹，等. 基于网络生活方式的个人用户云服务购买意愿研究［J］. 系统管理学报，2013，22（4）：477–486.

［339］廖毅，聂静虹. 区域品牌水果的网购意愿影响因素——以东莞市“麻涌香蕉”为例［J］. 地域研究与开发，2018，37（5）：48–52，59.

［340］梁磊，赖红波. 新媒体传播对本土新奢侈品品牌培育与顾客购买意向影响研究［J］. 科研管理，2016，37（6）：84–91.

［341］王淑翠，宣峥楠，孙兰，等. 基于用户生成内容的社交电商品牌权益价值共创机制研究［J］. 科学学与科学技术管理，2021，42（7）：35–52.

［342］孙娟，李艳军. 社区信任中介下社区感知对农户品牌行为的影响研究［J］. 农业技术经济，2016（2）：103–112.

［343］吴波，李东进，杜立婷. 消费者品牌感知研究——对品牌意图能动框架的延伸［J］. 管理评论，2015，27（2）：87–98.

［344］杨留花，诸大建. 扩展计划行为理论框架下共享单车规范停放行为意向的影响因素分析［J］. 中国人口·资源与环境，2018，28（4）：125–133.

［345］陈远，刘福珍，吴江. 基于二模复杂网络的共享经济平台用户交互行为研究［J］. 数据分析与知识发现，2017，1（6）：72–82.

［346］吴玉锋，周嘉星，伍勇. 期望确认度与城乡居民养老保险制度忠诚度关系实证研究［J］. 西北大学学报（哲学社会科学版），2018，48（6）：82–90.

［347］李希，张再生. 知识员工薪酬制度感知的实证检验［J］. 统计与决策，2011（9）：170–172.

［348］刘凤军，孟陆，陈斯允，等. 网红直播对消费者购买意愿的影响及其机制研究［J］. 管理学报，2020，17（1）：94–104.

［349］高宏存，马亚敏. 移动短视频生产的”众神狂欢”与秩序治理［J］. 深圳大学学报：人文社会科学版，2018，35（6）：47–54.

［350］刘汉民，张晓庆. 网络零售平台治理机制对卖家机会主义行为的影响——以感知不确定性为调节变量［J］. 商业经济与管理，2017（4）：16–27.

［351］张长森. 基于顾客感知视角的网络购物忠诚度实证检验［J］. 商业经济研究，2015（3）：60–62.

［352］李晶. 新冠疫情下消费习惯变迁与餐饮业营销策略［J］. 合作经济与科

技，2020（14）：62–63.

［353］沈鹏熠，范秀成．在线零售商营销道德、购物体验与顾客行为倾向研究［J］．大连理工大学学报（社会科学版），2016，37（3）：70–76.

［354］王明丽，尚巍．护患沟通技巧研究［J］．吉林医药学院学报，2020，41（1）：43–45.

［355］Koopman J，Lanaj K，Scott B A. Integrating the bright and dark sides of OCB：A daily investigation of the benefits and costs of helping others［J］. Academy of Management Journal，2016，59（2）：414–435.

［356］Lam C F，Wan W H，Roussin C J. Going the extra mile and feeling energized：An enrichment perspective of organizational citizenship behaviors［J］. Journal of Applied Psychology，2016，101（3）：379–391.

［357］Baumeister R F，Muraven M，Tice D M. Ego Depletion：A Resource Model of Volition，Self–Regulation，and Controlled Processing［J］. Social Cognition，2000，18（2）：130–150.

［358］Muraven M，Baumeister R F. Self–regulation and depletion of limited resources：does self–control resemble a muscle?［J］. Psychological Bulletin，2000，126（2）：247–259.

［359］Assor A，Kaplan H，Kanat–Maymon Y，et al. Directly controlling teacher behaviors as predictors of poor motivation and engagement in girls and boys：The role of anger and anxiety［J］. Learning and Instruction，2005，15（5）：397–413.

［360］关辉国，耿闯闯，陈达．顾客消费体验对品牌资产影响效应路径研究——基于线上价值共创的新视角［J］．西北民族大学学报（哲学社会科学版），2018（1）：80–88.

［361］袁惊柱．基于选择实验法的雾景景观价值评估分析［J］．旅游学刊，2020，35（5）：64–74.

［362］贺爱忠，李钰．商店形象对自有品牌信任及购买意愿影响的实证研究［J］．南开管理评论，2010，13（2）：79–89.

［363］李颖．不同层面信任与消费者消费意向和行为的关联性分析［J］．商业经济研究，2020（7）：89–92.

［364］Hajli N，Sims J，Zadeh A H，et al. A social commerce investigation of the role of trust in a social networking site on purchase intentions [J]. Journal of Business Research，2017，71 133–141.

[365] 侯宏，宋岩．巴氏奶产品消费者的购买行为及影响因素——以山东省东营市282名消费者为例 [J]. 沈阳农业大学学报（社会科学版），2020，22（6）：664–671.

[366] 姜尧尧，杨婷婷，黄磊．新入职护士逆境商对反馈寻求行为的影响 [J]. 护理学杂志，2020，35（3）：49–52.

[367] 王红丽，连雪君．二元视角下信任者—被信任者动态互动探析 [J]. 华南理工大学学报（社会科学版），2016，18（5）：27–35.

[368] 王传美．网上顾客满意度的隐式测评研究 [J]. 武汉理工大学学报（信息与管理工程版），2011，33（4）：626–629.

[369] 王娜，程成．基于扎根理论的用户持续性反馈行为影响因素研究 [J]. 情报科学，2021，39（5）：47–52，61.

[370] Barner–Rasmussen W. Determinants of the feedback–seeking behaviour of subsidiary top managers in multinational corporations [J]. International Business Review，2003，12（1）：41–60.

[371] De Jong S B，Van d V，Gerben S.，Molleman E. The relationships among asymmetry in task dependence，perceived helping behavior，and trust [J]. Journal of Applied Psychology，2007，92（6）：1625.

[372] 耿喆，颜毓洁．企业“80后”员工团队薪酬分配影响因素的调查研究 [J]. 领导科学，2011（14）：54–58.

[373] Parasuraman S，Greenhaus J H，Granrose C S. Role stressors，social support，and well–being among two–career couples [J]. Journal of Organizational behavior，1992，13（4）：339–356.

[374] 杨志蓉．团队快速信任、互动行为与团队创造力研究 [D]. 浙江大学，2006.

[375] 屠兴勇，刘雷洁，张怡萍，等．亲社会动机、帮助行为如何影响关系绩效：认知信任的作用及情境条件 [J]. 南开管理评论，2020，23（2）：203–213.

[376] 郑晓明，王倩倩．伦理型领导对员工助人行为的影响：员工幸福感与核心自我评价的作用 [J]. 科学学与科学技术管理，2016，37（2）：149–160.

［377］Hirst G，Walumbwa F，Aryee S，et al. A Multi-level Investigation of Authentic Leadership as an Antecedent of Helping Behavior［J］. Journal of Business Ethics，2016，139（3）：485–499.

［378］Colquitt J A，Scott B A，Lepine J A. Trust，Trustworthiness，and Trust Propensity：A Meta-Analytic Test of Their Unique Relationships With Risk Taking and Job Performance［J］. Journal of Applied Psychology，2007，92（4）：909–927.

［379］徐婷，鲍勇．专业服务中顾客信任提升的途径［J］. 现代管理科学，2015（9）：94–96.

［380］张艳，柴彦威．北京现代工业遗产的保护与文化内涵挖掘——基于城市单位大院的思考［J］. 城市发展研究，2013，20（2）：23–28.

［381］田敏，萧庆龙．基于 CSR 的消费者质量感知及信任对消费者支持的影响［J］. 中国流通经济，2016，30（1）：79–87.

［382］王春鑫．公共危机情态下社会信任对村民参与人居环境整治行为的影响——基于山东省微观调查数据的实证分析［J］. 天水行政学院学报，2021，22（1）：49–56.

［383］姜洪涛，邵兵家，许博．基于 OCB 视角的虚拟社区知识共享影响因素研究［J］. 情报杂志，2008，27（12）：152–154.

［384］苏秦，李钊，崔艳武，等．网络消费者行为影响因素分析及实证研究［J］. 系统工程，2007（2）：1–6.

［385］李云海．基于消费认知基础上的品牌忠诚分析［J］. 企业技术开发，2009，28（11）：96–98.

［386］Groth M. Customers as Good Soldiers：Examining Citizenship Behaviors in Internet Service Deliveries［J］. Journal of Management，2005，31（1）：7–27.

［387］Cheramie R A. The individual，the source，and the context：an investigation of antecedents and conquences offeedback seeking behavior［D］：Louisiana State University，2004.

［388］史伟，陈信康．顾客公民行为研究——理论思辨与研究模型［J］. 软科学，2015，29（4）：129–133.

［389］Podsakoff P M，Ahearne M，MacKenzie S B. Organizational citizenship behavior and the quantity and quality of work group performance［J］. Journal of Applied

Psychology，1997，82（2）：262–270.

［390］陈笃升，王重鸣．组织变革背景下员工角色超载的影响作用：一个有调节的中介模型［J］．浙江大学学报（人文社会科学版），2015，45（3）：143–157.

［391］田立法．支持型人力资源管理系统与员工帮助行为：个体层面心理机制的检验［J］．中央财经大学学报，2015（3）：92–100.

［392］Smith C A，Organ D W，Near J P. Organizational citizenship behavior：Its nature and antecedents［J］. Journal of Applied Psychology，1983，68（4）：653–663.

［393］Daily B F，Bishop J W，Govindarajulu N. A conceptual model for organizational citizenship behavior directed toward the environment［J］. Business & Society，2009，48（2）：243–256.

［394］刘蓉．顾客公民行为影响因素的研究综述［J］．现代营销（经营版），2020（1）：145.

［395］Chiaburu D S，Harrison D A. Do peers make the place? Conceptual synthesis and meta-analysis of coworker effects on perceptions，attitudes，OCBs，and performance［J］. Journal of Applied Psychology，2008，93（5）：1082–1103.

［396］徐洪．旅游地乡村性感知对游客满意与忠诚影响的实证研究——以“森林人家”旅游产品为例［J］．湖州师范学院学报，2015，37（2）：88–94.

［397］罗文斌，雷洁琼，沈珊妮，等．城市居民乡村景观认知对旅游行为意向的影响机理研究［J］．湖南财政经济学院学报，2020，36（2）：51–60.

［398］Aldas-Manzano J，Ruiz-Mafe C，Sanz-Blas S，et al. Internet banking loyalty：evaluating the role of trust，satisfaction，perceived risk and frequency of use［J］. The Service industries journal，2011，31（7–8）：1165–1190.

［399］陈国平，汪小暄，李四兰．消费者品牌感知对品牌忠诚的影响：品牌依恋的中介作用［J］．商业经济研究，2018（23）：40–42.

［400］张辉，王宁．基于参展商的展会品牌资产实证研究［J］．旅游导刊，2019，3（5）：27–46.

［401］王春秀．企业员工忠诚形成机理及培育与发展［J］．技术经济与管理研究，2011（11）：50–53.

［402］程风刚．基于用户体验的移动图书馆服务质量影响因素与提升策略［J］．甘肃科技，2019，35（13）：82–83，86.

[403] 李秋成，周玲强．社会资本对旅游者环境友好行为意愿的影响 [J]．旅游学刊，2014，29（9）：73–82.

[404] Preacher K J，Hayes A F. Asymptotic and resampling strategies for assessing and comparing indirect effects in multiple mediator models [J]. Behav Res Methods，2008，40（3）：879–891.

[405] Pullman M E，Gross M A. Ability of Experience Design Elements to Elicit Emotions and Loyalty Behaviors [J]. Decision Sciences，2004，35（3）：551–578.

[406] Hayes A. Introduction to mediation，moderation，and conditional process analysis [J]. Journal of Educational Measurement，2013，51（3）：335–337.

[407] 范水生，邱生荣，林锦彬，等．生态景观质量的游客感知及支付意愿评价——以福友休闲农场为例 [J]. 中国人口·资源与环境，2016，26（9）：167–176.

[408] 张海洋，韩晓，高一丹．社会信任与消费行为：理论与实证 [J]．当代财经，2019（1）：14–26.

[409] Ragin C C. Set relations in social research：Evaluating their consistency and coverage [J]. Political analysis，2006，14（3）：291–310.

[410] Ragin C C，Alexandrovna Sedziaka A. QCA and fuzzy set applications to social movement research [D]. Chicago：University of Chicago Press，2013.

[411] Crilly D，Zollo M，Hansen M T. Faking it or muddling through? Understanding decoupling in response to stakeholder pressures [J]. Academy of Management Journal，2012，55（6）：1429–1448.

[412] Fiss P C. Building better causal theories：A fuzzy set approach to typologies in organization research [J]. Academy of management journal，2011，54（2）：393–420.

[413] 张圆刚，刘鲁．红色旅游资源地游客国家认同的影响因素与多元路径研究——基于模糊集定性比较分析 [J]．自然资源学报，2021，36（7）：15.

[414] 杜宝贵，王欣．众创空间创新发展多重并发因果关系与多元路径 [J]．科技进步与对策，2020，37（19）：9–16.

[415] 杜运周，贾良定．组态视角与定性比较分析（QCA）：管理学研究的一条新道路 [J]．管理世界，2017（6）：155–167.

[416] 张明，杜运周．组织与管理研究中 QCA 方法的应用：定位，策略和方

向［J］. 管理学报，2019，16（9）：1312–1323.

［417］Kraus S，Ribeiro–Soriano D，Schüssler M. Fuzzy–set qualitative comparative analysis（fsQCA）in entrepreneurship and innovation research – the rise of a method［J］. International Entrepreneurship & Management Journal，2018，14（1）：15–33.

［418］程建青，罗瑾琏，杜运周，等. 制度环境与心理认知何时激活创业？一个基于 QCA 方法的研究［J］. 科学学与科学技术管理，2019，40（2）：114–131.

［419］Laroche M，Kim C，Zhou L. Brand familiarity and confidence as determinants of purchase intention：An empirical test in a multiple brand context［J］. Journal of Business Research，1996，37（2）：115–120.

［420］Pavlou P A，Gefen D. Building Effective Online Marketplaces with Institution–Based Trust［J］. Information Systems Research，2004，15（1）：37–59.

［421］Urry J. The Tourist Gaze：Leisure and Travel in Contemporary Societies［M］. London：Sage Publications Ltd，1990.

附　录

附录 A　访谈提纲

有关旅游地信任感的访谈提纲

先生 / 女士，您好。我们正在进行一项有关"游客对旅游地信任感"的调查。资料仅作研究使用，为您保密，请放心回答！

访谈时间：

访谈地点：

1. 您的年龄：
2. 您的学历：
3. 您的职业：
4. 您的平均月收入：
5. 您每年的旅游次数：
6. 近两年您去了哪些旅游地？
7. 就旅游目的地而言，你对它有哪些方面的信任呢？
8. 您从什么时候开始信任旅游地的？
9. 您对旅游地的信任会发生变化吗？什么时候开始发生变化的？
10. 您觉得您对旅游地的信任感会结束吗？为什么？
11. 您在旅游前会做些什么？

12. 您在旅游中会做些什么？
13. 您在离开旅游地后会做些什么？
14. 您认为你的哪些行为能让自己获得利益？哪些行为能让他人获得利益？
15. 你认为哪些原因影响到你对旅游地的信任感？

感谢您的配合，祝您平安幸福。

访谈目的：收集游客对旅游地信任感的相关内容。

附录B 调查问卷

关于游客对旅游地信任感的调查问卷

亲爱的朋友：您好！我们正在对游客的旅游地信任感进行调查。所填结果无对错之分，只需根据个人的旅游经历和感受回答下列问题。此次问卷无记名，不涉及和泄露任何个人隐私，仅用于学术研究。请您放心填写。谢谢！

※ 注：1. 问卷所有问题均为单选题；2. 请根据您的同意程度选定题项。

您最近去的旅游地是 __________。请您根据这次的旅游经历，回答下列问题：

一、您对该旅游地景观符号的感知	1 完全不同意	2 比较不同意	3 一般	4 比较同意	5 完全同意
1. 我看到该旅游地某个物质文化景观	☐	☐	☐	☐	☐
2. 我看到该旅游地某个非物质文化景观	☐	☐	☐	☐	☐
3. 我看到该旅游地某个独特的自然景观	☐	☐	☐	☐	☐
4. 我看到该旅游地拥有整洁的地方景观	☐	☐	☐	☐	☐
二、您对该旅游地的景观信任	1 完全不同意	2 比较不同意	3 一般	4 比较同意	5 完全同意
1. 我确信该旅游地景观具有典型性	☐	☐	☐	☐	☐

续表

2. 我确信该旅游地景观具有吸引力	□	□	□	□	□
3. 我确信该旅游地景观品质良好	□	□	□	□	□
4. 我确信该旅游地景观具有游览价值	□	□	□	□	□
三、您对该旅游地品牌符号的感知	1 完全不同意	2 比较不同意	3 一般	4 比较同意	5 完全同意
1. 亲戚朋友向我介绍过该旅游地	□	□	□	□	□
2. 我知道该旅游地的主打体验项目	□	□	□	□	□
3. 我看到过该旅游地的宣传品	□	□	□	□	□
4. 我看到该旅游地良好的网络评价	□	□	□	□	□
四、您对该旅游地的品牌信任	1 完全不同意	2 比较不同意	3 一般	4 比较同意	5 完全同意
1. 我确信该旅游地品牌能够兑现其服务承诺	□	□	□	□	□
2. 我确信该旅游地品牌能够提供其所声称的服务	□	□	□	□	□
3. 我确信该旅游地品牌对游客真诚无欺	□	□	□	□	□
4. 我确信该旅游地品牌令我放心	□	□	□	□	□
5. 我确信该旅游地品牌质量可靠	□	□	□	□	□
五、您对该旅游地制度符号的感知	1 完全不同意	2 比较不同意	3 一般	4 比较同意	5 完全同意
1. 我看到该旅游地的门票优惠广告	□	□	□	□	□
2. 我看到该旅游地的安保人员	□	□	□	□	□

续表

3. 我看到该旅游地游客排队等待	□	□	□	□	□
4. 该旅游地工作人员向我提供帮助	□	□	□	□	□
六、您对该旅游地的制度信任	1 完全不同意	2 比较不同意	3 一般	4 比较同意	5 完全同意
1. 我相信该旅游地的旅游政策是友好的	□	□	□	□	□
2. 我相信该旅游地的安全保障是可靠的	□	□	□	□	□
3. 我相信该旅游地的秩序管理是有效的	□	□	□	□	□
4. 我相信该旅游地的公共服务是可靠的	□	□	□	□	□
七、您对该旅游地商业符号的感知	1 完全不同意	2 比较不同意	3 一般	4 比较同意	5 完全同意
1. 该旅游地存在很多商铺	□	□	□	□	□
2. 该旅游地商品明码标价	□	□	□	□	□
3. 该旅游地提供了很多的体验项目	□	□	□	□	□
4. 该旅游地门市票价和网上销售票价差别不大	□	□	□	□	□
5. 该旅游地旅游服务人员业务技能娴熟	□	□	□	□	□
八、您对该旅游地的商业信任	1 完全不同意	2 比较不同意	3 一般	4 比较同意	5 完全同意
1. 我确信该旅游地商业服务良好	□	□	□	□	□

续表

2. 我确信该旅游地商业氛围良好	☐	☐	☐	☐	☐
3. 我确信该旅游地商业氛围浓厚	☐	☐	☐	☐	☐
4. 我确信该旅游地商业信誉良好	☐	☐	☐	☐	☐
九、您对该旅游地情感符号的感知	1 完全不同意	2 比较不同意	3 一般	4 比较同意	5 完全同意
1. 该旅游地服务人员像家人一样对我	☐	☐	☐	☐	☐
2. 该旅游地某处景观令我眼前一亮	☐	☐	☐	☐	☐
3. 我感觉该旅游地人们的生活节奏很慢	☐	☐	☐	☐	☐
4. 在该旅游地我看到了期待已久的景观	☐	☐	☐	☐	☐
十、您对该旅游地的情感信任	1 完全不同意	2 比较不同意	3 一般	4 比较同意	5 完全同意
1. 我确信该地能让我感到温暖	☐	☐	☐	☐	☐
2. 我确信该旅游地能让我感到愉快	☐	☐	☐	☐	☐
3. 我确信该地能让我感到放松	☐	☐	☐	☐	☐
4. 我确信该地能让我感到新鲜	☐	☐	☐	☐	☐
十一、在该旅游地，您做出哪些帮助他人的行为？	1 完全不同意	2 比较不同意	3 一般	4 比较同意	5 完全同意
1. 如果其他游客需要我的帮助，我愿意帮助他们	☐	☐	☐	☐	☐
2. 如果其他游客需要帮助，我愿意主动帮助他们	☐	☐	☐	☐	☐

续表

3. 我愿意向其他游客提供正确并真实的旅游信息	□	□	□	□	□
4. 我愿意给其他游客提供旅游建议	□	□	□	□	□
十二、在该旅游地，您会与他人（旅游地居民、旅游从业人员、其他游客、旅游同伴）如何互动？	1 完全不同意	2 比较不同意	3 一般	4 比较同意	5 完全同意
1. 我会友好地对待他人	□	□	□	□	□
2. 我会主动地与他人互动	□	□	□	□	□
3. 我会与他人建立良好关系	□	□	□	□	□
4. 我没有对他人无礼	□	□	□	□	□
十三、在该旅游地，您会做出哪些消费行为？	1 完全不同意	2 比较不同意	3 一般	4 比较同意	5 完全同意
1. 我愿意在该旅游地多消费	□	□	□	□	□
2. 我愿意品尝该旅游地美食	□	□	□	□	□
3. 我愿意体验该旅游地娱乐项目	□	□	□	□	□
4. 我愿意购买该旅游地纪念品	□	□	□	□	□
5. 我愿意在该旅游地留宿	□	□	□	□	□
6. 我愿意前往该旅游地的其他景区	□	□	□	□	□
7. 我愿意在该旅游地多停留	□	□	□	□	□
十四、在该旅游地，您会做出哪些支持行为？	1 完全不同意	2 比较不同意	3 一般	4 比较同意	5 完全同意
1. 我愿意完成所有需要游客完成的任务	□	□	□	□	□

续表

2. 我愿意充分实施所有需要游客遵守的行为	□	□	□	□	□
3. 我愿意履行对旅游地的责任	□	□	□	□	□
4. 我愿意遵从景区管理人员的指示或命令	□	□	□	□	□
十五、在该旅游地，您会做出何种反馈行为？	1 完全不同意	2 比较不同意	3 一般	4 比较同意	5 完全同意
1. 当我遇到问题时，我愿意告诉现场的服务人员	□	□	□	□	□
2. 当我有改善旅游服务的想法时，我愿意告诉现场的管理者	□	□	□	□	□
3. 我愿意在网络上评价该旅游地的服务	□	□	□	□	□
4. 如果有必要，我愿意向该旅游地相关部门反映意见	□	□	□	□	□
十六、您会做出以下哪些忠诚行为？	1 完全不同意	2 比较不同意	3 一般	4 比较同意	5 完全同意
1. 我愿意向他人推荐该旅游地	□	□	□	□	□
2. 我愿意再去该旅游地旅游	□	□	□	□	□
3. 我愿意向他人宣传该旅游地	□	□	□	□	□
4. 我愿意持续关注该旅游地	□	□	□	□	□

十七、基本资料

1. 您这次旅游的方式：

□个人出游　□朋友结伴　□家人结伴　□同事结伴　□情侣结伴

2. 您的性别：

□男 □女

3. 您的年龄：

□ 20 岁以下 □ 20~29 岁 □ 30~39 岁 □ 40~49 岁 □ 50 岁及以上

4. 婚姻状况：

□已婚 □未婚

5. 您的学历：

□初中及以下 □高中 □专科 □本科 □硕士及以上

6. 您的职业：

□企业职员 □政府公务员 □教育及科研人员 □军人 □个体经营者

□在校学生 □技术人员 □自由职业 □其他

7. 您的平均月收入：

□≤ 2500 元 □ 2501~5000 元 □ 5001~10000 元

□ 10001~20000 元 □≥ 20001 元

8. 您每年的旅游次数：

□出游较少 □一般 □出游较多

责任编辑： 郭海燕
责任印制： 冯冬青
封面设计： 中文天地

图书在版编目（CIP）数据

符号学视角下的旅游地信任感研究 / 李响著. -- 北京 : 中国旅游出版社, 2023.8

ISBN 978-7-5032-7201-1

Ⅰ. ①符… Ⅱ. ①李… Ⅲ. ①旅游地一消费者行为论一研究 Ⅳ. ①F590.3

中国国家版本馆 CIP 数据核字（2023）第 163186 号

书　　名： 符号学视角下的旅游地信任感研究

作　　者： 李响
出版发行： 中国旅游出版社
（北京静安东里6号　邮编：100028）
http://www.cttp.net.cn　E-mail:cttp@mct.gov.cn
营销中心电话：010-57377103，010-57377106
读者服务部电话：010-57377107
排　　版： 北京旅教文化传播有限公司
经　　销： 全国各地新华书店
印　　刷： 北京明恒达印务有限公司
版　　次： 2023年8月第1版　2023年8月第1次印刷
开　　本： 720毫米×970毫米　1/16
印　　张： 15.75
字　　数： 220千
定　　价： 58.00元
I S B N　978-7-5032-7201-1